KALIFORNIEN

LOS PADRES
NATIONAL FOREST

VENTANA
WILDERNESS

Arroyo Sec
Campgrou

Tassajara Zen
Mountain Center

McWay Canyon & **McWay Falls**

Partington Ridge Road

Julia Pfeiffer Burns
State Park

BIG SUR MAINTENANCE AREA
WILLOW SPRINGS MAINTENANCE AREA

Lime
Creek

Dolan Creek

UC Big Creek
Reserve

Big Creek Bridge

Santa Lucia Range

ESALEN COAST
**Esalen Institute
(Slates Hot Springs)**

Cow Cliffs Rockfall Area

Pfeiffer Big Sur
State Park

Big Sur Center, Loma Vista Garden
Big Sur Deli, Post Office

Fernwood

Big Sur

River Inn

State Park

Andrew Molera
Beach

Cooper Point

Pfeiffer Beach

Pfeiffer Creek Bridge

BIG SUR VALLEY

Henry Miller Library
Deetjen's Big Sur Inn

Nepenthe
Hawthorne's Gallery

⬥Cabrillo
Highway

Las Rocas

PARTINGTON COAST

Tin House Road
Vista Point

azifischer Ozean

0 1 2 3 4 5 6 7 8 9 10km

mare

Jens Rosteck

BIG SUR

Geschichten einer unbezähmbaren Küste

mare

1. Auflage 2020
© 2020 by mareverlag, Hamburg
Lektorat Claudia Jürgens, Berlin
Karte Peter Palm, Berlin
Typografie Iris Farnschläder, mareverlag
Schrift Trump Mediäval
Druck und Bindung CPI books GmbH, Germany
ISBN 978-3-86648-625-6

www.mare.de

Kein Mensch sollte durch das Leben gehen,
ohne sich einmal der gesunden, ja langweiligen
Einsamkeit auszusetzen, einer Situation,
in der man allein auf sich selbst angewiesen ist
und dadurch seine wahre und verborgene Stärke
kennenlernt.

Jack Kerouac, *Alone on a Mountaintop*
aus *Lonesome Traveler*

für Dierk Rabien
avec toute ma reconnaissance

INHALT

ANHANG

GRUNDSTEINE –
AUFBRUCH UND INNEHALTEN

And I was thinking to myself:
»This could be heaven or this could be hell.«

Eagles, *Hotel California*

Alanis oder Die Freiheit

Beginnen wir mit einer richtigen kleinen Ouvertüre. Mit einem kurzen Film, der zugleich auch ein Lied ist. Ein Popsong mit zärtlichem Country-Touch, erst wenige Jahre alt. Trotz seines angenehmen, lockeren Grundtempos nicht glamourös oder anstachelnd, sondern beiläufig erzählend, leicht und in sich ruhend. Das unauffällige Lied einer schmalen, glücklich wirkenden und fortwährend lächelnden Frau: nicht mehr ganz jung, doch sehr präsent. Mitten im Leben stehend. Ganz allein, am Steuer eines Vintage-Straßenkreuzers, kurvt sie einen offenbar nur von ihr befahrenen Highway am Ozean entlang. An Abgründen vorbei, auf Meereshorizonte zu, in einer Gegend ohne Behausungen oder irgendein Anzeichen städtischen Lebens, in einer Gegend, in der allein die Natur dominiert.

Wobei die singende Fahrerin jede zurückgelegte Meile, jeden Ausblick in vollen Zügen zu genießen scheint. Unterwegssein als Selbstzweck, Fortbewegung durch unberührte Einsamkeit als Sinnstiftung. Um dann, ihre Rolle wechselnd, als Hitchhikerin, mit Gitarre und Umhängetasche als Gepäck, an einer staubigen Wegbiegung auf eine Mitfahrgelegenheit zu warten. Oder einige Schnitte weiter ausgelassen an einem menschenleeren Strand entlangzutanzen, ihre dunkle Mähne dem Spiel des Windes ausliefernd. Oder ihren Blick in die Baumwipfel mächtiger Redwoods zu heben, in deren Geäst sich das morgendliche Sonnenlicht bricht. Oder sich, mit strahlendem Lachen, auf einem sattgrünen Rasen zu wälzen. Oder, als Gipfelstürmerin das ganze Universum umarmend, mit weiten Sprüngen dem Pazifikhimmel zuzustreben. Immer ist es ein und dieselbe Sängerin, im Hippie-Outfit, mit Schlapphut, Halsketten und Cowboystiefeln, die hier ihren Song abspult, sich von der Kamera feiern lässt und uns *on the road* in Dutzenden von Einstellungen ihren Traumort vorführt.

Der Star dieser musikalisch-filmischen Miniatur ist hingegen weniger sie selbst, Alanis Morissette, die diesen Titel 2012/13 als Bonustrack ihrem Album *Havoc and Bright Lights* hinzugefügt hat, sondern ein weltbekannter Küstenstreifen von schroffer Schönheit. In ihrem Video wird er wie in einem Super-8-Film ins richtige, ein wenig vergilbte Licht gesetzt. In ihrem Lied wird er ein ums andere Mal genannt, wie ein Mantra wiederholt, ja heraufbeschworen: Big Sur.

Der gleichnamige Song der kanadischen Liedermacherin, grundiert von Gitarren-Fingerpicking und einem unaufgeregt pulsierenden Beat, wie auch der dazugehörige Clip – ein echtes Roadmovie! – präsentieren sich Uneingeweihten wie Kennern als Quintessenz aller Big-Sur-Seligkeit. Sämtliche Klischees und Stereotype dieser mythischen Gegend sind hier versammelt und machen doch unbändige Lust, sich sofort in dieses raue kalifornische Paradies zu begeben – um unbekümmert zu leben und Freiheit verspüren zu dürfen: wie auf einer maritimen Route 66. Um es, nostalgieversessen, Alanis nachzutun. Ihr und uns begegnen Surfer und Aussteiger, Tramper mit gerecktem Daumen und Leute, die sie nach dem Weg fragt, Möwen und Raben. Straßen über

Straßen ohne Gegenverkehr, verwaiste Hügel, Wiesen und Felsgrotten. Wir erblicken kilometerweite Strände, Klippen, Sonnenauf- und -untergänge zuhauf. Sixties-Feeling kommt auf. Momentaufnahmen und Versatzstücke: Klampfe in der Hand, Raubvögel, eine uralte Schreibmaschine, Mammutbäume, Berggipfel, Wälder und Buchten im Gegenlicht. Blumenkinder-Idyll, freie Liebe, ein im Wind flatterndes, ellenlanges Manuskript, das einer abgewickelten Klorolle gleicht oder auch einer Fahne oder einem Pamphlet. Gemeinsames Singen in der Dämmerung, Gespräche mit *hobos*, qualmende Joints, ein bärtiger Mann, der seine Finger zum Peace-Zeichen spreizt. Gesteinsformationen, von der Flut zurückgelassen und in kleine Inseln inmitten von nassem Sand verwandelt, von der Gischt umspült. Holzhütten auf Vorsprüngen mit atemberaubender Aussicht. Aneinandergereihte Briefkästen, allein auf weiter Flur.

Bilder wie Polaroid-Schnappschüsse, intensiv, für wenige Sekunden aufflackernd, verwackelt und kurz darauf schon ausgeblichen. Und mittendrin, ohne ein Gegenüber, die Singer-Songwriterin mit ihrem indianischen Äußeren und langen, im Meerwind wehenden Haaren. Kurz: eine Frau, die sich in einen Landstrich verliebt hat. An dem sie sich nicht sattsehen, von dem sie nicht genug bekommen kann. Und die, ungeschminkt und hoffnungslos romantisch, daraus eine wunderschöne Ode an diese majestätische Küste und die an ihr entlangführende Straße – den Highway One – macht. *Big Sur*.

Vier Minuten Sehnsuchtsmusik, vier Minuten appetitanregender Kurzfilm. Ein Ständchen. Ein kleines Fest der Lebenslust also, ein Bekenntnis zu einem Ort und einer Region, in der außergewöhnliche Glücksmomente gleich im

Sekundentakt möglich scheinen. Am Anfang, noch bevor die Gitarre einsetzt und Alanis' Stimme anhebt, lauschen wir für eine Weile der beeindruckenden Brandung, bekommen gigantische Wogen zu sehen, gegen die jeder Wellenbrecher machtlos wäre, spüren die Kraft des Meeres, das sich, laut Songtext »mit maskuliner Urgewalt«, in Felsnischen und an Steilküsten austobt, die Strände überschwemmt und den Klippen ordentlich zusetzt, eine fauchende, schwer bezähmbare Bestie. Die Windschutzscheibe und der Rückspiegel ihres in die Jahre gekommenen Flitzers dienen der Interpretin als Fenster in eine magische Welt. Und der Liedtext selbst setzt die entscheidenden Assoziationen frei, klappert all die Ausnahmegestalten ab, die Big Sur in der Vergangenheit ihre Aufwartung gemacht haben, damit es zu einer solchen Berühmtheit werden konnte. Eine ganze Ahnenreihe wird von Alanis ins Feld geführt, hemmungsloses Namedropping abgespult. Jack Kerouac und Henry – Miller natürlich – sind ihre Gewährsleute, Anaïs – Nin selbstverständlich – und Richard Brautigan ihre Garanten. Big-Sur-Urgestein. Ganz unbescheiden fügt sie sich und die früheren prominenten Bewohner und Besucher dieser Küste zu Paaren zusammen und nennt sich dabei zu allem Überfluss auch noch zuerst: Es geht um eine erfolgreich stattgefundene Ichfindung. »Me and Anaïs and Henry and Jack«, heißt es, oder auch: »Me and the Ohlone, the Esselen, the Salinan«, womit schon drei Stämme der indianischen Urbevölkerung genannt wären, die hier vor Urzeiten umhergestreift und auch ansässig waren, bevor der weiße Mann sie vertrieb und ausrottete. »Me and Julia, Helmuth«, singt Morissette und ist auf diese Weise auch mit den Pionieren, ersten Siedlern und legendären Ranchgründern der Big-Sur-Gründerzeit per Du; dass sie sie fast alle nur mit Vornamen erwähnt und sich selbstbewusst mit ihnen auf eine Stufe stellt, soll eine imaginäre Vertrautheit suggerieren – begegnet ist sie keinem der vielen Genannten, und auch gekannt hat sie keinen davon. Was zählt, ist, dass sie sich mit ihnen verbunden fühlt, in ihrer Aufbruchsstimmung und Verrücktheit, in ihrem Abenteuergeist, ihrer Begeisterungsfähigkeit und ihrem entdeckerischen Mut. Alanis gehört somit einer jüngeren Generation von Big-Sur-Verehrerinnen und -Verehrern an, die um die ruhmreiche und mythische Vorgeschichte des Landstrichs bestens Bescheid weiß. Sie ist einem Faszinosum erlegen, bekennt sich dazu und versteht sich nun als Erbin illustrer Vorgänger.

»Me« ist die zentrale Song-Silbe, ein lang ausgehaltener Spitzenton, der jeden Satz einleitet, jede herbeigewünschte Paarung beherrscht: Jeder der aufgerufenen Vorläufer ist von nun an ihr Partner. Und auch sonst kennt Alanis sich aus, wirft mit Codeworten wie »Molera« und »Ventana«, die Parks und Kultorte der Küste bezeichnen, nur so um sich, steigt den beliebten Bluff Trail hinauf, hat die entscheidenden Begriffe und Stichwörter parat. Wieder und wieder zählt sie visuell »typische« Highlights auf wie sich selbst überlassene Holzstämme, behelfsmäßige *cabins* und allgegenwärtige Frösche, hat selbstredend an einem »Schamanen«-Frühstück in einer kleinen Bucht teilgenommen. Fehlen darf ebenso wenig, dass die Bixby Creek Bridge, eines der wichtigsten *landmarks* am Highway, kurz in den Blick gerät. Sämtlich dienen sie als Belege für ihre Anwesenheit und ihr Angekommensein: gefilmte und besungene Postkartenmotive. Ihr Herzschlag, so verrät sie uns, werde bereits von den Wassergeräuschen im Wald bestimmt. Hier darf sie sich barfuß in der Natur verlieren, hier wähnt sie sich von ihrer Umgebung verstanden und gewärmt. Sie fühlt sich zugehörig. So ist es nur folgerichtig, dass sie bei jedem Refrain zum selben Schluss kommt, dass sie an jedem Strophenende mit Nachdruck bekräftigt: »Alle Straßen führen nach Big Sur, alle Fährten nach Hause laufen in Big Sur zusammen.« Ob sie sich hier nur vorübergehend aufhält oder für immer anzusiedeln gedenkt, bleibt offen. Aber zu ihrem *home*, ihrer Heimat, ist diese Küste, an der sie kristallklare Luft atmen und reichlich Ballast ihrer eigenen Vorgeschichte abwerfen kann, für sie mittlerweile unzweifelhaft geworden.

Fast beschleicht uns Zuschauer das Gefühl, von Alanis Morissette ein Big-Sur-Werbevideo vorgeführt zu bekommen, so »perfekt authentisch« ist hier alles, mit Inbrunst und Euphorie, in Szene gesetzt. Lässt sich eine noch emphatischere Hommage an den westlichsten Punkt des weiten amerikanischen Westens überhaupt vorstellen? Doch die magnetische Anziehungskraft, die diese Gegend am Ende der Welt auf sie ausübt, wirkt glaubwürdig und ansteckend. Ihr Enthusiasmus und auch ihr Stolz auf die gerade erworbene »Einbürgerung« haben etwas Unwiderstehliches. Was sie uns zu berichten hat, was sie uns präsentiert, das ist – wir nehmen es ihr ab – wahrhaft spektakulär.

Die letzten Szenen finden in der Abenddämmerung statt, die letzten Takte gehören dem *sunset* und dem Verebben der Emotionen. Ein ins Unendliche geweiteter Pazifikhimmel färbt sich erst orange, dann lila und schließlich blutrot. Einmal rollen die Wellen sogar für einen kurzen Moment rückwärts. Eine Gruppe friedlicher junger Menschen, nur noch als schwarze Silhouetten vor sattem Blau auszumachen, springt auf und wirft Hölzer und Stöckchen in die Luft – und geht so auf Tuchfühlung mit dem Universum.

Und Alanis? Sie entdeckt eine Tramperin am Straßenrand, setzt zurück, fordert sie zum Einsteigen auf. Die junge Frau, die sich zu ihr setzt und ihr zulächelt, ist niemand anders als sie selbst. Begierig, mitzufahren. Voller Optimismus. Zu allen Schandtaten bereit. »Me and me«, so könnte der nächste Refrain anfangen. Mit großen Namen braucht sie sich nun nicht länger zu schmücken, mit ihrem Vorwissen nicht länger anzugeben. Alanis, mittlerweile Schicksalslenkerin und Fahrgast zugleich, Alanis, die Wurzeln schlagen möchte und deren Glücksgefühle sich ganz von allein verdoppelt haben, ist frei.

Linus oder Die Angst

Ende Januar, an einem nicht allzu kühlen Wintermorgen des Jahres 1960, brach Linus Carl Pauling zu einem längeren Spaziergang außerhalb der Deer Flat Ranch auf, die der zweifache Nobelpreisträger seit 1956 mit seiner Frau Ava Helen bewohnte. Ihre Ranch, die herrliche Ausblicke auf den Ozean gewährte, anfangs nur mit dem Allernötigsten ausgestattet war, weder über einen Telefonanschluss noch Elektrizität verfügte und erst später zu einem komfortablen Domizil umgebaut wurde, befand sich im südlichen Abschnitt von Big Sur. Geschützt von einer kleinen Ausbuchtung der Küste, mehrere Meilen unterhalb von Gorda, aber noch nördlich von Ragged Point, unweit der Salmon Creek Falls und am Ende einer Abzweigung des Cabrillo Highway. Keine zwei Stunden, so die Planung, sollte Paulings Strand- und Waldbummel dauern. Es wurden vierundzwanzig.

Der damals Achtundfünfzigjährige, ein deutschstämmiger Chemiker aus Portland, Oregon, den man für seine bahnbrechenden Forschungen, etwa auf dem Gebiet der Quantenchemie, vielfach ausgezeichnet hatte, war in mehrfacher Hinsicht ein höchst ungewöhnlicher Wissenschaftler. Als Wegbereiter der Molekularbiologie galt er in universitären Kreisen als Pionier und veritables Genie, war anerkannt und unumstritten, erntete größte Bewunderung.

Doch zählte er auch zu den ersten maßgeblichen Skeptikern, was die Nutzung der Atomenergie und den Umgang mit Nuklearwaffen anging, und wandelte sich, erschüttert durch entsprechende Erlebnisse und Erfahrungen während des Zweiten Weltkriegs und danach, allmählich zum Friedensaktivisten und erklärten Widersacher der Atomrüstung. Er sah es, gerade weil er allseits als Autorität wahrgenommen wurde, als seine Pflicht an, die Menschen auf allen Kontinenten über die Konsequenzen dieser bedenklichen Entwicklung aufzuklären und über die Gefahren des Wettrüstens sowie die Gesundheitsrisiken von Atomtests zu informieren.

Schon 1943 hatte er ein Angebot Robert Oppenheimers zur Mitwirkung am berühmt-berüchtigten »Manhattan Project« ausgeschlagen, damals indessen aus familiären Gründen. Einige Jahre später hatte er Albert Einsteins achtköpfigem »Emergeny Committee of Atomic Scientists« angehört, was ihn noch stärker zu einem friedliebenden, verantwortungsvollen und unbeirrbaren Ausnahmeakademiker formte. Paulings Engagement als Vorreiter eines neuen, wissenschaftlich begründeten Pazifismus trug ihm das Image als »Protagonist und Mentor linksliberalen Zeitgeistes«, wie die *Zeit* in einem Nachruf schreiben sollte, als Dissident, der sich in der Öffentlichkeit wiederholt detailliert über die bedenklichen Aspekte des Hochrüstens und die fatalen Nebenwirkungen von Atomtests ausließ, die Wertschätzung und Hochachtung zahlloser kritischer Mitbürger und Kollegen im In- und Ausland ein, führte allerdings auch dazu, dass man ihm, vor allem von staatlicher Seite, zunehmend mit Misstrauen begegnete.

Dieses lautstarke und nicht nachlassende Engagement,

stets diplomatisch, wenngleich mit Entschiedenheit vorgebracht, sowie Paulings Mitgliedschaft in der sowjetrussischen Akademie der Wissenschaften waren den selbst ernannten Sittenwächtern, politischen Zensoren und Denunzianten der McCarthy-Ära, die hinter jeder pazifistischen Meinungsäußerung kommunistische Umtriebe und antiamerikanische Verschwörungen witterten, ein Dorn im Auge. So kam es zu der grotesken Situation, dass der Mahner, der nach Kriegsende bereits die Medal for Merit erhalten hatte, mithin die höchste zivile Auszeichnung der Vereinigten Staaten, Anfang der Fünfziger und somit auf dem Höhepunkt des Kalten Krieges mit einem Ausreiseverbot belegt wurde, als er im westlichen Ausland an einem wissenschaftlichen Kongress teilnehmen wollte. Seinem internationalen Renommee tat diese absurde Demütigung, die ihn zeitweise ins innere Exil trieb, keinen Abbruch; die Rehabilitierung folgte auf dem Fuße. Außerhalb der USA war die Wertschätzung für seine Leistungen schier grenzenlos: 1954 erkannte man ihm den Nobelpreis für Chemie zu, ein Jahrzehnt danach den Gandhi-, den Lenin-Friedenspreis der UdSSR und den Friedensnobelpreis für sein Vorhaben und seinen Willen, fortan seine ganze Kraft dem Weltfrieden zu widmen. Diese zweimalige Ehrung durch das Nobelpreiskomitee in unterschiedlichen Disziplinen war zuvor und ist seitdem außer Marie Curie noch keiner anderen Einzelperson zuteilgeworden.

1960 lag dieser zweite Nobelpreis noch in der Zukunft, ebenso wie sein Einsatz gegen die zunächst unheilvolle, dann verheerende amerikanische Beteiligung am Vietnamkrieg oder auch der letzte, weit weniger überzeugende und von seltsamen Verlautbarungen und Publikationen be- ·

herrschte Schaffensabschnitt Paulings, in dem er mit wirren und nicht immer seriösen Theorien zur Lebensverbesserung und -verlängerung durch exzessiven Vitaminkonsum aufrief. Damals galt er noch nicht als Spinner, Wunderdoktor oder Guru, sondern ließ sich mit Vorliebe als liebenswürdiger Herr in den mittleren Jahren ablichten, spitzbübisch in die Kamera lächelnd, stets mit einer Baskenmütze angetan. Zu diesem Image als keineswegs abgehobener, sondern bodenständiger und naturverbundener Zeitgenosse, weise und schalkhaft zugleich, passte der Entschluss Linus', was seinen Lebensmittelpunkt anging: dem aufreibenden universitären Umfeld in den Großstädten schon früh den Rücken zu kehren, den Medienrummel zu ignorieren und sich, wann immer es nur möglich war, nach Big Sur zurückzuziehen. Ava, die er schon mit Anfang zwanzig geheiratet hatte und die im Laufe der Jahre ihrerseits zu einer leidenschaftlichen Verfechterin von Frauen-, Friedens- und Bürgerrechten wurde, sowie ihre gemeinsamen vier Kinder, allesamt brillante Nachwuchswissenschaftler, folgten ihm gern in die selbst gewählte Einsamkeit und fühlten sich rasch auf der spartanisch eingerichteten Deer Flat Ranch und in deren näheren Umgebung wohl und heimisch.

An jenem Januarmorgen, einem Samstag, wäre Pauling die triviale Entscheidung für einen Spaziergang beinahe zum Verhängnis geworden. Ava hatte er mitgeteilt, er wolle den Zustand einiger Zäune überprüfen, die unweit vom Meer ihr Grundstück eingrenzten, und werde zum Mittagessen wieder zurück sein, zu dem ein Gast erwartet wurde. Nach Abschluss der Zaunkontrolle aber wandte sich Linus, der nur leichte Kleidung trug, einen Spazierstock mitführte und natürlich keine Wanderausrüstung dabeihatte, einem kleineren Berggipfel oberhalb des Strandes zu, in dessen Nähe er schon immer die Mündung des Salmon Creek vermutet hatte, wandte sich ohne erkennbares Motiv aber vom Meer ab und kam so – suchend, gedankenverloren – immer weiter von seinem ursprünglichen Weg ab. Neugier und Abenteuergeist trieben ihn an, als wäre er auf einer Exkursion.

Ohne auf Zeit und Orientierungspunkte zu achten, folgte er Wildfährten, kletterte über Felsen und kam auf einmal vor einer steil aufragenden steinernen Wand zum Stehen. Direkt über ihr musste der neue Weg irgendwo weitergehen, aber das Hindernis ließ sich weder frontal noch seitlich überwinden. Also bewegte er sich zentimeterweise an einer anderen Stelle auf zusehends unsicherem Gelände vorwärts, rutschte über Geröllbrocken, glitt aus, richtete sich auf, machte, als er einsehen musste, dass er auch hier nicht weiterkam, wieder kehrt und blickte, von einem ins Freie ragenden, ungeschützten Felsvorsprung aus, den er Minuten zuvor mühelos überquert hatte, zum ersten Mal wieder zurück – in die Richtung, aus der er gekommen war. Eine fatale Entscheidung: Unter ihm gähnte ein Abgrund, zwanzig Meter vor ihm in der Tiefe peitschten die Wellen gegen die Klippen, links und rechts von ihm führten alle Abzweigungen in die Irre, und weiter nach oben mochte er sich auch nicht wagen.

Aus unerklärlichem Grund fühlte er sich außerstande, auf dem bewährten Hinweg – der nun auch viel zu riskant auf ihn wirkte – wieder hinabzusteigen. Er saß fest. Plötzliche Todesangst überkam ihn. Und er beschloss, nachdem er sich, um Hilfe bittend, die Seele aus dem Leib geschrien hatte, einstweilen einfach tatenlos abzuwarten. Er hoffte, die

Küste mit den Augen absuchend, auf das Erscheinen seiner Frau, die ihn vom Meer aus doch einfach entdecken musste, sobald sie sich auf die Suche nach ihm machte. Oder auf einen Geistesblitz, der nicht kam. Für unbestimmte Zeit, so viel stand fest, wurde der Felsvorsprung, weder besonders breit noch lang, wohl oder übel zu seinem neuen Zuhause oder Gefängnis. Sei es, weil ihm seine übliche Zuversicht abhandengekommen war, sei es, weil er das Vertrauen in Trittsicherheit und Schwindelfreiheit verloren hatte: Pauling ließ die Stunden im Sitzen verstreichen und hoffte, zwischen Grübeln und Panikattacken schwankend, inständig auf einen Wink des Schicksals. Erst kam ihm das Ganze fast lachhaft vor, dann erkannte er den Ernst seiner Lage. Mit Ungeduld war der verfahrenen Situation nicht beizukommen. Vernünftige Optionen, sich zu befreien, gab es keine. Die Essenszeit war längst vorüber, der Nachmittag zog sich in die Länge. Schatten senkten sich über ihn herab. Er fröstelte. Seine neuerlichen Rufe verhallten ungehört, und dann brach die Dämmerung herein.

Ihm wurde klar, dass er die Nacht hier würde verbringen müssen. Ohne Schutz vor Kälte und selbstverständlich ohne Verpflegung. In einer Vertiefung etwa auf der Mitte seines Felsens richtete er sich ein halbwegs bequemes Lager ein, brach Äste von den ihn umgebenden Büschen ab und formte sie zu einer Art Sitzkissen, schaufelte Erde unter sich und deckte sich, nachdem er die Beine ausgestreckt hatte, mit laubbehangenen Zweigen zu, so gut es eben ging. Inzwischen vermochte er nicht mehr zu entscheiden, wovor er sich am meisten fürchtete – hier tagelang zum Ausharren gezwungen zu sein, bis er schließlich verhungerte oder sich aus Verzweiflung in den Tod stürzte. Oder, von Müdigkeit übermannt, einzuschlafen, die Kontrolle über seinen Körper zu verlieren und in die Tiefe zu gleiten. Daher entschloss er sich zu einer ganzen Reihe von Denkübungen: Er rekapitulierte die Gleichungen und Resultate seiner einstigen Forschung in allen Einzelheiten und sagte sie sich mit lauter Stimme vor; er ging, Reihe für Reihe, das Periodensystem der Elemente durch und versuchte sich dabei an jedes Detail zu erinnern; er zeichnete mit seinem Stock die verschiedenen Sternbilder über sich nach, denen, so dankbare wie zum Widerspruch unfähige, stumme Zuhörer, er kleine Vorträge hielt. Er sorgte dafür, dass ihm weder die Beine noch die Arme einschliefen. Zwischendurch zog Nebel auf, bewölkte sich der Nachthimmel. Kurz vor Morgengrauen hielt er sich weiterhin wach und zählte in allen ihm bekannten Sprachen mit eiserner Disziplin vor sich hin. Schließlich wurde es allmählich hell, und ein neuer Tag mit ungewissem Ausgang lag vor ihm.

In der Zwischenzeit hatte rund um die Deer Flat Ranch eine fieberhafte Suche nach Linus eingesetzt. Von seinem Ausbleiben beunruhigt und von einer kurzen Wanderung den Strand entlang ohne ein Lebenszeichen von ihm zurückkehrend, hatte Ava Alarm geschlagen und nacheinander einen Ranger, ihren Schwiegersohn und auch einen Sheriff mobilisiert, die, jeder für sich, auf die Suche gingen, einmal sogar in Reichweite Paulings gerieten und erst am späten Abend ihre Aktionen unverrichteter Dinge abbrechen mussten. Einer der Männer machte sich sogar erneut während der Nachtstunden auf, lief freilich abermals in die verkehrte Richtung, da er allein auf Avas Mutmaßungen angewiesen war. Am nächsten Morgen wurde die Suche, an der sich nun weitere Menschen beteiligten, ausgeweitet, und genau einen Tag nachdem der berühmte Forscher verschwunden war, gelang gegen zehn Uhr früh überraschend die Kontaktaufnahme zwischen einem der Retter und dem wild gestikulierenden Eingeschlossenen. Der Helfer informierte den Sheriff, der seinerseits Ava die beruhigende Nachricht zukommen ließ, dass ihr Ehemann lebend aufgefunden worden sei, und es wurden Stricke und Seile geordert. Doch noch bevor sie eintrafen, sah sich Pauling sehr wohl in der Lage, unter Hilfestellung des Sheriffs von allein von seinem Felsvorsprung hinunterzusteigen – etwas, was er sich vormals nicht getraut hatte. So als hätte er eine vorübergehende geistige Lähmung überwunden, fand er sein Selbstvertrauen wieder. Ohne gestützt werden zu müssen, gelang es dem sichtlich erleichterten Linus in Begleitung vom Sheriff und einem Mann aus dem Verstärkungstrupp, die Klippen hinter sich zu lassen und am Strand entlang wieder zu seinem Haus zu wandern. Sogar zu flachsen vermochte er. Und er nahm auch ein arg verspätetes Mittagessen ein. Noch schien ihm die gerade zurückliegende Erfahrung nicht zuzusetzen, er wirkte weder konfus noch überwältigt, ließ sich keine übertriebenen Emotionen anmerken und verfiel auch nicht in freudige Hysterie.

An einen vollständigen Rückzug und echte Entspannung daheim war jedoch an diesem Sonntag vorerst nicht zu denken. Zunächst galt es, viele Hände zu drücken, aufrichtigen Dank auszusprechen sowie einige aufdringliche Reporter und andere hartnäckige Neugierige abzuwimmeln, mit denen Ava ihre liebe Not hatte. Einige sensationslüsterne Journalisten hatten unterdessen, noch bevor man Linus ausfindig gemacht hatte, voreilig das törichte Gerücht in Umlauf gebracht, Pauling sei tot – was von einer Radiostation in der San Francisco Bay Area unüberprüft verbreitet wurde und zwei von Paulings erwachsenen Kindern zu Ohren kam, noch bevor es dementiert werden konnte. Sie waren entsetzt, mussten mehrere Stunden lang mit der Falschnachricht klarkommen und beruhigten sich erst wieder, als sie sich vor Ort persönlich vom Gegenteil überzeugen konnten.

Auch sonst war das Medienecho auf den Vorfall in Big Sur beträchtlich – bescheiden für heutige Verhältnisse, nach damaligen Maßstäben aber enorm und voller wilder Spekulationen. Was Linus anging, so ließen Nachwirkungen wie die Freude, überlebt, der Triumph, dem Schicksal ein Schnippchen geschlagen, und die Einsicht, sich aus Fahrlässigkeit in eine bedrohliche Situation manövriert zu haben, noch eine Weile auf sich warten. Gemeinsam mit Ava belud er sein Auto und kehrte nur zwei Tage nach seiner Rettung an seine langjährige Wirkungsstätte in Pasadena, ans angesehene California Institute of Technology, kurz Caltech, zurück. Am Dienstag machte er sich dort zu einer Vorlesung auf, so als wäre es ein beliebiger Tag an der Uni und als hätte er sein traumatisches Erlebnis bereits vollständig verdrängt. Dann aber verließ ihn, von einer Minute auf die andere, kurz nach dem Eintreffen die Beherrschung. Er weigerte sich, ohne eine Erklärung abzugeben, an einer kleinen Willkommensfeier teilzunehmen, die man ihm zu Ehren ausrichten wollte, schritt grußlos, brüsk und in sich gekehrt an Kollegen, Studierenden und Freunden vorbei, verschanzte sich in seinem Büro und ließ alle Verdutzten wissen, dass er sich den Tag freinehme und solange um Rücksicht bitte, indem er eine entsprechende Notiz unter seiner Tür hindurchschob. Wieder wurde der Schwiegersohn verständigt, der Pauling gut zuredete und ihn schließlich heimfuhr, diesmal in das Haus in Pasadena.

Erst jetzt traf ihn der Schock mit ganzer Wucht. Erst jetzt kam ihm zu Bewusstsein, dass er sich und den Seinen einen gehörigen Schrecken eingejagt, dass er sich selbst mit seiner leichtsinnigen Aktion eine Lektion in Demut erteilt hatte. Ihm blieb nichts anderes übrig, als tagelang das Bett zu hüten, wo er das Erlebte wieder und wieder Revue passieren ließ und die monotone Erfahrung der Mutlosigkeit reaktivierte. Mit allen unerfreulichen Details. Ein zurate gezogener Arzt verordnete Ruhe und kümmerte sich vornehmlich um einen Hautausschlag Paulings, den sich sein Patient in seinem Bett aus Laub und Zweigen zugezogen und der Allergien und Juckreiz bei ihm ausgelöst hatte. Linus, dem Eloquenten, gingen die Worte aus. Stumm und teilnahmslos dämmerte er in seinem Schlafzimmer vor sich hin, haderte mit seinem Zustand, quälte sich mit Zweifeln und Selbstvorwürfen. Ein Besuch von Tochter und Enkelkindern heiterte ihn nicht auf, sondern ließ ihn die Fassung verlieren und in Tränen ausbrechen. Womöglich konnte ihn aber ein liebevolles und auch witziges Telegramm von Marlon Brando wieder aufmuntern. Darin bat der gefeierte Filmschauspieler den »lieben Dr. Pauling«, sich doch bitte in Zukunft von abschüssigem Gelände und steilen Felsen fernzuhalten. Jedenfalls so lange, bis die brennenden Fragen der Atomtests und der Abrüstung endgültig geklärt seien – schöner, ironischer und einfühlsamer konnte man kaum in wenige Worte fassen, dass viele Menschen in den USA und anderswo auf Linus' Engagement nicht verzichten konnten und wollten, dass sie auf ihn, ein Vorbild und ein Ausbund an Geradlinigkeit, setzten und dass schon diese kurze Unterbrechung von ihnen als empfindlicher Verlust empfunden wurde.

Überall wurde der Hoffnungsträger Pauling vermisst. Glück- und Genesungswünsche aus der ganzen Welt trafen bei ihm ein; Hunderte sprachen ihm schriftlich und mündlich Mut zu. Vertraute wie Wildfremde versetzten sich in Briefen und Gedanken in die Lage des auf seiner Klippe Gefangenen, der sich insgeheim noch immer keinen Reim darauf machen konnte, warum er hoch oben über dem Meer, angezogen und festgehalten von einem übermächtigen, unsichtbaren Magneten, keinen Ausweg zu finden vermocht hatte und passiv geblieben war. Es war ihm ein Rätsel, warum er sich dort oben in der Einsamkeit als hilflos und handlungsunfähig erwiesen hatte. Zwei ganze Wochen dauerte die dringend notwendige Regenerationsphase, in der wohl auch viel Hektik und Stress als Folge seiner zahllosen Aktivitäten in den Vorjahren von ihm abfielen. Die Verunsicherung saß weit tiefer, als er es sich anfangs eingestehen mochte. Für alle Zeit war er zum Opfer seines eigenen Übermuts, seiner eigenen Naivität geworden – diese Erkenntnis ließ sich weder beschönigen noch auslöschen.

Als er einigermaßen erholt, bescheiden und dankbar geworden und erst unvollkommen geläutert wieder ins Alltagsleben zurückkehrte, wusste er nur eines mit Sicherheit: In Big Sur, wo er 1994 dann auch, nach einem erfüllten Dasein, dereinst das Zeitliche segnen sollte, hatte er, mutterseelenallein über dem Ozean thronend und von seiner eigenen Zaghaftigkeit wie eingekerkert, zum ersten Mal dem Tod ins Auge geblickt.

KALEIDOSKOP – ANNÄHERUNGEN AN EIN PHÄNOMEN

Dann drehte er sich nach Westen und flüsterte:
»Eines Tages werde ich ihn sehen, den gewaltigen Pazifik.«

Seine Worte waren voller Sehnsucht.
Es gab nichts, was er sich inniger wünschte.
Ich glaube nicht, dass ich je ein solches Sehnen in seiner
Stimme gehört hatte.
Es ging nur um Wasser und Wellen,
aber sein Wunsch kam aus tiefster Seele.
An der Wand in seinem Zimmer hing ein riesiges Poster
mit dem Titel »Big Sur, Kalifornien«.
Manchmal lag er stundenlang auf seinem Bett
und starrte einfach nur auf das leuchtend blaue Meer
und seine weiß schäumenden Wellen,
die an gelben Felsen hochspritzten wie Champagner,
während weiter oben Möwen
über einer Küstenkiefer mit flacher Krone schwebten.

Es war ein besonderer Ozean.
Es war seiner.

Mark Thompson, *El Greco und ich*

»Into the Wild«

Big Sur. Zweimal drei Buchstaben. Zwei kurze Silben, eine englische und eine spanische, aber nicht spanisch ausgesprochene. Zwei Silben, die eigentlich nicht zusammengehören und klanglich kontrastieren. Und doch eine Einheit, unter der man sich unmittelbar etwas vorstellen kann. Etwas Gewaltiges. Denn Sur – das klingt wie Sir, das hat etwas Majestätisches und Herrschaftliches. Mit diesem winzigen Zwitternamen, mit dieser eigentümlichen Zusammen-Setzung von Unvereinbarem, verbindet man unwillkürlich auch ein gewaltiges Versprechen – hier beginnt der Große Süden, hier tut sich eine gänzlich neue, unbekannte Region von gigantischen Ausmaßen auf. Für Neugierige, Neuankömmlinge und Entdeckernaturen: eine Verheißung.

Big Sur. Ein schwach besiedeltes Niemandsland, in dem nur die Elemente zu Hause zu sein scheinen und kein sterbliches Wesen eine echte Heimat findet. Hier, im einstigen »el país grande del sur«, aus dem zwischenzeitlich »el sur grande« wurde, bevor man eine merkwürdige Mischbezeichnung dafür prägte; hier, wo sich ein riesiges Stück Land weder von den spanischen Kolonisten noch von den mexikanischen Verwaltern oder heutzutage von den Amerikanern vereinnahmen ließ und lässt, zerschellen die Wellen und brechen sich die heranflutenden, eisigen Wassermengen an der rauen, untergründigen Strömungen ausgesetzten Küste. Noch dazu, um es mit den Worten des Komponisten John Adams zu sagen, in einem quälend langsamen, aufreizend trägen Rhythmus von Furcht einflößender Kraft.

Big Sur. Kein Ort – eher eine Gemütsverfassung. So etwas wie ein Codewort für eine ungebrochene, stets erneuerbare Faszination. Eine Chiffre für Wildnis. Angesichts der Konfrontation mit einem unbezähmbaren »Nichts«. Pure Faszination? Oder vielmehr ein kaum durchschaubares Spiel aus Annäherung, Scheu und Berührungsangst, in dem man weniger Akteur als Getriebener ist – einhergehend mit einem mal beängstigenden, mal euphorisierenden, mal suchtverstärkenden Schwindelgefühl, das jeder Big-Sur-Novize durchmachen muss, wenn er an dieser Schwelle zum Pazifik angelangt ist und von der Steilküste in Richtung Hawaii und Asien blickt. Ein Küstenabschnitt, der viele Kilometer nördlich von Los Angeles verläuft und den seit jeher eine geradezu mythische Aura umgibt. Von Osten anreisend, macht sich so mancher Auswanderer auf, bewegt sich von der Atlantikküste, wo die Luft »mit ihrem Sole-Geschmack und dem salzigen Duft« (Adams) schon die noch in weiter Ferne liegende Begegnung mit dem Gegenüber, ganz im Westen des Kontinentes, »anzukündigen scheint«, auf Big Sur zu. Nach der Überquerung Nordamerikas zu guter Letzt an die schroffen kalifornischen Uferstreifen und an den »westlichen, jäh abfallenden Festlandsockel zu gelangen« ist nämlich noch heutzutage ein erschütterndes, im Wortsinne sensationelles Erlebnis.

Big Sur – eine von San Francisco und L. A. so ziemlich gleich weit entrückte Gegend, die aus nichts als zerfurchter Küstenlinie zu bestehen scheint. Von den hoch aufragenden

Bergen und Gipfeln der imposanten Santa Lucia Mountains und vom dominierenden Cone Peak vollständig vom Rest des Landes abgetrennt. Von den Luxusvillen der Superreichen im nördlich gelegenen Carmel und im südlich gelegenen Santa Barbara unbeeindruckt und nicht aus der Ruhe zu bringen.

Mit Big Sur ist, im engeren Sinne, ein je nach Definition fünfundsiebzig bis neunzig Meilen langer Abschnitt zwischen Santa Cruz und Monterey im Norden und Morro Bay und San Luis Obispo im Süden benannt.

Verwaltungstechnisch ist Big Sur keine präzise »Einheit«. Und obwohl es einen Hauptort gleichen Namens gibt, der eher einer Ansammlung weniger Gebäude gleicht und als Drehscheibe für allgemeine Erledigungen und Einkäufe für den täglichen Bedarf fungiert, lässt er sich nicht als Dorf oder gar Stadt bezeichnen, sondern stellt bestenfalls eine praktische Begegnungsstätte dar. Geografisch und topografisch lässt sich Big Sur als ein jahrtausendelang völlig unzugänglicher und somit auch unerschlossener Küstenstreifen im mittleren Kalifornien definieren. Parallel zur ehemaligen königlichen Straße »El Camino Real«, die, als Ergänzung und Kontrapunkt des Meeressaums, weiter innen im Land, in einiger Entfernung zur Küste sowie teilweise den Tälern und mäandernden Kurven des Salinas River folgend, verlief. Historisch betrachtet spanisch-mexikanischen Ursprungs und dennoch ein ganz wesentlicher Bestandteil des »weißen« amerikanischen Traums.

Noch vor wenigen Dekaden »gab es« Big Sur, einstmals ein marginaler Bestandteil des mexikanisch-neuspanischen Territoriums »Alta California«, also gar nicht – mangels Straßen, Pfaden, geeigneter Querverbindungen, mangels Häfen oder geschützter Buchten. Eine auf den ersten Blick abweisende, für Menschen vollkommen unattraktive Region ohne Infrastruktur. Über Jahrhunderte ist wohl kaum jemand hierhergelangt – abgesehen von einigen Ureinwohnern, versprengten mexikanischen und spanischen Besatzern oder gelegentlich ein paar Schiffbrüchigen, die dann für alle Zeit, als dauerhaft Isolierte, in der Falle saßen, schlimmstenfalls elendig zugrunde gingen. Für die sich kaum eine Chance auftat, von dort zurück in die »Zivilisation« zu gelangen oder gerettet zu werden. Ein Naturparadies »in the middle of nowhere«, keine zwei Flugstunden von zwei Millionenstädten und riesigen Ballungszentren entfernt und paradoxerweise bis heute einzig einer staunenswert vielseitigen Fauna und Flora vorbehalten.

Alles Humane störte hier, wo Redwoods, verwunschene Strände und Endlosküsten das Sagen haben, nur. Von Siedlungen oder Geschichte war nicht die geringste Spur vorhanden. Mit dem, was wir »Kultur« nennen, war bislang keine Kreatur in Berührung gekommen. Big Sur: ein so mächtiges wie diskretes Fleckchen Erde, das der Inbesitznahme trotzte, das sich Eroberern und abenteuerlustigen *self-made men* standhaft verweigerte. Das sich nicht unterwerfen noch verwerten ließ. Widerständiges Land. Jungfräuliches Land.

Je weniger man über dieses prächtige, alle Sinne überwältigende Big Sur wissen oder auch nur in Erfahrung bringen konnte, desto mehr wurde es besungen. Desto häufiger wurden die wildesten Gerüchte über seine Beschaffenheit und seine Magie in die Welt gesetzt, gelangten vage Ahnungen und aus der Luft gegriffene Legenden über sein »fabelhaftes« Wesen in Umlauf, desto faszinierender, desto unerklärlicher und anziehender wurde diese *rough coastline*. Manche Debütanten, so wusste der Schriftsteller und Big-Sur-Experte Henry Miller aus Erfahrung, ließen sich zu wenig tauglichen Vergleichen »mit gewissen Teilen des Mittelmeergestades« hinreißen, andere bemühten Ähnlichkeiten mit der Küste Schottlands. Aber solche Gegenüberstellungen und bemühten Parallelen »besagen nichts. Big Sur hat ein eigenes Klima und einen eigenen Charakter. Hier berühren sich die äußersten Gegensätze. Es ist eine Gegend, wo man sich immer des Wetters, des Raumes, der Großartigkeit der Landschaft und ihres beredten Schweigens bewusst ist.«

Bis in die Neuzeit bewahrte diese *coastline* ihre Unschuld und ihre Geheimnisse. Während der Great Depression konnte man dann endlich hinter den Vorhang schauen und Einblicke gewinnen, was sich hinter diesem Naturwunder verbarg: Erst mit dem Bau eines neuen Abschnitts des mythischen kalifornischen Highway One, der sowohl eine bewundernswerte Pionierleistung von Straßenbauern, Ingenieuren und Architekten als auch eine veritable technische Errungenschaft darstellte und im Rahmen des New Deal fertiggestellt wurde, rückte Big Sur in den späten 1930ern allmählich in den Blick einer interessierten, ja neugierigen Allgemeinheit. Von diesem Highway aus, auch California State Route One – mit ihren Sektoren Cabrillo, Shoreline oder Pacific Coast Highway – genannt, wurden erste Aufnahmen angefertigt, präzisierte sich die Vorstellung von dieser einstmals unvorstellbaren Terra incognita.

Wer es eilig hat – das gilt auch heute noch, weit mehr als damals, vor dem Zweiten Weltkrieg –, durchquert Kalifornien von Nord nach Süd oder umgekehrt statt auf dem begeisternd schönen Sightseeing- und Naturwunder-Highway

Carmel–San Simeon auf einer jenseits der Gebirgskette verlaufenden, inländischen Achse. In unseren Tagen vornehmlich auf der hoffnungslos überfüllten Interstate Five, einer mehrspurigen Autobahn, auf der sich tagtäglich eine nicht enden wollende Blechlawine aus den Suburbs von L.A. in die hoch entwickelten Bezirke östlich des Silicon Valley und der San Francisco Bay quält, von einer Metropolregion in die nächste.

Wer sich dagegen Zeit nimmt – wer auch heute noch die nötige Muße für dieses einschneidende Erlebnis findet –, der wählt eben mit Bedacht den Küstenhighway One. Und was man dort während einer mehrstündigen, kurvigen Fahrt in geringem Tempo an grandiosen Naturspektakeln zu sehen und an einzigartiger Ruhe zu hören bekommt, sucht seinesgleichen. Selbst welterfahrene, hartgesottene oder blasierte Reisende, die so schnell nichts mehr beeindrucken kann, verstummen angesichts solcher, kaum in Worte zu fassender Eindrücke. Felsen. Zerklüftete Berghänge. Wind. Stille. Tosende Brandung. Weite. Unverstellte Nacktheit. Ein einziger Horizont und unzählige Horizonte, so weit das Auge reicht.

An den wenigen Aussichtspunkten mit ihren wahrhaft atemberaubenden Panoramen halten die Besucherinnen und Besucher an und halten inne. Nehmen diese Küste, der so gar nichts Südliches anhaftet, an der aber alles, wirklich alles »big« und überdimensioniert ist, ergriffen in den Blick. Starren von der Bixby Creek Bridge fast andächtig in die Tiefe, legen Stopps am Point Sur und in Notleys Landing, bei Gorda oder Ragged Point ein. Oder nehmen die Piedras Blancas Rookery, eine beachtliche Seeelefanten-Kolonie, in Augenschein. Ohne Zweifel zählt dieser imposante Ab-

schnitt der Küstenstraße, gesäumt vom Los Padres National Forest, den Carmel Highlands, meistens westlich des
Pfeiffer State Park und des Julia Pfeiffer Burns State Park
verlaufend, zu den Traumstraßen dieser Erde. Kommt einem
Sehnsuchtspfad in eine »Sanfte Neue Welt« gleich, dem
nichtsdestoweniger kaum noch etwas Liebliches eignet.
Und wenn solche kontemplativen Zeitgenossen mit Geduld,
Ausdauer und Einfühlungsvermögen bis zum Abend ausharren, bemerken sie als Erstes, dass diese Küste auf einen
ewigen Sonnenuntergang ausgerichtet ist.

Alles, was man von hier aus sieht und wahrnimmt, ist
Westen, ist nichts als Leere und blaue Fläche, gehört einzig
und allein dem *sunset*. Das Meer in Cinemascope. Womöglich bekommt man schon beim ersten Schauen und Staunen eine Ahnung davon, was mit Begriffen wie innerer
Einkehr, emotionaler Freiheit, Unberührtheit und funda-
mentaler Versenkung ins Eigentliche gemeint sein könnte.
Spürt die Notwendigkeit, ein längeres Verweilen als große,
womöglich unüberwindbare mentale Herausforderung anzunehmen.

Noch bis in unsere Tage ist Big Sur ein Inbegriff von Unversehrtheit, gilt als Musterbeispiel intakter Natur und bemerkenswerter ökologischer Stabilität, präsentiert sich als
eine friedfertige, heilige Örtlichkeit, an der die potenziell
verheerende Präsenz von »westlichen Werten« unerwünscht
ist und wo Touristen eigentlich nichts zu suchen haben.
Letzteres hat sich inzwischen allerdings leider gründlich
geändert – insbesondere seit dem Jahrtausendwechsel fallen
Mietwagenfahrer und Kalifornien-Neulinge, Einheimische
wie Ausländer, wie Heuschrecken nach Big Sur ein, obwohl

»Sehenswürdigkeiten«, Parkplätze und öffentliche Toiletten Mangelware sind, von Einkaufsmöglichkeiten, Lokalen oder »Ortschaften« ganz zu schweigen. Überdies machen Erdrutsche, Überschwemmungen, Waldbrände und monatelange Straßensperrungen der Region schwer zu schaffen. Durchaus problematische Aspekte.

Big Sur, die Heimat von Mammutbäumen, Grauwalen, Seeottern und Seelöwen, von Salamandern, Geiern, Zugvögeln und Berglöwen sowie seit Neuestem wieder die Brutstätte kalifornischer Kondore, galt vor dem neuzeitlichen Sündenfall lange als modellhafter *secret spot,* wo die Elemente, wo Tiere und Pflanzen ohne Eingriff von außen über die Zeitläufte hinweg sehr gut miteinander ausgekommen und autark geblieben sind. Wo man der Erosion nicht mal im Zeitraffer auf die Schliche kommen konnte. Eine Befindlichkeit, die man im Grunde auch weiterhin respektieren, ein Urzustand, den man tunlichst in Ruhe lassen sollte.

Genau diese Anmaßung machte gleich nach Vollendung des Carmel–San Simeon Highway und der damit einhergehenden Zugänglichkeit für jedermann und -frau offenbar aber auch – zunächst für Prominente, Lebenskünstler, Ex-Großstädter und Pioniere eines alternativen Lifestyle – einen seltsamen Reiz aus: diesem sich eigentlich wie von selbst aufdrängenden Tabu zuwiderzuhandeln oder es einfach zu ignorieren. Und sich stattdessen einer solchen Kargheit und spröden Natur willentlich auszusetzen, einem solch harschen Klima die Stirn zu bieten und »heimisch« zu werden, indem man sich ganz einfach, allen vernünftigen Einwänden zum Trotz, hier für eine gewisse Zeitspanne anzusiedeln versuchte – auch wenn man dabei zum einen Gefahr lief, ins natürliche Gleichgewicht einzugreifen und es damit ordentlich ins Schwanken zu bringen, oder wenn man zum anderen, mit einer gehörigen Portion Naivität ausgestattet, in Kauf nahm, die eigene Existenz extremen Risiken auszuliefern.

Viele verspürten Lust auf das Abenteuer Big Sur. So entstand im Laufe der frühen 1940er- bis in die 1960er-Jahre hinein, sowohl am »Hauptort« als auch in dorfloser Einöde, an Hängen mit Panoramablick oder an einigermaßen windgeschützten Küsteneinschnitten, so etwas wie eine – wenngleich weit versprengte, kaum kohärente – Künstlerkolonie. Mit nur wenigen Dutzend Seelen, verstreut auf Aberdutzende von Quadratkilometern, wo man nur selten einem Artgenossen begegnete, aber gelegentlich einen Straßenkreuzer, ein Forstfahrzeug oder Bautrupps auf der Ladefläche eines Trucks vorbeibrausen sah oder resigniert unbekannten Vorbeiziehenden hinterherblickte, die sich in Staubwolken auf und davon machten.

Was fast alle unterschätzten: Es war kompliziert und umständlich, sich mit Lebensmitteln zu versorgen. Man hauste, nolens volens, in improvisierten Unterkünften, man musste oftmals auf Strom und Heizung verzichten. Keine schmucken Residenzen oder prachtvollen Zweitwohnsitze hatte Big Sur seinerzeit zu bieten, anfangs kam nichts als bescheidene Hütten infrage, Verschläge oder Buden gar, mit dem Allernötigsten ausgestattete *cabins*. Und Ablenkungen: Fehlanzeige.

Alles, nur keine Idylle. Alles, nur kein lieblich-idealisierter Locus amoenus. Omnipräsent hingegen: beißende Kälte und wilder Sturm, brütende Hitze und Dauerregen, Mangel an Anregungen und die außerdem fortgesetzt deprimierende Unmöglichkeit, rasch oder effektiv zu kommunizieren.

Mit Kopfschütteln reagierten Außenstehende, wenn sie gelegentlich lasen oder hörten, wie Intellektuelle und Schauspieler hier absichtlich mit dem Phänomen Verzicht experimentierten; sie machten sich rasch über vermeintliche Greenhorns und Esoteriker, über Versager und Verrückte lustig. Über berühmte Leute wie etwa Rita Hayworth oder Orson Welles, die aus einer Laune heraus hierbleiben wollten und Sesshaftigkeit ernsthaft in Erwägung zogen – und die sich gleichwohl rasch wieder aus dem Staub machten. Über Starrsinnige, die an den unwahrscheinlichsten Orten Restaurants aufmachten oder eine Bibliothek ansiedelten, über Eigenbrötler, die ohne Not monatelang in windschiefen Kabuffs ausharrten und, in einem Getto aus lauter Einsiedlern, am Ende zu weltfremden Sonderlingen mutierten.

Die ersten unter diesen Aussteiger-»Siedlern« kümmerten solche Vorurteile oder auch von »Vernunft« gekennzeichneten Vorbehalte allerdings wenig: Ihnen war es gleichgültig, wenn sie sich in den Augen von Schreibtischtätern und Ignoranten systematisch lächerlich machten. Ihnen schwebte etwas anderes vor: Sie suchten ganz bewusst nach dem Nichtvorhandensein von Annehmlichkeiten. Sie wollten sich gezielt in einen anderen Zustand begeben. Sie begannen sich ernsthaft mit Entbehrungsreichtum auseinanderzusetzen. Sie bejahten die Askese.

Ihnen allen gemein – auch denen, die irgendwann zu zweifeln begannen, die mit ihrem selbst gewählten Exil haderten, die scheiterten, die durchdrehten oder nach langen Monaten dann doch die Flucht antraten und den Rückzug ins Bequeme wählten – war eine tief greifende, unerschütterliche Bewusstseinsänderung.

In den stark variierenden Aussagen solcher Persönlichkeiten über ihre jeweils erste Begegnung mit Big Sur, Beschreibungen, die nahezu immer von einem sinnlich-körperlichen, »auf sehr komplexe Weise emotionalen Effekt« handeln, wie John Adams es ausdrückte, ergeben zusammengenommen ein staunenswertes, widersprüchliches Kaleidoskop. Viele Romanciers und Maler, viele Lyriker und Komponisten, viele Sänger und Wissenschaftler haben den Versuch unternommen, diesen Effekt und sein Echo (namentlich die Wirkung auf ihre Psyche) in Worte und Töne zu fassen oder einen angemessenen Ausdruck dafür zu finden. Es kam aber vor allem darauf an, welche Bedeutung sie ihren Erlebnissen zuschrieben und ihren Leserinnen und Hörern präsentierten, war das Erlebte ja oft für sie selbst kaum nachvollziehbar oder begreifbar.

Der Autor Richard Brautigan etwa bezeichnete, so despektierlich wie ironisch, in der Einleitung seines 1965 erschienenen Romans *A Confederate General from Big Sur* (dt. *Ein konföderierter General aus Big Sur*) das Santa-Lucia-Gebirge als »tausend Jahre alte Penne für Pumas und Flieder« und den Pazifik bei Big Sur »als Millionen Jahre alte, vergammelte Vergnügungsstätte für Abalonen und Seetang«. In seiner überspannten Fantasie schlug er Big Sur, historisch und geografisch natürlich unhaltbar, ohne Umschweife schalkhaft den Südstaaten der USA zu und machte ihre Naturphänomene im Nachhinein zu Kriegern und zu politisch handelnden Gestalten des Amerikanischen Bürgerkriegs: »Ehrlich gesagt, es ist schwer zu glauben, dass diese einsamen, kahlen Berge und kliffartigen Strände Kaliforniens Rebellen gewesen sind, dass die Rotholzbäume, die Zecken und Kormorane auf diesen schmalen hundert Meilen Land, die zwischen Monterey und San Luis Obispo liegen, die Fahne der Rebellen geschwenkt haben« sollen. Das war natürlich pure Erfindung und auch ausgemachter Quatsch – doch Humor und Absurditäten, Wirklichkeitsverzerrung, Karikatur und Überzeichnung hatten in Big Sur von jeher ihren Platz.

Nicht selten kamen Effekt und Echo einem ästhetischen Clash gleich: So manche dieser überaus empfindsamen Künstlerseelen waren von Big Sur wie vom Donner gerührt, verstört oder auch nach Tagen noch reichlich desorientiert. Eine kleine Ewigkeit brauchten sie, um ihre Fassung wiederzugewinnen. Einige Sinnsucher kämpften mit ihrer Ratio und befanden sich inmitten eines Orkans widerstreitender Emotionen. Sie fühlten sich einer zerstörerischen, gleichwohl erhabenen Kraft ausgesetzt. Überwältigt und zugleich »am Ziel« angelangt.

So entstanden, im Laufe der Jahrzehnte, bildmächtige, aufregende Hommagen und Hymnen an Big Sur – und auch regelrechte Abrechnungen mit dem unwirtlichen, ja feindseligen, doch landschaftlich verlässlich grandiosen Küstenabschnitt. In den Gedichten, Berichten und Romanen einer Handvoll von Autoren, in den Songs und Musikstücken einer Handvoll von Interpreten werden die Erfahrungen, die sie heraufbeschwören, stets von einer Aufgabe des emotionalen Gleichgewichts und von einem Kontrollverlust begleitet, ist eigentlich immer von Grenzüberschreitungen und Bewusstseinserweiterung die Rede, von intimen Gefühlen und seelischen Abgründen.

Regelrecht versunken und abgetaucht waren diese Menschen und begaben sich in die Obhut dieser Region. Darunter eine ganz eigene Spezies, die *deep thinkers and heavy drinkers*. Jede Menge schwarze Schafe auch. Freundliche

Neurotiker. Loser. Sowie Leute, die ihr kreatives Pulver längst verschossen hatten. Und sie alle genossen, wenigstens zeitweise, dieses wohlige *drifting away*. Andere, weniger stabile Naturen gingen an dieser existenziellen Erfahrung zugrunde oder wurden an ihr irre – sie waren ihr einfach nicht gewachsen.

Was aber nahmen sie alle an Erkenntnissen mit aus Big Sur? Was war die für sie maßgebliche *message*? Und was lässt sich daraus lernen? Die meisten unter ihnen hätten wohl erwidert: Lektionen in Demut und Bescheidenheit. Werte und Zielvorstellungen, die für uns Heutige längst selbstverständlich sind – Kontemplation, Abschaltenkönnen, Reduzierung aufs Wesentliche, mutwillige Beschränkung, Konzentration. Spirituelle Wellness sozusagen. Annäherung an asiatische Verhaltens-, Lebens- und Denkformen. Entschleunigung. Pazifistische Tendenzen, Nachdenken über Formen gewaltlosen Widerstands und bürgerlichen Ungehorsams. Ein Lebensstil also, der in den 1940er- und 1950er-Jahren überhaupt erst einmal »gedacht«, gewagt und ausprobiert werden musste.

»The Long and Winding Road«

Der größte Teil der Vergangenheit von Big Sur liegt im Dunkeln. Wenig bis nichts ist aus den letzten zwei Jahrtausenden überliefert; Aufzeichnungen, Erlebnisberichte und Dokumente sind fragmentarisch, ja im Grunde spärlich. Fast hat es den Anschein, als wäre es schon immer eine archaische, von den Zeitläuften unberührte Region gewesen, als setzte seine »echte« Geschichte erst mit dem 19. Jahrhundert ein. Ganz so ereignislos ging es hingegen selbst hier nie zu. Gesichert ist, dass drei Stämme der amerikanischen Ureinwohner, mehrheitlich saisonabhängige Nomaden, hier bereits vor Jahrhunderten ihre Heimat hatten und vorübergehend auch ansässig waren, obschon sie, je nach Jahreszeit entweder ständig auf der Jagd oder auf der Suche nach anderen Nahrungsmitteln, sich nur selten dauerhaft ansiedelten. Von den Ohlone nimmt man an, dass sie in den Gebieten südlich von San Francisco heimisch waren und über die Monterey-Halbinsel bis zum Point Sur vordrangen, während die Esselen im Kernland von Big Sur bis ungefähr zum Big Creek ihre Jagdreviere hatten und die Salinan das untere Drittel des heutigen Territoriums beanspruchten.

An archäologischen Hinweisen auf das Leben und den Alltag dieser indigenen, sehr genügsamen Völker mangelt es nicht; man weiß, dass sie gelegentlich in Dorfverbänden

hausten und wohl noch bis zum Eintreffen der Spanier überwiegend unbekleidet umherzogen, sich aber mit Federn und
Tierfellen wärmten und schmückten, dass Tätowierung,
Körperbemalung und Piercing üblich waren, dass sie, um
ihr schwieriges Los zu bewältigen, mit einigem Geschick
vorgingen, dass sie handwerkliche Fähigkeiten besaßen
und dass sie einfache Hütten und Flöße bauten. Im Winter
bevorzugten die Ohlone, manchmal auch Costanoans genannt, und die übrigen beiden Stämme die Küstennähe und
ernährten sich von Fischen und Meeresfrüchten, im Sommer zogen sie landeinwärts, um Wild zu erlegen und sich
von all dem zu ernähren, was Bäume und Büsche hergaben.
Die abweisenden Santa Lucia Mountains bildeten eine natürliche Barriere und blieben auch für sie unüberwindbar,
was ihren Radius einschränkte und ihnen, inmitten der
wilden und unberechenbaren Natur, extrem harte Lebens-
bedingungen aufzwang. Echte Feinde, von einigen Wildtie-
ren abgesehen, kannten sie jedoch nicht.

Als die Spanier sich ihrer Jagdgründe bemächtigten, war
es mit dem zwar primitiven und rauen, doch auch paradiesischen Dasein ziemlich schnell vorbei. Auf die erzwun-
gene Christianisierung und partielle Ausrottung folgte
der Raub des ihnen angestammten Landes durch die Siedler; eingeschleppte europäische Krankheiten führten dazu,
dass ein weiterer Teil der Urbevölkerung ausgelöscht wurde; und mit dem einsetzenden Goldrausch, der auch in Big
Sur, für eine kurze Phase zumindest, für einen neuerlichen
Ansturm von Weißen, diesmal vor allem Hasardeure und
Glücksjäger, sorgte, wurde ihnen vollends der Garaus be-
reitet. Was von den Ohlone, Esselen – von Letzteren waren,
über das Land verteilt, wohl einige Hundertschaften hier zu

Hause – und Salinan blieb, waren einzelne Ortsnamen; einige ihrer Nachfahren erinnern noch heute an ihre Gebräuche und an ihre Kultur.

Spanische Segler nahmen die Küste Mitte des 16. Jahrhunderts in Augenschein und waren mächtig beeindruckt von »bis zum Himmel aufragenden«, sturm- und meergepeitschten Bergen; an Land ging aber erst 1769 eine von Gaspar de Portolá, dem späteren Gouverneur von Alta und Baja California, angeführte Expedition, vom heutigen San Diego her nahend. Es kam zu einem Gabentausch mit den Ureinwohnern, und bei ersten Erkundungen stellte sich sofort heraus, dass sowohl die wenigen Küstenwege als auch die ins Innere oder in die Berge führenden Pfade schnell unpassierbar wurden und im Nichts endeten. Erst parallel zum Strand, auf den Hängen, kam man stückweise vorwärts, musste aber auch dort resigniert aufgeben. Schließlich gelangten Kundschafter nordwärts doch noch bis nach Monterey, kamen südlich freilich nicht weiter. Portolá und seine Mannen bissen sich an den uneinnehmbaren Steilhängen, Vorsprüngen und felsigen Landzungen die Zähne aus und mussten unverrichteter Dinge wieder ablegen. Big Sur bewahrte sich seine Unabhängigkeit noch für einen kurzen Moment.

Doch dann schlug die Stunde der Missionare. Peu à peu bekam man den sperrigen Küstenstreifen halbwegs in den Griff, gingen ganze Landstriche, die eine halbe Ewigkeit lang ungenutzt geblieben waren, in Kirchenbesitz über. Erste Viehzüchter und Landwirte wagten ihr Glück auf dem nur sehr schwer zu bestellenden Gelände in extremer Hanglage, nachdem die *native Americans* entweder systematisch vertrieben oder den überall in Kalifornien entstehenden Missionen zugeteilt worden waren, und schon fünf Jahrzehnte später, mit der mexikanischen Unabhängigkeit von 1821, etablierten sich *rancheros* und ersetzten ihrerseits, mit kleinen, privatwirtschaftlich geführten Farmen, die früheren Bauernhöfe und Miniatursiedlungen der Spanier. Selbst diese Phase, als Kalifornien vorübergehend mexikanische Provinz war, währte nur kurz. Auf die Ausrufung der Unabhängigkeit der Bear Flag Republic 1846 durch mutige, entschlossene Siedler folgten die Annexion, zwei Jahre später der Goldrausch und genau zur Jahrhundertmitte die Aufnahme Kaliforniens als 31. Bundesstaat in die Vereinigten Staaten von Amerika.

Ab den Herbstmonaten des Jahres 1850 wurde damit auch Big Sur Teil der USA. Der Bürgerkrieg spielte sich denkbar fern von hier, wo Sklaverei unbekannt war, im Osten und Süden des Kontinents ab – Big Sur war von den schlimmen Sezessionskonflikten, die der noch jungen Nation in den frühen 1860er-Jahren zusetzten, zum Glück nicht betroffen: Noch immer konnte es als eine von den blutigen Auseinandersetzungen der Neuzeit in Gänze verschonte und zivilisatorisch unversehrte Region gelten. Das wurde zu einem ihrer zentralen Wesensmerkmale. Und sollte auch noch lange so bleiben.

Von den staatlichen Landzuteilungen der Mexikaner, Mitte der 1830er-Jahre erfolgt, waren zwei, Rancho El Sur und Rancho San José y Sur Chiquito, von beachtlichen Ausmaßen gewesen. Nun machten sich darüber hinaus, wo immer es nur möglich war, am Rand der Canyons, in Küstennähe oder am Waldsaum, die *homesteaders* breit, ländliche Ansiedler, die sich oft mit winzigen Parzellen oder mit nur sehr schwer bestellbaren Flächen in steiler Hanglage begnügen mussten. Ermuntert worden waren sie vom 1862 verabschiedeten Homestead Act, einem Bundesgesetz zum Landerwerb, dem zufolge man nach mehreren Jahren automatisch vom Bewirtschafter zum Eigentümer wurde. Viehzucht war auf dem unwegsamen Gelände lediglich in bescheidenem Ausmaß möglich, einen Garten anzulegen eine gewaltige Herausforderung. Wenig gedieh, und Wetterkapriolen machten Ernten regelmäßig zunichte. Jegliche landwirtschaftliche Aktivität warf, auf Dauer gesehen, nur geringe, bescheidene Erträge ab.

Vor der grimmigen Witterung und bitteren Armut, vor dem mühseligen Dasein und der knochenharten Arbeit unter widrigsten Bedingungen schreckten viele Neugierige ziemlich bald zurück, sobald sie die vermeintliche Traumgegend etwas eingehender unter die Lupe genommen hatten. Nur diejenigen, die leichtfertig, verrückt, zäh oder unternehmungslustig genug waren, die ausreichend Pioniergeist besaßen oder einfach keine andere Wahl mehr hatten, blieben und versuchten ihr Glück. Für die alleinstehenden Männer unter den Farmern und Ranchern, regelrecht zu einem Leben als Sisyphos verurteilt, war es außerdem verdammt schwer, Frauen zu finden, die robust genug waren, ununterbrochen Schwerstarbeit zu leisten, Frauen, die bereit waren, ihre gesamte Energie in ein fast aussichtsloses Unterfangen zu investieren, Frauen, die ihre Kinder ohne Hilfe und in großer Einsamkeit aufziehen mussten. Frauen, die sich mit einem vorwiegend freudlosen, anspruchslosen Dasein zufriedengaben, die selten klagten und im Vorhinein meist gar nicht Bescheid gewusst hatten, was auf sie zukommen würde.

Oft »bestellten« die Männer, die ihren Partnerinnen

nichts als Entbehrung, ja Fron zu bieten hatten und selbst auch nicht automatisch hart im Nehmen waren, ihre künftigen Gattinnen aus dem Katalog, indem sie auf Anzeigen von ehelosen, mittellosen Frauen, häufig aus anderen Bundesstaaten und sogar aus dem europäischen Ausland, antworteten. Dann lasen sie die Ahnungslosen, nach deren Einwilligung und Anreise, an einer entlegenen Postkutschenstation auf und beförderten sie auf einer tagelangen, beschwerlichen Fahrt über Stock und Stein zu ihren Ranches und *cabins*. Auf die schockierten jungen Frauen, denen nun keine Wahl mehr blieb, wartete ein Alltag, der dem einer Magd oder gar einer Sklavin glich. Geschuftet wurde von früh bis spät, die Kommunikation war spärlich, Abwechslung gab es keine, und an Treffen mit weit entlegen wohnenden Nachbarn oder gar an Feste war kaum zu denken. Jene unter ihnen, denen es gelang, sich zu behaupten, sich gegen die Launen der Natur aufzulehnen und sich dem Wahnsinn der Einsamkeit entgegenzustemmen, waren nach einigen Jahren abgehärtet und auch abgestumpft.

Und trotz aller desolaten Umstände zogen Landvermesser von einem Punkt der Küste zum nächsten, auf der Suche nach »geeigneten« Parzellen. Investoren, die die Region wider besseres Wissen als Eldorado anpriesen, trieben ihr Unwesen und trieben auch die Grundstückspreise in die Höhe. Sie versuchten, zahlreiche weitere Kunden anzulocken und ihre Angebote interessierten Unwissenden schmackhaft zu machen, indem sie ihren Vertragspartnern gehörig etwas vorgaukelten und von einer Art *promised land* schwafelten. Ansonsten waren noch vereinzelte Goldsucher hier und da unterwegs, die sich auch von offenkundiger Aussichtslosigkeit auf Schürferfolge nicht beirren ließen.

Einige wenige unter den Pionierfamilien und Siedlern, darunter auch Europäer wie George Davis, der sich um 1853 hier niederließ und eine Unterkunft errichtete, bevor er sein Terrain fünfzehn Jahre danach wieder an ein Paar von *native Americans* veräußerte, brachten es mit großem Fleiß und etwas Fortüne schließlich doch zu einem gewissen Wohlstand. Auf ihren Grundstücken gründeten sie Ranches, die, ebenso wie andere markante Punkte in der Landschaft und in Straßennähe, noch heute nach ihnen benannt sind und in Big Sur einen wohlklingenden Namen besitzen. Sie schufen Anlegestellen für Boote oder gruben Tunnels, sie handelten mit Baumrinde oder etablierten Obstplantagen, sie erweiterten Weideflächen und bauten Häuser aus Redwood-Holz. Wie etwa die Pfeiffers, aus Frankreich eingewandert und aufgrund ihrer Gastfreundlichkeit auch überregional beliebt, und die Partingtons, wie die Coopers, die Plasketts und die Prewitts, wie die Posts, die Trotters und die Swetnams. Höhenzüge und Bergrücken, Küsteneinbuchtungen und State Parks bzw. Naturschutzreservate heißen seitdem nach ihnen. Später dann kamen die Junges und die Livermores, die Notleys und die McWays. Und der aus Norwegen geflohene Helmuth Deetjen, auf dessen erste Behausung ein 1939 eingerichtetes und auch weiterhin geschätztes Inn zurückgeht. Alle hinterließen unübersehbare Spuren und schufen, was die Beschaffenheit und die Gestaltung der Region betrifft, Tatsachen. Ihre Nachfahren zählen noch heute zum Urgestein von Big Sur.

Die Geschichte der Post Family ist ein hervorragendes Beispiel für eine nun schon mehr als anderthalb Jahrhunderte während, zuträgliche und gewinnmehrende Siedlungstradition – sie nahm ihren Anfang mit der Ankunft von William Brainard Post aus Connecticut, der, über die See anreisend, als Achtzehnjähriger in Monterey von Bord ging, sich anfangs als Jäger verdingte und sich dabei auf die Grizzly-Pirsch verlegte, dann mit Wildleder Handel trieb und es bis zum erfolgreichen Geschäftsmann brachte. Der ehemalige Yankee und Neu-Kalifornier lagerte Getreide und gründete eine Metzgerei im nordöstlich gelegenen Städtchen Castroville. Aus seiner Ehe mit Anselma Onesimo, durch deren Adern noch Costanoan-Blut floss, gingen fünf Kinder hervor. Nach dem Erwerb größerer Ländereien in Big Sur errichtete er dort ein ansehnliches Häuschen, das heute noch steht und jedem Vorbeireisenden am Highway als Zeuge vergangener Zeiten zuzuzwinkern scheint. Seine Söhne und er hielten Rinder und Schweine und hatten auch beim Obstanbau ein glückliches Händchen. Als Williams und Anselmas jüngster Sohn eine junge Frau namens Elizabeth ehelichte, die von den Cherokee abstammte und zu einer Nachbarsfamilie gehörte, vergrößerten sich Terrain wie Besitz noch einmal erheblich. Eine Generation später folgten auf die Abenteurer und Cowboys unter den Posts die Kleingastronomen und Hoteliers – ihnen oblag die Leitung der Herberge Rancho Sierra Mar mit angegliedertem Café, die Durchreisenden Unterkunft und Einheimischen eine Ausgehmöglichkeit bot. In unseren Tagen nun hat, an die vergleichsweise bescheidene Unterkunft der Post-Vorfahren anknüpfend, das geschmackvolle Post Ranch Inn, eine Luxusherberge aus lauter in der Landschaft verstreuten, rustikalen Chalets, seine Pforten für wohlhabende Touristen und Naturfreunde geöffnet – wirklich umwerfend: mit riesigen Fensterwänden und teils spektakulärer Aussicht (von Baumhäusern oder Terrassen hoch über den Klippen), mit nachhaltiger Ausstattung, auf vorbildliche Weise in die Natur integriert. Eine oder mehrere Nächte hier, inmitten von Kaminfeuern, Edelstahlmöbeln und absoluter Ruhe – Wecker oder Fernsehgeräte sucht man vergebens –, geraten so zu einer Ausnahmeerfahrung, mit der Wohnen in der Wildnis zum Erlebnis wird.

Eine solche generationsübergreifende Erfolgsgeschichte, noch dazu bestimmt von geschicktem Neuerwerb benachbarten Landes in strategischer Lage, können nur wenige Familien in Bezug auf Örtlichkeiten oder Ländereien vorweisen. Charles Henry Bixby gelang mit dem Bau einer Sägemühle im Jahre 1868 und der gewagten Konstruktion eines Aufzugs hinunter zum Meer, der die Verschiffung seiner Erträge ermöglichte, ein ähnliches Kunststück von Vermögenssteigerung und struktureller Landschaftsveränderung zugleich. Der Regelfall aber war, bis weit ins 20. Jahrhundert hinein, das genaue Gegenteil – die Präsenz ärmlicher, ökonomisch unbedeutender Anwesen, die entweder von der Außenwelt abgeschnitten waren oder nur mit einem Planwagen erreicht werden konnten. Schwere Lasten transportierte man unter großen Mühen mit sogenannten *go-devils*, einspännigen Fuhrwerken, deren Hinterrad zum Ziehen und deren Vorderräder zur extrem langsamen, frustrierend schwerfälligen Beförderung dienten. Big Sur machte seinem Beinamen *the last frontier* somit alle Ehre – wer sich hierher begeben oder Waren hin- und herschaffen wollte, geriet schnell an seine Grenzen.

Die Klagen über diesen ausgesprochenen Mangel an Transportmöglichkeiten häuften sich, desgleichen die Initiativen, ihn zu überwinden und das Vorwärtskommen auf lange Sicht zu erleichtern. Das Unbezähmbare dieser so besonderen, isolierten Naturlandschaft betrachtete man nicht länger als Wert an sich, sondern als zwar schützenswerte Eigenschaft, die einem Ausbau der Verkehrswege aber nicht grundsätzlich im Wege stehen durfte. Die Hartnäckigkeit, ein solches Vorhaben auch in die Tat umzusetzen, wuchs jedenfalls mit der zunehmenden Unzufriedenheit der Siedler, Bauern und Kleinunternehmer. Und so lässt sich die letztlich geglückte Eroberung des Küstenstreifens, in jüngster Zeit und unter Zuhilfenahme modernster Technologien, auch als Modellfall auffassen, wie aus der als unzulänglich empfundenen Unzugänglichkeit einer Gegend etwas Sinnvolles entstehen kann, das – sich über berechtigte Widerstände hinwegsetzend – sich bis in die Gegenwart zu bewähren versteht. Die Geburtsstunde des Highways hatte geschlagen. Das »Anlegen von Menschenhand«, und sei es auch nur in begrenztem Maße, schien unvermeidlich. Die behutsame Aufhebung des gleichsam gottgewollten Urzustandes schien geboten.

Bixby und Post senior machten 1886 den Anfang. Bixby hatte bereits 1870 einen nur rudimentär vorhandenen Feldweg mit Arbeitskräften, die Plackerei nicht scheuten und Ausdauer an den Tag legten, zu einer Art Straße ausgebaut, auf der Fuhrwerke verkehren konnten und die immerhin von der Carmel Mission bis zum heutigen Bixby Creek reichte. Eine Achtung gebietende Leistung, bedenkt man, dass dem Trupp nur die allereinfachsten technischen Möglichkeiten und Hilfsmittel zur Verfügung standen. Nicht weniger als 23 Brücken zählte die Straße bereits damals. In einem zweiten Schritt nun wurde diese *wagon road* ausgebessert, umgestaltet, stabilisiert und verlängert, bis der Sycamore Canyon erreicht war. Dabei mussten große Umwege und Kurven ins Landesinnere in Kauf genommen werden, denn die tiefen Canyon-Einschnitte direkt am Meer ließen sich nicht ohne Weiteres überbrücken. Schließlich drangen die beiden unternehmungslustigen Männer bis zum Wohnsitz der Posts vor, der auf dem ehemaligen Gelände des Rancho El Sur lag und sich südlich von der Molera Ranch befand. Auf knapp fünfzig Kilometern ließ sich die Strecke nun, von Carmel in Richtung Süden fahrend, bereisen – sofern einem nicht die Witterung oder Naturkatastrophen einen Strich durch die Rechnung machten. Dass von Zeit zu Zeit auch einmal Versorgungsschiffe, von San Francisco oder aus nördlich gelegenen, kleineren Häfen kommend, an improvisierten Anlegeplätzen Lebensmittel und Waren anlieferten oder im Gegenzug mitnahmen, war für die geplagten Bewohner in den langen Wochen, während derer die Straße gesperrt blieb, nur ein schwacher Trost. Ihre Situation stellte sich im Winterhalbjahr als angespannt und prekär dar.

In Etappen ging es allmählich weiter bis zum Deetjen's Inn und zum Castro Canyon. Die Pfeiffers eröffneten 1910 einen Ranch Resort, in dem endlich auch zahlende Hotelgäste absteigen konnten, und von dort kam man, auf einer *coast ridge road*, wirklich nur noch zu Fuß vorwärts oder musste sich reitend auf den anstrengenden Weg machen. Fernziele waren von dort aus der Cone Peak und, mehrere Tagesreisen weiter, endlich San Simeon. Bixby und Post hatten also ganze Arbeit geleistet und der Fortbewegung entlang der Küste enormen Fortschritt beschert, doch noch immer waren der äußerste Süden und der äußerste Norden von Big Sur ohne direkte Verbindung; es gab weiterhin nur zwei Stützpunkte oder »Ortschaften«, die eine, weiter nördlich,

am Big Sur River, die andere bei Lucia, westlich vom Cone
Peak und südlich des heutigen Esalen Institute. Dement-
sprechend waren Handel und Austausch beider Ansiedlun-
gen auf entgegengesetzte größere Zentren beschränkt – im
Norden orientierte man sich am Carmel Valley und dem
Großraum Monterey, im Süden verkehrte man mit Städten
im Salinas Valley wie King City.

Erst mit der auf eigene Faust unternommenen Wanderung eines Arztes und Unternehmers kam wieder Bewegung in das Endlosprojekt Straßenbau. Im April 1894 war die
S. S. Los Angeles in der Nähe des Point-Sur-Leuchtturms
auf Grund gelaufen, und man hatte unter anderen Dr. John
L. D. Roberts, einen Bewohner der Monterey-Halbinsel und
zugleich auch Gründer des nordöstlich gelegenen Örtchens
Seaside, zu Hilfe gerufen, um Überlebende medizinisch zu
betreuen. Roberts konnte es kaum fassen, dass er für die
kurze Entfernung von knapp vierzig Kilometern sage und
schreibe dreieinhalb Stunden mit seinem Pferdefuhrwerk
benötigte – was bereits erstaunlich schnell war –, und erkannte, nach erfolgter Rettungsaktion, die Dringlichkeit
und absolute Notwendigkeit einer so vernünftigen wie
verlässlichen Verkehrsverbindung von Carmel bis zum
Leuchtturm, aber eben auch darüber hinaus. Drei Jahre später, 1897, brach er deshalb, gen Süden, zu einem ausgedehnten Fußmarsch von Monterey bis nach San Luis Obispo auf,
der mehrere Tage in Anspruch nahm, immer an der Küste
entlang, und entwickelte dabei erste konkrete Vorstellungen von Gestalt und Verlauf einer künftigen Straße. Roberts
hielt in seinen Notizen die topografischen Besonderheiten
und Tücken fest, auch fertigte er Skizzen und Fotos an.

In seinem Bericht, in dem er die prächtigen Naturschön-

heiten in den Mittelpunkt rückte, die in Zukunft von Aber-
tausenden von Reisenden bewundert und genossen werden
könnten, wies er gerade auf die problematischen Abschnitte
und Schwierigkeiten hin, mit denen Straßenbauer zu rech-
nen haben würden, war hingegen, wohl von grenzenlosem
Optimismus beflügelt, von der Machbarkeit einer *coastal road* in den nächsten Jahren überzeugt. Auf lediglich
50000 Dollar schätzte er die Baukosten. Roberts stand auf
Anhieb das große, bislang ungenutzte touristische Poten-
zial von Big Sur vor Augen; ihm war binnen Kurzem klar,
was in dieser Region mit Immobilien und Unterkünften,
mit Landspekulation und gastronomischen Einrichtungen
eines Tages zu verdienen sein würde. Einen einflussreichen Fürsprecher und tatkräftigen Unterstützer fand er in
Elmer S. Rigdon, der als State Senator die südlich von Big
Sur gelegene Stadt Cambria vertrat und überdies dem kalifornischen Senatskomitee für Straßen und Highways an-
gehörte. Verblüffenderweise waren es aber nicht die touristischen Vorzüge, mit denen die beiden Männer schließlich
Gehör fanden, sondern die militärischen und strategischen:
Mit der Erschließung von Big Sur eröffnete sich nämlich,
im Falle einer Bedrohung oder eines Angriffs aus dem Westen, eine weitere, geradezu ideale Verteidigungsoption für
die kalifornischen Küsten insgesamt. Ausgerechnet dieses
Argument gab den Ausschlag.

Die Jahrhundertwende verstrich und noch ein weiteres
Jahrzehnt, ein erstes Budget wurde veranschlagt, der öffent-
liche Zuspruch war ermutigend, doch dann vereitelte der
Erste Weltkrieg den Beginn konkreter Baumaßnahmen.
Wieder lag das Projekt eine Zeit lang auf Eis, bis man An-
fang der 1920er-Jahre, im Zuge des immensen wirtschaft-

lichen Booms in Kalifornien, die nötigen Mittel bereitstellte und mit Bauunternehmern Verträge in großem Umfang abschloss. Geld floss dabei sowohl aus der Bundes- als auch aus der Staatskasse. Sechzehn Jahre, von 1921 bis 1937, dauerten die langwierigen, gefährlichen und hochkomplizierten Straßenarbeiten, Sprengungen, Brückenkonstruktionen, Grabungen, Begradigungen, Abstützmaßnahmen und Umschichtungen, stets durch neue Hindernisse oder Verzögerungen unterbrochen. Gleich nach dem Baustart, im Dezember 1922, verstarb im Alter von nur 54 Jahren Mitinitiator Rigdon, dem es damit verwehrt blieb, auch nur die Fertigstellung vom Anfang des zukünftigen Carmel–San Simeon Highway mitzuerleben. Zusätzlich zu professionell ausgebildeten Straßen- und Brückenbauern griff man, für die Knochenjobs, auch auf Strafgefangene zurück; viele der hier beschäftigten, ungelernten und nur miserabel bezahlten Zwangsarbeiter entstammten dem berüchtigten San Quentin State Prison vom Nordwestzipfel der San Francisco Bay – die reinste Ausbeutung.

In den ersten Jahren tastete man sich vom äußersten Süden von Big Sur in kleinen Etappen voran. Unfälle waren an der Tagesordnung, schwere Gerätschaften wurden oftmals beschädigt oder stürzten in die Tiefe, sintflutartige Regenfälle und Erdrutsche führten zu monatelangen Baustopps. Detonationen schlugen fehl, Opfer waren zu beklagen. Mehr als einmal drohte der Abbruch des gesamten Projekts. Einige besonders heikle Abschnitte stellten die Ingenieure und Sprengstoffexperten vor nahezu unlösbare Probleme. Von 1928 an bewegten sich weitere Crews, sieben Tage in der Woche in mehreren Schichten schuftend, auch vom Norden her an ihre Kollegen heran. Dampflöffelbagger und Dynamit – in rauen Mengen – kamen dabei zum Einsatz; an den Baustellen herrschte unbeschreiblicher Lärm. Die herausgesprengten Trümmer wurden, durch die Wucht der Explosionen, weit in die Canyons geschleudert oder den Ozeanwellen zum Fraß vorgeworfen. Und kaum hatte man, sich aus beiden Himmelsrichtungen unendlich langsam aufeinander zubewegend, endlich einmal wieder ein paar Meilen bewältigt, gerieten die Arbeiten und Sprengungen, die Fluss- und Canyon-Querungen an einer ganz unvermuteten Stelle erneut ins Stocken.

Im Oktober 1932 stand, als eindrucksvoller Beweis für die Beharrlichkeit der Highway-Befürworter, -Promoter und -Enthusiasten, die Bixby Creek Bridge, das Prunkstück unter den insgesamt 32 Big-Sur-Brücken, von denen einige aus Stahl, mehrere aus Beton und wenige aus Holz waren. Wie kein anderes Monument schien sie den Aufbruchsgeist ihrer Entstehungszeit wie auch, metaphorisch verstanden, die Verbindung von Archaik und Moderne, von naturbelassener Idylle und technischer Hochleistungsperformance zu versinnbildlichen. Dann dauerte es noch einmal fünf Jahre, die unglückseligerweise genau in die Elends- und Hungerphase der Great Depression mitsamt ihren schweren sozialen Verwerfungen fielen. Dennoch gelang es den Verantwortlichen, im Rahmen des von Präsident Franklin D. Roosevelt zur Ankurbelung der Wirtschaft beschlossenen New Deal, neue Finanzmittel, im Zuge der groß angelegten Sozialreformen, lockerzumachen.

Mehr als vierzig Jahre nach Roberts' denkwürdigem Marsch und fünfzehn nach Rigdons verfrühtem Tod war es dann schließlich so weit: Im Juni 1937 konnte man die Fertigstellung des neuen Highway-Abschnitts verkünden und feiern. Noch trug die Straße Roosevelts Namen, noch war sie nicht in voller Länge gepflastert oder geteert. Aber mit ihrem Bau und der darauffolgenden Nutzung brach unwiderruflich eine neue Ära an. Land wurde, auf radikale Weise, neu aufgeteilt und wechselte die Besitzer; Kinder und Enkelkinder der Pionierfamilien traten große Anteile ihres Besitzes an den Staat Kalifornien ab, der im Gegenzug, auf dem Gelände der neu entstehenden Naturparks, Wanderwege anlegte, Campingplätze und andere Unterkünfte errichtete; weitere Inns wurden gebaut; die Grundstücks- und Immobilienpreise schossen in die Höhe; Durchreisende kamen aus dem Staunen nicht mehr heraus. Der Bekanntheitsgrad der *last frontier* wuchs und wuchs. Das widerspenstige Big Sur wurde zu einer nationalen und bald auch internationalen Berühmtheit.

Kaum war der Freudenlärm der Jubelfeier verklungen, kaum wurden die ersten neugierigen Autotouristen gesichtet, die von Santa Barbara und Santa Cruz aus anrollten und Big Sur Tagesbesuche abstatteten, kaum hatten die großen nationalen Tageszeitungen über das Ereignis und »Bauwunder« ausführlich berichtet, kaum war die Kunde von der Existenz des »Großen Südens« ins allgemeine amerikanische Bewusstsein gedrungen, da wurden auch schon die ersten kritischen Stimmen unter den Einwohnerinnen und Alteingesessenen laut, brach sich offenes Entsetzen innerhalb der Küstengemeinde über die angebliche Inbesitznahme der Region und über ihren drohenden Ausverkauf Bahn. Man habe Big Sur seine Unschuld geraubt, seine Magie und seine Unverfälschtheit gestohlen, so lautete die Klage, sein Charme laufe Gefahr, zerstört zu werden, hieß es, sein Esprit gehe verloren, sein Mythos sei gefährdet. Von einer

»Enttarnung«, die nicht mehr rückgängig gemacht werden könne, von einem zerstörerischen Eingriff in die Natur und von einem Angriff auf die Identität dieser so besonderen Gegend war die Rede. Geheimnisse, die seit Urzeiten gewahrt bleiben konnten, würden nunmehr ohne Not preisgegeben. So manche Nachkömmlinge der Ur-Siedlerfamilien nahmen das Wort »Verrat« in den Mund, bezeichneten harmlose Interessierte sofort als aggressive Invasoren und verfielen gar in Trauer. Sie bekundeten, ihm oder ihr blute schon jetzt das Herz – sie fürchteten, nicht zu Unrecht, einen unkontrollierten Ansturm von Touristen, einen weiteren Anstieg von (diesmal menschengemachten) Naturkatastrophen, ja einen Totalausverkauf.

In den verständlichen Stolz, schon lange vor den jetzigen Bewohnern hier ansässig gewesen zu sein, die verborgene Schönheit »ihrer« Region bereits vor Urzeiten erkannt und zugleich die damit verbundene Unbill jahrzehntelang ertragen zu haben, mischte sich Bitterkeit. Kein Wort indessen verloren sie über die unzweifelhafte Errungenschaft, die dieser neue Highway eben auch repräsentierte, über die Chance, die sich damit für eine umfassend erneuerte, funktionierende Infrastruktur bot, von der auch spätere Generationen profitieren würden, oder über die Erleichterungen – Lebensmittelversorgung, Krankentransporte, weniger umständliche Erreichbarkeit in Notsituationen, allgemeiner Lebensstandard, grundlegende zivilisatorische Errungenschaften, Alltagsbewältigung. Solche Argumente wurden nicht selten mit einem Naserümpfen quittiert, als vermeintlicher, aber keineswegs wünschenswerter »Fortschritt« abgetan oder mit fatalistischen, schwer widerlegbaren Aussagen wie »Das ist jetzt nicht mehr meine Küste« für nichtig erklärt.

Auch wenn zu jenem Zeitpunkt noch wenig Anlass für Panik bestand, war erhöhte Wachsamkeit selbstverständlich geboten. Und dass der Aufschrei der Traditionsbewahrer so früh, gleich zu Beginn der Verfügbarkeit des Highways, erfolgte, hatte natürlich sein Gutes: Keiner Interessengruppe und keinem Bauunternehmen sollte es fortan gelingen, substanzielle Veränderungen an der Gestalt der Küste vorzunehmen oder kommerzielle Ziele durchzusetzen, die mit dem Selbstverständnis der Siedler-Nachfahren unvereinbar waren oder mit den Überzeugungen der *residents* kollidierten. Von Anfang an organisierten sich die Verantwortungsbewussten unter den Einheimischen in Bürgerinitiativen, um wirksamen Widerstand gegen Ein- und Übergriffe zu leisten, ohne sich dabei wirklich notwendigen Anpassungen an heutige Gegebenheiten zu verschließen. Bundesbehörden, Landesbehörden, Privatleute und Vertreter einzelner *communities* stritten erbittert um den richtigen Weg zu einer sinnvollen Umweltethik, die den Bedürfnissen vieler gerecht werden konnte. Unter den Vorkämpfern für ein ökologisch überzeugendes, weitgehend naturbelassenes Big Sur waren sowohl Starrsinnige als auch Ideologen, die es gewiss ein wenig zu weit trieben mit der Verteidigung ihrer paradiesischen Heimat und bereits bei Initiativen mit nur geringer Auswirkung gleich Angriffe auf ihre als heilig erachteten Rückzugsorte vermuteten, doch mehrheitlich regierten die Vernunft und, da die Familien vieler Protestlerinnen und Naturschützer ja schon seit einer kleinen Ewigkeit hier ansässig waren, auch der durch Erfahrung gespeiste Sachverstand.

Wie sich die Big-Sur-Anwohner von den 1940er-Jahren bis in die Dekaden nach dem Jahrtausendwechsel um möglichst weitreichenden Schutz von Küste und Hinterland bemühten, das besaß Vorbildcharakter. Das Aufstellen von großflächigen Werbetafeln, das Aufhängen von grellbunten Postern an Hauswänden und die Installation von störenden Hinweisschildern an Kurven oder längs der Fahrbahn waren auf der gesamten Highway-Strecke von Anfang an untersagt – bis heute. Tankstellen sind Mangelware, öffentliche Toiletten kaum auffindbar, Motel- oder Fast-Food-Ketten dürfen sich hier nirgends ansiedeln. Trash ist tabu. Restaurants und Kioske gibt es lediglich verschwindend wenige – und sie sind, wie auch die rar gesäten Unterkünfte, Hotels, Inns und Campgrounds, diskret in die Natur eingefügt, mancherorts Bestandteil der State Park *facilities*, allesamt im rustikalen, unauffälligen Stil gehalten und, von den zwei kleinen Ortschaften abgesehen, vor den Blicken der Vorbeifahrenden verborgen.

Anhalten kann man auf der Fahrt nur an ausgewählten (Aussichts-)Punkten; Kreuzungen sind eine Seltenheit; Ampeln kann man mit der Lupe suchen; Möglichkeiten, an die Küste zu gelangen, sind stark eingeschränkt, die öffentlichen Parkplätze gebührenpflichtig und überwacht.

Einfach so am Straßenrand zu halten oder etwa im Auto zu übernachten, kilometerweit zu Fuß den Highway entlangzuschlendern oder wild zu picknicken wird auf der Stelle geahndet. Auch nur an eine Handvoll Strände kommt man heran und darf dort spazieren gehen oder sich sonnen; den kleineren, verschwiegenen Buchten kann man sich oftmals lediglich mit dem Fernglas nähern. Baden ist aufgrund von Strömungen, schwerer Brandung und felsigem Untergrund viel zu gefährlich; das eisige Pazifikwasser wirkt zusätzlich abschreckend. Spaziergänge und Wanderungen ins Landesinnere sind auf ausgewiesenen Pfaden, zumal in den State Parks, gestattet, aber abenteuerliche Querfeldein-Exkursionen, auf dem unwegsamen Terrain ohnehin äußerst schwierig, werden gar nicht gern gesehen. Sehr streng nimmt man es mit der Müllentsorgung und dem öffentlichen Konsum von Alkohol.

Dasselbe gilt für die Bauvorschriften: Niemand ist berechtigt, auf seinen Grundstücken ohne ausdrückliche Genehmigung neue *cabins* oder größere Villen in der Landschaft zu platzieren, schon gar nicht an Stellen, wo sie das Blickfeld dominieren; nichts darf den ästhetischen Gesamteindruck stören oder auch nur beeinträchtigen. Lärm, potenzieller Störfaktor Nummer eins, wird vermieden oder unterdrückt, wo es nur geht, und in den Abend- und Nachtstunden ist die Straßenbeleuchtung spärlich bis streckenweise inexistent. Was die Durchfahrt nach Einbruch der Dämmerung zu einem heiklen Unterfangen macht. Umso begeisternder ist natürlich die Durchquerung tagsüber, bei der man – belohnt durch die allein optisch überzeugenden, ungetrübten Naturerlebnisse – sofort größtes Verständnis für die zahlreichen Einschränkungen, Verbote und *don'ts* aufbringt. Auch versteht man instinktiv, wie überlebenswichtig es für Vertreter dieser Ausnahmegegend war, Nein zu sagen zu noch mehr Verkehr (denn bereits seit geraumer Zeit ist die Belastungskapazität der California State Route One erreicht oder sogar überschritten worden). Allen Versuchungen, den Highway zu einer vierspurigen Schnellstraße auszubauen oder ihn auch nur zu verbreitern, heldenhaft zu widerstehen ist womöglich das größte Verdienst der Lokalpatrioten – ein Big Sur mit einer echten Autobahn ist schlicht unvorstellbar und wäre, abgesehen von der technischen und logistischen Problematik, seinem Charakter niemals gerecht geworden. Vorstöße dazu gab es in rauen Mengen; bis heute sind sie gottlob Makulatur geblieben. Der Stand von 1937 bekam bald Status-quo-Charakter; der Highway – nebst seiner Instandhaltung, Sicherung und Verbesserung natürlich –, mit nur einer Fahrbahn pro Fahrtrichtung, war wirklich das Äußerste, was Bewohnerinnen und Beschützer sich und ihrem kargen Schlaraffenland zumuten wollten.

Kurz: Nur äußerst wenig von dem, was Menschen unserer Zeit gemeinhin Spaß macht, ist hier auch wirklich erlaubt. Von Wandern, Meditation und stiller Naturbetrachtung einmal abgesehen. Am liebsten würde man in Big Sur wohl gänzlich unsichtbar bleiben, ein wenig so wie während des Zweiten Weltkriegs, als von der Obrigkeit nicht nur für Straßenanlieger, sondern küstenweit und auch für in Canyons und in Wäldern versteckte Privatresidenzen allnächtliche Blackouts verhängt wurden, um den japanischen Feinden keine Zielscheiben zu bieten. Um den umfassenden Schutz von Big Sur auch rechtlich zu verankern, wurde seither, von Generation zu Generation, um entsprechende verbindliche Gesetzestexte gerungen – deren Verabschiedung und Verwirklichung jeweils eine wichtige Etappe auf dem Weg zur dauerhaften Unabhängigkeit von staatlicher oder bundesstaatlicher Gängelung markierten. Nach einem ersten Masterplan Ende der 1950er-, Anfang der 1960er-Jahre erarbeiteten Mitglieder der Californian Coastal Commission und ausgewählte Repräsentanten der Region, vereint im Big Sur Citizens' Advisory Committee, ein sehr viel weiter reichendes Konzept, den sogenannten, 1986 verabschiedeten Big Sur Local Coastal Plan (oder auch Program). Diskussionen um dessen Kernpunkte und Einzelheiten hätten beinahe zu einer Spaltung geführt – Befürworter und Opponenten bildeten zwei unversöhnliche Fraktionen. Modernisierer und Bewahrerinnen, Reformwillige und Ewiggestrige, Naturfreundinnen und Unbekümmerte an einen Tisch zu bekommen und zur Unterschrift zu bewegen erwies sich als wahre Herkulesaufgabe.

Schließlich wurde ein Kompromisstext verabschiedet, der nicht alle Beteiligten zufriedenstellen konnte. Eine Gruppe der Anrainer fürchtete, ihre Region würde zunehmend zu einem Tummelplatz für Begüterte, weil die Preise für die wenigen noch verfügbaren Baugrundstücke und Ländereien inzwischen in astronomische Höhen geschnellt waren, eine andere hätte gern Teile ihres Terrains veräußert, befand aber, dass die vielen strikten Umweltauflagen potenzielle Käufer abschreckten. Parallel zu diesen Bestimmungen wurde ein Big Sur Coastal Trail beschlossen, der es Reitern, Wanderern und Radsportlern ermöglichen sollte, gefahrenfrei und unter idealen Bedingungen ihren Freizeitaktivitäten nachzugehen. Andere Pläne, um deren Etablierung jahrelang verhandelt worden war, fielen durch. Auch dem Einsatz und Engagement des epochalen Landschaftsfotografen Ansel Adams, der mit seinen grandiosen Schwarz-Weiß-Aufnahmen maßgeblich zur Verfestigung des Mythos Big Sur beitrug und die Küste von seinen Wohnorten in Carmel-by-the-Sea und Carmel Gardens aus erkundete, und seinen Bemühungen um eine Klassifizierung dieser fabelhaften Landschaft als Küstenschutzgebiet begegnete man mit Misstrauen: Einfach zu groß war die Angst vor staatlicher Einmischung und Bevormundung durch bundesstaatliche Behörden, die mit den lokalen Gegebenheiten gar nicht vertraut waren und womöglich fatale Fehlentscheidungen getroffen hätten. Einfach zu ausgeprägt war die Skepsis vor unabsehbaren Konsequenzen, die ein solcher National-Seashore-Status nach sich gezogen hätte – man wusste, dass Big Sur einem noch größeren touristischen Ansturm nicht gewachsen gewesen wäre. Dabei hatte sich Adams, ebenfalls beseelt von der Sorge um eine angemessene, nachhaltige Umweltpolitik vor Ort, mit den besten Absichten in die Diskussion eingebracht. Heikel blieb stets auch die Frage unter den Mahnern und Aktivistinnen, wie und in welchem Maße es mit der Bergbauindustrie, dem Kalksteinabbau und der Erdölsuche wie auch -förderung – diese Bodenschätze sind hier in Big Sur, wenngleich nur in bescheidenem Umfang, vorhanden – weitergehen sollte.

Alles in allem kann sich die Bilanz, mehr als achtzig Jahre nach dem »Durchbruch« ins öffentliche Bewusstsein, ausgelöst von der Highway-Einweihung und befördert von der schon damals einsetzenden Popularisierung, mit Fug und Recht sehen lassen. Big Sur hat zahllose, bis zu anderthalb Jahre währende Straßensperrungen, hervorgerufen von Erdrutschen, gemeistert, hat es verkraftet, eine Zeit lang von Aussteigern, selbst ernannten Esoterikern und gescheiterten Intellektuellen förmlich überrannt zu werden, ist seinen zweifelhaften, aber nur vorübergehenden Ruf als Hochburg der Alternativen, als Hauptstadt des New Age Movement und als *hippie hangout* längst wieder losgeworden. Dass es, zumal in den 1950er- und 1960er-Jahren, auch und gerade im amerikanischen Kulturbetrieb in aller Munde war und dort als Magnet für Subversive und Systemkritiker, als Fluchtpunkt für komische Käuze und wilde Denker galt, hat ihm offenbar nicht geschadet. Dass es erstrebenswert sei, dort zu leben, nackt unter Gleichgesinnten Yoga zu praktizieren und, während man in heißen Quellen badete, Sonnenuntergänge in Panavision zu genießen, hatte sich rasch herumgesprochen, doch ebenso schnell hatten die Bequemen und die Faulenzer, sobald die harsche Realität sie eingeholt hatte und sich solche Wunschvorstellungen als Trugschluss entpuppt hatten, wieder den Schwanz eingezogen und sich davongemacht.

Die viel gepriesene Widerspenstigkeit von Big Sur ist demnach erhalten geblieben: Weder die Küste noch ihre Anwohner haben sich von den Sehnsüchten Außenstehender, der Geschäftemacherei zwielichtiger Usurpatoren oder der Besitzgier unseriöser Fremder kleinkriegen lassen. Ein weiterer Pluspunkt: Trotz aller Unkenrufe ist die Einwohnerzahl im Laufe des 20. Jahrhunderts fast stabil geblieben und erst in jüngerer Zeit leicht angestiegen: Einer Schätzung im Jahr 2018 zufolge lebten gerade einmal 1800 Menschen in diesem doch recht ausgedehnten Gebiet, wurden dort etwas mehr als 850 Behausungen, von denen ein Viertel leer stand, vermutet – bei einer überwiegend weißen Bevölkerung und auch einigen Latinos unter den Bewohnern. Mit anderen Worten: Big Sur ist seiner nun schon lange zurückliegenden Erschließung zum Trotz noch immer so etwas wie ein Refugium für einige Auserwählte und viele Mutige. Und zähmen lassen hat es sich nur in Maßen.

Längst ist selbst hier nicht alles Gold, was glänzt, aber eine starke Signalwirkung geht auch jetzt noch von hier aus. Big Sur kann nach wie vor mit Qualitäten punkten, die ihm so schnell keine andere Region nachmacht. In Prospekten, Erlebnisberichten und Reiseführern über diese *exceptional area* werden fünf zentrale Attribute regelmäßig verwendet und kehren stets aufs Neue wieder: *rugged* (rau, schroff), *scenic* (malerisch, reizvoll, landschaftlich schön, panoramatisch), *precious* (wertvoll, edel, heiß geliebt), *dramatic* und *pristine* (unberührt und unverfälscht, makellos und unverdorben). Dass man solche Begriffe leitmotivisch, ja quasi automatisch – und auch zu Recht – mit Big Sur in Verbindung bringt, kann wohl als eine der größten Leistungen seiner Bewahrer verbucht werden. Und damit das so bleibt, hat sich das Big Sur Local Coastal Program Defense Committee, dem derzeit zweihundertfünfzig aktive Mitglieder angehören, Sensibilität, Vorbeugung, Schutz und behutsame Anpassung an neue Bedingungen als vordringliche Ziele auf seine Fahnen geschrieben. Moralische Unterstützung findet man dabei, unter anderem, in den Schriften des Romanciers und Essayisten Wendell Berry, der als Umweltaktivist auch mit literarischen Mitteln seit Langem gegen »die Vergewaltigung der Natur« anschreibt, als profilierter Technikkritiker einen guten Ruf genießt, von Barack Obama für sein Werk und sein Engagement ausgezeichnet worden ist und in seinem berühmten *Poem of Hope* Positionen einnimmt, mit denen – einerseits metaphorisch, andererseits ganz konkret – sich die Mitglieder des Committee identifizieren können, die sie als Ansporn verstehen. Dieses »Gedicht über die Hoffnung« kulminiert in seiner Schlusspassage in der Feststellung, dass kein Platz auf dieser Erde letztlich besser als die ganze Welt sei und die Welt nie besser als irgendeiner der Plätze auf ihr. Dass alle Orte zusammengenommen letztlich nie besser seien als die Menschen, die an ihnen leben und aktiv sind. Erst wenn Menschen das ihnen innewohnende Licht verdunkeln, würde die Welt –

und damit auch deren kostbare Orte – in tiefe Finsternis getaucht.

Im außergewöhnlich schützenswerten Big Sur, so lautet mein ganz persönliches Fazit nach einer Reihe von Besuchen in einem Zeitraum von über zwanzig Jahren, sorgt eigentlich so ziemlich jeder Anrainer und jede Bewohnerin, jede Reisende und jeder Bewunderer – und das von ganz allein, ohne dass man sich dafür einen Ruck geben muss – dafür, dass die Lichter hier möglichst nie ausgehen werden.

MOSAIK –
PIONIERE DER EINSAMKEIT

Wenn ich dem Pfad folge, der sich über die Berge schlängelt,
reiße ich mich manchmal zusammen und bemühe mich,
die Pracht und die Großartigkeit der Aussicht in mich
aufzunehmen.

Wenn sich die Wolken im Norden auftürmen
und das Meer von tanzenden Schaumkronen bedeckt ist,
sage ich mir bisweilen:

»Das ist das Kalifornien, von dem die Menschen früher
träumten. Dies ist der Pazifik, auf den Balboa von den Bergen
Dariens herabblickte. Dies ist das Gesicht der Erde,
wie es der Schöpfer haben wollte.«

Henry Miller, *Big Sur*

Robinson oder Die Warnung

Als Robinson Jeffers, einer der wichtigsten amerikanischen Lyriker des 20. Jahrhunderts und der wohl unbequemste Mahner seiner Generation, wenn es um die Zukunft und die Unantastbarkeit von Big Sur ging, sich kurz vor Ausbruch des Ersten Weltkriegs in Carmel niederließ, war der Bau des Highway noch Zukunftsmusik. Jeffers war 26, als er seinen Lebensmittelpunkt endgültig nach Kalifornien verlagerte, und der Entschluss, um 1913 mit seiner Frau Una Call Kuster direkt an der nördlichen Grenze zu Big Sur Fuß zu fassen, verdankte sich einem bloßen Zufall. Ursprünglich hatte es das Paar nach Lyme Regis in England gezogen, an die Küste von Dorset, einer Gegend, die den literarischen Beinamen »Thomas Hardy Country« trägt, doch die Vorboten des weltumspannenden kriegerischen Wahnsinns durchkreuzten ihren Plan. Freunde empfahlen ihnen, auch wegen der eklatanten topografischen Ähnlichkeit zu Dorset, zum Aufschlagen ihrer Zelte etwas ganz anderes: jenes Big Sur, das einer »Urlandschaft« von anno dazumal glich, ein Big Sur, in dem Jeffers, gleich nach Ankunft und Begutachtung, sofort mit großem Staunen eine nahezu perfekte und »heile Welt« erblickte – trotz der Abgeschiedenheit, des strengen Klimas, der Unwirtlichkeit und der dort vorherrschenden, bedrückenden Not unter den hart arbeitenden Anwohnern, Bauern und Siedlern.

Jeffers, dem Hochgebildeten, schien es, als hätte er soeben das Paradies auf Erden entdeckt: »Zum ersten Mal in meinem Dasein war es mir vergönnt, Menschen inmitten einer großartigen, unverdorbenen Landschaft leben zu sehen – im Wesentlichen genau so, wie es in den Hirtenlegenden, den Sagen oder den Versepen von Homer geschildert wird.« Nichts weniger als ein Ideal. Zurück zur Natur, sozusagen! Er erblickte hier das nackte, ungeschönte Leben, so wie es ihm, der vorhatte, den Annehmlichkeiten seiner privilegierten Jugend zu entsagen, schon seit Längerem vorschwebte: befreit und »bereinigt« von der im Grunde flüchtigen, unbedeutenden Anhäufung materieller Güter. Asketisch und alles Überflüssigen entledigt. Die Negierung jeglicher Intellektualität. Ihn begeisterte es, in diesem amerikanischen »Ithaka« einfachen und naturverbundenen Menschen, umschwebt von kreischenden Möwen, bei seit Jahrtausenden ausgeübten, simplen Tätigkeiten zuzuschauen: der Aufzucht von Vieh sowie dem Pflügen auf nahezu unzugänglichen, wellenumtosten Landzungen. Ein archaisches und auch monotones Schauspiel, Überbleibsel einer »guten alten Zeit«, deren Fortsetzung bis in alle Ewigkeit er sich von Herzen wünschte. Ein beeindruckendes und zugleich gänzlich unspektakuläres Schauspiel, dem er nicht allein als Betrachter beizuwohnen, sondern zu dem er, mit seiner eigenen Hände Kraft, einen substanziellen Beitrag zu leisten gedachte. Ein Gleichnis für den ewigen Kreislauf des Daseins.

Der junge Robinson, hochbegabter Sohn eines presbyterianischen Theologen, stammte aus Pennsylvania und war der ältere Bruder von Hamilton Jeffers, der später als Astronom Berühmtheit erlangte. An einer verheißungsvollen

akademischen Karriere verlor er, der jahrelang ausgezeich-
neten Privatunterricht genossen hatte, in Frankreich,
Deutschland und der Schweiz zur Schule gegangen war und
parallel zu seinen Literatur- und Medizinstudien beträcht-
liche altphilologische Kenntnisse erworben hatte, jedoch
bald das Interesse. Stattdessen wandte er sich der Forstwirt-
schaft zu, die er in Seattle studierte und der er ebenfalls
nicht lange treu blieb. Bereits als Neunzehnjähriger hatte
er sich in die drei Jahre ältere und längst verheiratete Una
verliebt. Die beiden begegneten sich 1906 in einem Litera-
turseminar an der University of California, in dem Goethes
Faust behandelt wurde. Ihre zunächst kaum eingestandene
und dann geheim gehaltene, jahrelang im Verborgenen aus-
gelebte Liebesaffäre wuchs sich zu einem Skandal aus, als
Unas Ehemann Wind davon bekam; die Ehebrecherin und
ihr junger Lover gerieten in die Schlagzeilen – der *Los Angeles Times* waren der Fortgang der amourösen Verwicklungen des Trios sogar einen Bericht auf der Titelseite wert.

Obwohl Una eine Zeit lang in Europa weilte, um ein wenig Gras über die pikante Angelegenheit wachsen zu lassen, und Robinson auf eine Erbschaft eines Verwandten
mütterlicherseits warten musste, bevor er sich, als Studien-
abbrecher und zwar vielversprechender, doch einstweilen
mittelloser Poet, in der Lage sah, eine Familie zu gründen,
kühlte die Leidenschaft füreinander nicht ab. Trennung
und Abwesenheit beflügelten die starken Gefühle füreinander eher noch. Der gehörnte Gatte, ein Anwalt namens Edward Kuster, hatte das Nachsehen und fügte sich, zumal
er selbst inzwischen eine neue Partnerin gefunden hatte,
in sein Schicksal. Nach erfolgter Scheidung – für damalige Verhältnisse ein reichlich unerhörter Vorgang – heirate-

ten, nur einen Tag später, Robinson und Una und gelangten über die Zwischenstationen Lake Washington, nahe Seattle, und La Jolla in Südkalifornien, zwischen Los Angeles und San Diego gelegen, ins seinerzeit noch eher ursprüngliche als exklusive Carmel. Das Antreten der Erbschaft, die ihnen ein relativ gutes Auskommen ermöglichte, erleichterte diesen neuerlichen Schritt ins Ungewisse. Ihre gemeinsame Tochter, die im Folgejahr, 1914, zur Welt kam, überlebte ihre Geburt nur für einen Tag. 1916 war ihnen mit der Ankunft von Zwillingssöhnen mehr Glück beschieden.

Sobald das Paar in Carmel eingetroffen und von der wilden Schönheit des benachbarten Big Sur wie verzaubert war, verschrieb sich Robinson Jeffers zwei Vorhaben, die sein gesamtes weiteres Leben in Anspruch nehmen sollten: der Errichtung zweier monumentaler Bauten aus Granitfelsen, des Tor House und des Hawk Tower, auf einem neu erworbenen Stück Land und, quasi gleichzeitig, dem systematischen Ausbau seiner Laufbahn als Lyriker, eine Entwicklung, der vor allem in den 1920er- und 1930er-Jahren amerikaweit große Aufmerksamkeit zuteilwurde. Nicht gerade oft geschah es, dass ein ausgesprochener Geistesmensch auch als Arbeiter und Maurer seine Talente unter Beweis stellte, aber mit Jeffers war, wie sich schnell erwies, eine echte Naturbegabung unter die Bauleute und Steinmetze Kaliforniens gegangen. Unter Anleitung eines Experten vor Ort krempelte er die Ärmel hoch und machte sich Jahr um Jahr, keine Anstrengung scheuend, an die langwierige Fertigstellung dieser im Wortsinne kolossalen Wohnstätten – wobei *tor*, dem Kornischen entlehnt, einen frei stehenden Felsen bezeichnet, zerklüftet und schroff, oder auch einen Aussichtspunkt, und *hawk* auf die von Jeffers bewunderten

Habichte und anderen Raubvögel anspielt, die im Himmel über Big Sur mit Gelassenheit und Geduld ihre Kreise ziehen – und im Gegensatz zu den »niederen« Kreaturen stets den Überblick behalten.

Die schweren Steine, von ihm *the primitive rocks* genannt, schaffte er eigenhändig direkt vom Meeresufer heran, befasste sich auch mit Aufforstung und trotzte der solcher Schwerstarbeit innewohnenden Demoralisierung und mentalen Isolierung. Was den Dreißigjährigen an dieser sisyphusartigen Tätigkeit besonders interessierte, war, der Urwüchsigkeit und der Unversöhnlichkeit des Geländes auf die Spur zu kommen, sich mit Rückschlägen abzufinden, sich mit dem Wesen und der Vergänglichkeit von Gesteinsformationen auseinanderzusetzen und, durch unablässige Naturbeobachtung, Prozesse der Erosion ansatzweise nachzuvollziehen. Er machte es sich somit zur Aufgabe, nicht allein im übertragenen Sinne schwere Brocken aus dem Weg zu räumen, die stets von neuen Hindernissen abgelöst wurden. Ihn faszinierte vielmehr die Idee von einer nie endenden Riesenbaustelle, an der man sich als einzelner, unbedeutender Mensch abzuarbeiten hatte und deren Herausforderungen man in nur geringem Maße gewachsen war; ihm gefiel es, ganz allein auf sich gestellt zu sein. Ihn reizten das daraus resultierende Gefühl der Unzulänglichkeit sowie die Erfahrung des Scheiterns, aus der, als Haltung der Schöpfung gegenüber, konsequenterweise Bescheidenheit und Demut erwuchsen.

Was andere beklommen und mutlos gemacht hätte und was von fern an den Turmbau zu Babel erinnerte, stachelte seinen Ehrgeiz an, gab ihm Auftrieb. Schon bald war das Tor House, seinerzeit noch ganz einsam gelegen, wenigstens in

Teilen bezugsfertig, 1919 wurde es zum dauerhaften Heim der Jeffers und ihrer Kinder, die zuvor provisorisch noch in Miet-Cottages im Hauptort gewohnt und bislang nur am Wochenende zum Picknicken vorbeigeschaut hatten. (Erst 1937 wurde die Aufstockung des östlichen Gebäudeteils in Angriff genommen. Irritierenderweise wurde übrigens Ex-Ehemann Edward Kuster eines Tages ihr direkter Nachbar – ausgerechnet er baute gleich nebenan.) Una widmete sich schon in den Anfangsjahren im neu entstandenen Musik-zimmer am Klavier der irischen Folklore. Berühmte Gäste – auch aus dem Showbusiness – wurden bewirtet, es gab eine Art Mini-Pub, und an kalten Winterabenden las die Familie Jeffers im Salon Shakespeare-Dramen mit verteilten Rollen. Es wurde zur Gewohnheit, dass Verehrer des Poeten ihm hier einen Besuch abstatteten, aber nur wenn es seine Zeiteinteilung zuließ: Seine Pflichten wie die Schreibarbeit und das Weiterwerkeln an den archaisch anmutenden Gebäuden, die sich im ewigen Work-in-progress-Zustand befanden, gingen immer vor. In späteren Jahren packten auch seine Söhne mit an. Einer von ihnen schloss dann die Arbeiten ab, bevor Ansel Adams, nach dem Tod des Urhebers, dafür sorgte, dass Jeffers' gewaltige architektonische Leistung unter Schutz gestellt wurde und mit der Gründung einer Foundation, unter fachgerechter Aufsicht, in ihrer ursprünglichen Form erhalten blieb. Zu Robinsons und Unas Lebzeiten störte sich niemand an der unvollendeten Gestalt von House und Tower.

Auch Elemente aus anderen Kulturen und Kontinenten hatten Eingang in die Bauwerke gefunden wie etwa Lava-brocken aus Hawaii, Terrakottaköpfe aus Mexiko, Artefakte der präkolumbianischen Epoche, Teile einer uralten römischen Statue, ein aus der Chinesischen Mauer herausgebrochener Steinbrocken, Mosaiksteinchen aus den römischen Caracalla-Thermen oder ein steinernes Kreuz, das von einem Friedhof in Irland stammte: fürwahr eine heterogene Mischung, die aber in erster Linie die Illusion von der Austauschbarkeit aller Epochen und die Vorstellung von der Gleichwertigkeit alter Kulturen vermitteln sollte – Hinweise auf die Moderne oder gar Avantgarde wurden tunlichst vermieden. Und die aus Quadern zusammengesetzten Außenwände kündeten von Zeitlosigkeit, indem sie sich einer vorzeitlichen Gestaltung bedienten – nicht eindeutig einer bestimmten Tradition oder einem bestimmten Kulturraum zuzuordnen, sei er nun keltisch, britisch, skandinavisch, mediterran oder asiatisch.

Das Tor House ähnelte aus der Ferne einem zweistöckigen schottischen Cottage. Den Hawk Tower, immerhin vier Stockwerke hoch, in dessen Ästhetik Elemente des *gothic style* und auch der Romantik eingeflossen waren, in dem Jeffers eine geheime Treppe versteckte und den er mit Devotionalien sowie mit Arbeiten des Foto-Pioniers und Big-Sur-Künstlers Edward Weston ausstattete, brachte er Una als Geschenk dar. Vom Dach aus hat man die mal der gleißenden Sonne dargebotenen, mal in Nebel getauchten Strände mit ihren gezackten Felsvorsprüngen im Blick und auch einen beeindruckenden Wald aus Zypressen und Eukalyptusbäumen vor sich, die der Hausherr hier im Laufe der Jahrzehnte angepflanzt hatte.

Mit beiden Bauten, die er wohl auch als Insignien gegen einen schnelllebigen Zeitgeist sowie als Ausdruck seiner Charakterstärke verstanden wissen wollte, festigte Jeffers seinen Ruf als Exzentriker und Introvertierter, was keinen

Widerspruch in sich darstellte, sondern – im Zusammen-
wirken mit seiner lyrischen Begabung, seiner Unnahbarkeit
und seiner Beharrlichkeit, ja Dickköpfigkeit – auf bizarre
Weise schon wieder stimmig wirkte. Er galt als distanziert
und zuweilen arrogant; er galt als ein Mann, der sich für
keine Anstrengung zu schade war. Er kultivierte sein Image
als Naturbursche und Verfechter alles Rustikalen; wenn ir-
gend möglich, gab er sich reserviert und schwieg sich aus.

Umso beredter und wortgewaltiger kamen seine wuch-
tigen, gelegentlich regelrecht brutalen, oftmals apokalyp-
tischen und die griechische Antike evozierenden Gedichte
daher – Jeffers, dem Kontroversen und Anfeindung nichts
ausmachten, bevorzugte die epische Form und damit die
Freiheit, favorisierte das Ausufernde und Verströmende.
Von Reimen oder strengen Versmaßen hielt er wenig und
machte vor unbequemen Themen und starken Emotionen
keinesfalls halt; er beschäftigte sich mit Gewalt und Mord,
auch innerhalb der Familie, thematisierte sogar den Inzest.
(Seine kongeniale Neuübersetzung von Euripides' nach
wie vor erschreckender *Medea* sollte 1948 den New Yorker
Broadway erobern.) Viele seiner narrativen, im Allgemeinen
schwer zugänglichen und zunehmend nihilistischen Gedichte weisen auf Big-Sur-Phänomene hin, und einige davon, wie *The Women at Point Sur*, tragen sogar bestimmte
Orte seiner geliebten Küste im Titel.

Bald schon fand er aber vor allem zu seinem eigentlichen Grundthema – der Allmacht und Urkraft der Natur,
die dem Wesen und Agieren menschlicher Wesen auf diesem Planeten haushoch überlegen und daher ein schützens-
wertes Gut sei. Jeffers wetterte in seinen in schneller Folge
erscheinenden Gedichtbänden bereits in den 1920er-Jahren

gegen die Auswüchse und negativen Einflüsse der von ihm verachteten westlichen Zivilisation. Seine eigene Lebensform, bestimmt von Askese, Verzicht und harter Arbeit, erhob er zum Ideal und verstand sie als Gegenentwurf zum Hedonismus der *roaring twenties* und der in Kalifornien grassierenden, bald allgegenwärtigen Verschwendungssucht, gekoppelt an einen ungehemmten Konsumrausch.

Auf dem Höhepunkt des *jazz age*, der Technik- und Geschwindigkeitsbegeisterung und des Baubooms an der Westküste war das Beharren auf elementaren Werten eine Provokation sondergleichen! In den Zwischenkriegsjahren stieß er mit solch zugespitzten, noch dazu brillant formulierten Positionen in Teilen der literarischen Elite, aber auch in aufgeklärten, dem Zweckoptimismus der Berufskapitalisten misstrauenden Bevölkerungsschichten auf breite Zustimmung. Viele seiner Lyriksammlungen, die alle Konventionen sprengten, verkauften sich gut bis sehr gut, sein Renommee war beachtlich, manche Anhänger verehrten ihn wie einen Gott, und im April 1932, im selben Jahr, als die Bixby Creek Bridge eingeweiht wurde, prangte sein Konterfei, in Form eines scharfkantigen Schwarz-Weiß-Profils, auf dem Cover des angesehenen *Time Magazine*. Zweifellos das Gesicht eines Feingeistes – ohne irgendeinen Hinweis auf seine konstante physische Verausgabung, jedoch mit entschlossenen, fast grimmigen Zügen.

Mit Anfang vierzig schien Jeffers, dessen Unerschrockenheit und Mut sprichwörtlich waren, es also geschafft zu haben. Doch mit der lange herausgezögerten Beteiligung der Vereinigten Staaten an den Kampfhandlungen des Zweiten Weltkriegs drehte sich der Wind für Jeffers – er hatte sich vehement gegen jegliches kriegerisches Engagement ausgesprochen, was als Abkehr vom Patriotismus empfunden wurde, und war mit seiner neuen Theorie vom »Inhumanismus« dabei, es sich mit großen Teilen der amerikanischen Öffentlichkeit zu verscherzen. Jeffers definierte darin sowohl seine Mitmenschen als auch die Menschheit ganz allgemein als zu selbstverliebt, kindisch, rein auf ihr eigenes Wohl bezogen und sprach ihnen, als dem eigentlichen Wesen der Welt längst entfremdeten Kreaturen, eine echte Empfindungsfähigkeit für Phänomene wie Schönheit und Natürlichkeit rundheraus ab. Er beobachtete und beklagte bei dieser Spezies weitreichende Gleichgültigkeit, extreme Rücksichtslosigkeit und unverhohlenen Materialismus. Ihm zufolge sei es besser, wenn menschliche Wesen (laut Jeffers mehrheitlich »unreif«, unvernünftig und mit ihrem sprunghaften Gebaren Geisteskranken nicht unähnlich) lediglich als Teil eines imaginären Ganzen, nicht aber als dessen Maßstab oder gar Zentrum aufgefasst würden. *Detachment*, Loslösung und Distanziertheit, Abkehr von primitiven irdischen Bedürfnissen, sollte, so Jeffers' Maxime, fortan das Verhalten bestimmen, um zu einer besseren, naturbetonten Welt vorzudringen. Nicht länger leiten lassen sollte man sich von primären, vorübergehenden Emotionen wie Liebe, Neid und Hass, die Umwelt und Außenstehenden dauerhaften Schaden zufügen würden.

Die Bejahung intensiver Naturbetrachtung (statt unbekümmerter Naturausbeutung) mitsamt dem Wunsch, sich als Mensch nicht allzu wichtig zu nehmen, die Forderung, stets noch dazuzulernen, anstatt sich Schwächere untertan zu machen, das Bedürfnis nach echter, weil nicht von egoistischen Interessen gelenkter emotionaler Kompetenz leiteten ihn bei seinen Überlegungen. Heutzutage würde man sagen: Eine fundamentale ökologische Haltung trieb ihn an, in die auch pazifistisches und ideologiekritisches Gedankengut miteingeflossen war. Die Weltmacht USA aber befand sich in den späten 1940er- und frühen 1950er-Jahren in einer Phase ungebrochener, geradezu naiver Dominanz – eine große Mehrheit der Bevölkerung war fest davon überzeugt, mit dem unreflektierten Export ihrer Kultur und ihres vermeintlich beneidenswerten Lifestyle in anderen Staaten segensreich und konstruktiv zu wirken, und hielt genau das, was Jeffers in ihren Augen als »inhuman« diffamierte, für zutiefst menschlich und konstruktiv.

Verständlicherweise war zwischen zwei so extremen Standpunkten nur schwer zu vermitteln, und Jeffers, der als Dichter wie als öffentliche Figur unbeirrt an seinen Prinzipien festhielt, fiel in Ungnade. Sein Verlag kehrte sich von ihm ab oder legte, ein wohl einmaliger Vorfall in der jüngeren Literaturgeschichte, seinen Publikationen gedruckte Zettel mit einer Warnung vor »unpatriotischen«, defätistischen Inhalten bei; Kollegen und zuvor euphorische Literaturkritiker gingen auf Distanz, in Anthologien und Gesamtschauen wurde er kaum noch aufgenommen, und sein einstmaliger Ruhm begann zu verblassen. Aus dem begnadeten Lyriker war ein unerwünschter Querulant, ein Nestbeschmutzer und Querdenker geworden. Für eine neuerliche, dringend nötige Hinwendung zu natürlicher Schönheit fand sich in den Anfangsjahren des Kalten Krieges kaum ein offenes Ohr.

Was genau war nun aber menschenverachtender? Die Kriege in Übersee, in Korea und Indochina, in die sich die US-amerikanische Außenpolitik in der Folgezeit heillos verstrickte? Die von Jeffers vertretene, doch geflissentlich ignorierte Erkenntnis, dass mit herkömmlichem »Humanismus« bei neuzeitlicher Kriegsführung und Invasion dessen genaues Gegenteil, Leid und Zerstörung nämlich, erreicht wurde? Oder die ebenfalls von ihm geäußerte Hoffnung, dass die Natur schnell wieder zu einem als Utopie aufgefassten Urzustand zurückkehren könnte, sobald die destruktive Menschheit sich nur endlich aus dem Staub gemacht hatte? Die »offiziellen Humanisten« wiesen natürlich beide Denkansätze von Jeffers entrüstet als absurd und zynisch zurück, sahen Recht und Ordnung ausschließlich auf ihrer Seite und ließen keine anderen moralischen Optionen zu. Über Nacht war Jeffers »out« und musste fürchten, mundtot gemacht zu werden. Nur eine geringe Schar von Gleichgesinnten, wenige treue Leser und eine Handvoll bedeutender Landschaftsfotografen (die bereits erwähnten »Klassiker« Ansel Adams und Edward Weston, später dann Morley Baer) entwickelten schon früh ein profundes Verständnis für Jeffers' radikales und auch selbstloses Eintreten für die Erhabenheit der Natur.

Insbesondere in Big Sur, das er direkt oder indirekt zu besingen nicht müde wurde, insbesondere in Big Sur, dessen so besonderen Esprit er mit jeder Faser seines Denkens, Fühlens und Schreibens aufgesogen zu haben schien, sah er eine unschuldige und zugleich raue, grausame Landschaft vorgebildet, an der man sich zwar für kurze oder längere Zeit aufhalten, die man aber nie beherrschen oder sich gefügig machen konnte. Eine Küste, an der man von den übrigen Geschöpfen und den Naturphänomenen geduldet wurde, solange man sich zurücknahm, unterordnete und nicht als Herrscher aufspielte. In seinem Gedicht *Carmel Point* beispielsweise pries Jeffers »die außergewöhnliche

Geduld der Dinge« und empfahl sich und den Menschen seiner Zeit: »Was uns angeht: Wir müssen unseren Geist und unseren Verstand, die stets um uns selbst kreisen, von uns wegrücken« und aus dem Zentrum des Denkens und Handelns verschwinden; »wir müssen unsere Sichtweisen also ein wenig ›enthumanisieren‹ und dafür Zuversicht entwickeln – wir müssen zuversichtlich werden so wie der Fels und der Ozean, aus dem wir gemacht wurden.«

Ein Dasein in Big Sur wurde für Jeffers, der 1962, kurz nach seinem 75. Geburtstag und zwölf Jahre nach dem Tod seiner über alles geliebten Frau Una starb, zur Allegorie eines erstrebenswerten Lebens. In seinem Fall ein durchaus produktives und reiches Leben, in dessen Verlauf er den Zeitgeschmack nach Kräften ignorierte und unverdrossen weiter an seinen Gedichten feilte, so als müsste er mit riesigen, vom Meer verschmähten Gesteinsquadern seine »spirituelle Kathedrale« Tor House um eine weitere Etage aufstocken.

Der Fotograf Morley Baer, der in seinem sensationell schönen Bildband *Stones of the Sur* beeindruckende, großformatige Bildstudien der Big-Sur-Strände und ihrer so vielgestaltigen Felsformationen zu Texten von Jeffers in Beziehung setzte, schrieb über den Dichter: »Jeffers half mir, die Küste von Kalifornien als eine Stätte großer Spannungen zu sehen und zu erfühlen, große naturgegebene Spannungen, die ein« elementarer Teil unseres »Lebens sind und eben nicht unterdrückt oder ausgemerzt werden sollten«. Und selbst die Beach Boys ließen sich für ihr 1973 erschienenes Album *Holland* von einem Jeffers-Text inspirieren und machten daraus ihren aparten Titel *The Beaks of Eagles* – mit ausgedehnten, nachdenklichen und deklamatorischen

Passagen, die mit gewohnt fröhlichem, »typisch kaliforni-
schem« Beach-Boys-Sound kontrastieren: Von den »Schnä-
beln der Adler« und ihren Nestern ist darin die Rede, von
einem Felsvorsprung oberhalb vom Ventana Creek und
vom vorbildlichen Verhalten der Greifvögel, das als Hand-
lungsanweisung für heutige Menschen verstanden werden
könne – nie müde sein, immer dieselben Träume träumen,
wissen, was die ureigenen Bedürfnisse sind, dem Gleichgewicht der Natur nachstreben. Ein einziges geflüstertes
Wort könne uns dazu bringen, uns, den Adlern gleich, mit
unseren Seelen aufzuschwingen und in die Höhe zu steigen.

Aus Zeilen wie diesen wird deutlich, dass man Jeffers
nicht gerecht würde, wenn man ihn, der so oft auf die offen-
kundige »Wertlosigkeit« der menschlichen Existenz hin-
wies, aber an deren »Rettung« durch die Natur und den
»reinigenden« Aufenthalt am Meer unbedingt glaubte, als
eingefleischten Pessimisten oder unverbesserlichen Misan-
thropen abtäte. Oder wenn man ihn, wie in der Vergangenheit oft geschehen, als Propheten einer durch und durch
rustikalen Lebensführung brandmarkte. Ehrfurcht vor der
Schöpfung ist womöglich das zentrale Motiv seines Schaf-
fens, ergänzt um ein Bekenntnis zur Urkraft der Triebe,
zur Eigengesetzlichkeit der Natur und, so der Amerikanist
Martin Schulze, zur »Verschmelzung des Individuums mit
den Elementen«. Darin kann man eine mystische Kompo-
nente erblicken. Bedenkt man die visionäre Kraft dieses
Poeten, der den Vergleich mit seinen weitaus berühmteren
Zeitgenossen Ezra Pound und T. S. Eliot nicht scheuen muss
und dessen philosophische Einstellung gleichwohl »frei
von Esoterik« blieb, befremdet es umso mehr, dass Jeffers
im deutschsprachigen Raum so gut wie unbekannt ist.

Es wird diesen Dichter-Baumeister, einen Öko-Pionier par excellence, allerdings mit großer Genugtuung erfüllt haben, dass seit 1938, der Erstveröffentlichung seiner *Ausgewählten Gedichte*, die nur ein Jahr nach der Einweihung des Highway erfolgte, in Big Sur der ursprüngliche Charakter von Landschaft, Küstenverlauf, Flora und Fauna weitestgehend erhalten worden ist, dass man seine Forderungen, ohne sich freilich explizit darauf zu beziehen, beherzigt und dass bis 1962 der Respekt vor dem Naturwunder stets den Sieg über vorschnelle Umgestaltungsprojekte, kommerziell ausgerichtete Pläne oder wilde Spekulationen davongetragen hat. Und fast sechzig Jahre nach Jeffers' Tod darf man getrost sagen, dass seine mahnende Stimme gehört und verstanden worden ist und dass die Intaktheit des Habitats von Big Sur in den ersten beiden Jahrzehnten des neuen Jahrtausends auch weiterhin höchste Priorität genießt.

Jeffers war es auch, der als erster neuzeitlicher Chronist seiner Wahlheimat die Aufmerksamkeit auf die unheimlichen Aspekte von Big Sur lenkte. Mit den *dark watchers*, finsteren und Furcht einflößenden Gestalten, die, ohne Vorankündigung, ab und zu in den Santa Lucia Mountains auftauchen, bedrohliche Schatten auf den unter ihnen liegenden Küstenstreifen werfen und die Menschen zu ihren Füßen nicht aus den Augen lassen, griff er eine der ältesten Legenden der kalifornischen Folklore auf. Breitkrempige Hüte sollen, so geht die Mär, diese schweigenden Gesellen tragen und angeblich Wanderstöcke mit sich führen. Aus nächster Nähe jedoch hat diese Riesen, die schon vor etlichen Generationen den ersten spanischen Siedlern »erschienen« sind, bislang noch niemand gesehen. Sicher ist nur, dass diese dunklen Wächter mit ihren hoch aufragenden Silhouetten die Sonne verdecken und dadurch eisige Kälte in den Regionen rund um Berghänge, Canyons und Meer verbreiten, dass man ihre Gesichtszüge nicht ausmachen kann, dass sie minutenlang völlig unbeweglich verharren und dass sie auf der Stelle wieder verschwinden, wenn man sich ihnen zu nähern versucht.

Den friedlichen Bewohnern beiderseits des Highway wie den Ureinwohnern früherer Jahrhunderte, für die es schwer zu ertragen ist und war, dass ihr Tun und Lassen urplötzlich genauestens beobachtet und kontrolliert wird, jagen sie – deren mythologischer Ursprung vielleicht in der Sagenwelt der Chumash, kalifornischer *native Americans*, zu suchen ist – bei jedem Erscheinen einen gehörigen Schrecken ein. Ein bloßes Phänomen der Dämmerung? Eine westamerikanische Form der Fata Morgana? Die meisten Big-Sur-Novizen finden diese *vigilantes oscuros*, wie sie auf Spanisch genannt werden, bei der ersten Erwähnung albern oder lächerlich, glauben an ein Hirngespinst oder eine halluzinatorische Harmlosigkeit. Ähneln sie überhaupt menschlichen Wesen? Doch auch ihre Wahrnehmung ändert sich, sobald sie mit den *dark watchers* zum ersten Mal, ganz allein und schutzlos, konfrontiert werden. Dann werden sie kleinlaut und sind eingeschüchtert. Dann geht es ihnen wie dem lyrischen Ich aus Robinson Jeffers' Langgedicht aus dem Jahre 1937, *Such Counsels You Gave to Me* – dann bleiben nur noch Handlungsunfähigkeit, Lähmung und nackte Angst: Jeffers' Protagonist glaubte, dass diese Gestalt, die er auf einmal wahrnahm, in der Tat einer von jenen sagenumwobenen Beobachtern sein könnte, »die man oftmals in diesem Abschnitt des Küstengebirges zu Gesicht bekommt, Formen, die auf menschliche Augen tatsächlich menschlich wirken, aber gewiss wohl nicht wirklich menschlich sind«. Sie kommen einfach so hinter dem Bergrücken hervor, um zu starren und einen mit ihren Blicken zu verfolgen.

Als aber der Erzähler in Robinsons Gedicht auf sie zutrat, »erkannte er ihre schäbige Kleidung, ihr blasses Haar und sogar die von ihm abgewandte Stirn« sowie die charakteristische »eingebuchtete Linie«, die vom Auge bis zum Kiefer verlief, sodass er letztlich gar nicht so »überrascht war, als die Gestalt, die sich ihm im ruhigen Zwielicht zuwandte, sein eigenes Gesicht zeigte«. Schließlich verschwamm es, schmolz hinweg und ging, wie ein Trugbild, unmerklich »in die Schatten« dahinter über. Für diesen von einem *dark watcher* Ertappten stellte der gruselige, große Gefahr verbreitende Fremde und dabei dennoch nur allzu Vertraute – in Form eines Riesen – so etwas wie ein Spiegelbild der eigenen Seele dar.

Pepé oder Der Tod

Während man Robinson Jeffers bis heute dermaßen mit Big Sur identifiziert, dass Teile der Westküste unter dem Synonym »Jeffers's Country« firmieren und so ziemlich jeder Amerikaner damit augenblicklich weiß, welcher Landstrich gemeint ist, gilt John Steinbeck, der weitaus bekanntere Autor und viel gelesene Autor von Erfolgsbüchern wie *Die Früchte des Zorns* und *Von Mäusen und Menschen*, als der ungekrönte literarische Herrscher und Kenner von Monterey. Der einstmals bedeutenden Hafenstadt, deren frühere Haupteinnahmequellen, Fischerei, Anfertigung von Konserven und Walfang, längst zugunsten des Tourismus und eines auf die Spitze getriebenen kalifornischen *dolce vita* versiegt sind, hat er mit seinen Romanen ein Denkmal gesetzt.

Von der bitteren Armut der in seinen Prosawerken beschriebenen Straßenzüge von Monterey, von der Misere der einfachen Leute, Sardinenfischer und Arbeiter, die er zugleich als liebenswürdige Kämpfernaturen mit Überlebenswillen und Herzenswärme beschrieb, ist heute nicht mehr viel zu sehen. Aus der von Steinbeck gefeierten Cannery Row, einer Ansammlung inzwischen stillgelegter Fischverarbeitungsbetriebe, ist eine Attraktion für den Fremdenverkehr geworden; in seinem gleichnamigen, tragikomischen Roman von 1945 (dt. *Die Straße der Ölsardinen*) spürt man auf jeder Seite seine Sehnsucht nach den *good old days* seiner Jugendjahre in Monterey um 1930, als er sich, damals noch mittellos und ohne echte künstlerische Perspektive, gemeinsam mit seiner ersten Frau Carol in einer Hütte an der Pacific Grove am oberen Ende der Halbinsel mit Fisch- und Krabbenfang, mit Gemüseanbau und Marktverkäufen notdürftig über Wasser halten und eine – durchweg als heiter und lebenswert empfundene – Existenz als Selbstversorger führen konnte. Ein kleines Boot und ein gleichförmiger, aber schöner, vom Rhythmus des Ozeans bestimmter Alltag genügten den beiden, um ungetrübtes Glück zu fühlen: losgelöst von übertriebenen materiellen Wünschen. Die nackte Not seiner Zeitgenossen, das von Entbehrung geprägte Milieu der Fabrikarbeiter und Farmer, die unter den katastrophalen Folgen der Weltwirtschaftskrise am meisten zu leiden hatten und die man während eines schlimmen Jahrzehnts ihrer Würde beraubte, kannte der angehende Romancier und künftige Literaturnobelpreisträger aus erster Hand. Wie auch den Öl- und Fischgestank in den Werkhallen, in denen fangfrische Ware sortiert, zubereitet, eingelegt und in Büchsen und Dosen verpackt wurde.

Später gestand er ein, manchmal auch kleine Diebstähle begangen zu haben, um den bohrenden Hunger zu besiegen, und er war eine Zeit lang auf Sozialhilfe – staatliche Zuwendungen in wahrlich kläglichem Ausmaß – angewiesen. Steinbeck schaute dem Volk aufs Maul, bediente sich bei seinen lebensnahen Schilderungen und Berichten aus der Fischmehlindustrie und den Elendsquartieren an eigenen Erlebnissen, schrieb nie aus einer abgehobenen Perspektive, sondern hautnah und packend, mit einem Sinn für Dramatik und Abenteuer sowie mit der Authentizität eines Beobachters, der extreme Emotionen am eigenen Leibe verspürt hat.

Obschon Steinbeck, eng befreundet mit dem Philosophen und visionären Meeresbiologen Ed Ricketts, des Öfteren von Monterey über Carmel in Richtung Süden ausschwärmte, obschon auch sein Herz für die Naturschönheiten der Meerlandschaften dieses so besonderen »wilden Westens« schlug, stand Big Sur explizit wohl nur ein einziges Mal im Zentrum seines populären erzählerischen Werkes. In seine Geschichtensammlung *The Long Valley* (dt. *Der rote Pony und andere Erzählungen*), die 1938, also ein Jahr nach der Highway-Inbetriebnahme und der Veröffentlichung von Jeffers' Langgedicht über die *dark watchers*, publiziert wurde, nahm er die Novelle *Flight – Flucht*, aber eben auch »Flug« – auf, die genau dort angesiedelt ist: eine ergreifende Chronik der letzten Stunden eines von Panik getriebenen, zu Tode gehetzten Menschen. Wir Leser begegnen in dieser Parabel dem neunzehnjährigen Pepé Torres, einem mexikanisch-indianischen Halbblut, einem im Grunde friedfertigen und etwas faulen Halbwüchsigen, der aufgrund eines einzigen Vorkommnisses, einer unüberlegten und törichten Kurzschlusshandlung, binnen weniger Tage vom Jüngling zum Mann reift – und dabei alles aufs Spiel setzt.

Pepé ist das älteste von drei vaterlosen Geschwistern und lebt mit ihnen und seiner Mutter auf einer schäbigen kleinen Farm fünfzehn Meilen südlich von Monterey und somit am nördlichen Rand von Big Sur. Armut, Prekarität und Perspektivlosigkeit des isoliert vor sich hin vegetierenden Quartetts sind mit Händen zu greifen. Die Familie muss nun schon seit zehn Jahren ohne Señor Torres, der unglücklich gestolpert ist und kurz darauf durch einen Klapperschlangenbiss in die Brust den Tod gefunden hat, auskommen; Pepé spielt an der Seite von Mama Torres den Ersatzehemann und verhält sich entsprechend cool. Als großer Bruder und Maulheld genießt er die Bewunderung der beiden Kleinen (*the little black ones*; dt.: »die kleinen Schwarzen«) und gammelt herum. Den lieben langen Tag tut er nichts anderes, als mit einem Klappmesser, der einzigen persönlichen Hinterlassenschaft seines Vaters, herumzuhantieren oder es wie einen Dartpfeil in Richtung eines Zaunpfahls zu werfen, in dem es sich festbohrt. Seine Mutter schimpft zwar unablässig mit ihm und macht ihm Vorhaltungen wegen seiner Trägheit und des leichtsinnigen Umgangs mit der gefährlichen Waffe, ist aber stillschweigend mit seiner Rolle und seinem Status einverstanden und, obwohl sie ihm das nicht sagen mag, sogar ziemlich stolz auf ihn – und auf sein mutiges, in Ansätzen bereits männliches Auftreten. So zärtlich wie spöttisch nennt die Witwe ihren Sohn *peanut* oder *foolish chicken*, gibt ihm jedoch zu verstehen, dass er mit ihrer Duldung ruhig den Mann im Hause mimen darf.

Mit nur wenigen Sätzen entwirft Steinbeck dieses Familienidyll; man kann sich in die Eigenarten der vier schnell hineinversetzen, ihre Lebensumstände nachvollziehen und auch die bedrückende Enge auf dieser windgebeutelten und wellenumtosten Landzunge nachfühlen, auf der alles von einer dicken Salzkruste bedeckt ist und die blassgraue, kalte Farbe der Granitfelsen angenommen hat. Während sich Steinbeck im Laufe der gesamten, so atemlosen wie spannenden Erzählung einer einfachen, fast kindlichen Sprache aus abgehackten Sätzen in schneller Folge bedient, die mit ihrer eindringlichen Präzision und überzeugenden Dramatik einem Filmdrehbuch ähnelt, sind die atmosphärischen Landschaftsbeschreibungen dagegen voller Poesie und von großer metaphorischer Dichte.

Die lethargische Tagträumerei des Sohnemanns auf der Schwelle zum Erwachsensein nimmt ein jähes Ende: Als die Medikamente auf der Farm knapp werden und das Salz zur Neige geht, sieht sich Mama Torres gezwungen, ihren Ältesten zum Aufstocken der Vorräte in die Stadt zu schicken. Zum ersten Mal ist Pepé ganz auf sich allein gestellt – eine Mut- und Bewährungsprobe steht ihm bevor. Bei seinem aufregenden Ritt nach Monterey thront er, wohl um seine Unsicherheit zu überspielen, auf dem alten, brüchigen Sattel seines Vaters, trägt dessen Hutband und führt ein grünes Taschen- oder Halstuch mit sich – Insignien der Familienehre. Unterkommen wird das *greenhorn* bei Mrs Rodriguez, einer Freundin der Torres, und dort auch versorgt werden. In die Vorfreude auf seine Mission mischen sich Stolz und erste Anzeichen von ausgeprägtem Selbstbewusstsein: Wie eine Beschwörungsformel verkündet er unaufhörlich, er sei inzwischen ein Mann. Seine Mutter, die ihn mit gut gemeinten Ratschlägen und Mahnungen überhäuft und ihm fortwährend ins Gewissen redet, solle sich keine Sorgen um ihn machen, verlangt er; sie solle ihr Geplapper einstellen und ihn nicht länger maßregeln.

Voller Zuversicht bricht er auf, lässt sich in Monterey frischen Wind um die Nase wehen, schaut sich in der neuen Umgebung gründlich um, schaut in der Küche seiner *landlady* aber auch etwas zu tief ins Weinglas. So kommt es, dass der Ausflug in die entlegene Stadt mit ihren ungewohnt kruden Sitten, ein Trip, bei dem alle Besorgungen auftragsgemäß von ihm erledigt werden, mit einem Fiasko endet – Pepé hat, wie er Mama Torres mitten in der Nacht nach seiner Heimkehr zerknirscht berichtet, die rassistischen Beschimpfungen, mit denen ihn ein Fremder dort provozierte, nicht länger ertragen und seinen Widersacher im Affekt mit dem Messer erstochen. Seitdem befindet er sich auf der Flucht, seitdem wird Jagd auf ihn gemacht. Seine Rückkehr auf die Farm ist lediglich eine Zwischenstation – ihm bleibt nur, wenn das Glück ihm hold sein sollte, sich in die unwegsame Bergregion oberhalb der Küste zu retten und seine Verfolger erst in die Irre zu führen, um sie dann gänzlich abzuschütteln. Größte Eile ist geboten.

Mama Torres ist von der schrecklichen Nachricht von diesem Wortgefecht und seinem mörderischen Ausgang wie am Boden zerstört und stellt doch in Windeseile Ausrüstung und Proviant zusammen – auch um sich ihre Verzweiflung nicht anmerken zu lassen. Ein anderes, frischeres Pferd wird gesattelt, Pepé ein Gewehr mit zehn Patronen ausgehändigt – Munition, die er sich gut einteilen soll –, ihm werden Hut und Mantel des verstorbenen Vaters anvertraut, ihm werden Wasser und Rauchfleischstreifen mitgegeben. Ohne Unterlass murmelt er wieder vor sich hin, doch längst ein Mann zu sein, und selbst die Mutter bejaht dies, auch im Hinblick auf den fatalen Vorfall in der Stadt. Die verständnislosen Geschwisterchen umringen den großen Bruder, der sich mit Küssen von ihnen verabschiedet, und sehen ihm konsterniert nach, als er sich im Morgengrauen auf und davon macht. Erst nachdem er nun zum zweiten Mal das Weite gesucht hat, verliert die Witwe ihre Beherrschung und bricht in ein herzzerreißendes Trauergeheul aus. Ihr tapferer, schöner Beschützer habe sie verlassen, erfahren die Kleinen von ihr; er sei nun für immer auf seine

Todesreise und von ihnen gegangen. Die vor sich hin wimmernde, schon gealterte Frau, die sich für die Fortsetzung ihres Klage-Singsangs im Innern des Hauses zurückzieht, beginnt zu ahnen, dass Pepé die nächsten Tage nicht überleben und sie damit auch ihren »zweiten Mann« verlieren wird. Dass ein Wiedersehen mit ihm unmöglich ist. Die Geschwister, vom Gejammer der Mutter verängstigt und von Neuem verwaist, sprechen sich Mut zu und beschwichtigen sich gegenseitig: »Glaubst du, er ist tot?« – »… noch nicht.«

Den Hauptteil von Steinbecks Erzählung bestimmt die Odyssee des todgeweihten Pepé im Labyrinth der Redwood-Wälder, Schluchten und Abhänge. Mehrere Tage und Nächte zieht sie sich hin – eine qualvolle, aussichtslose Flucht durch feindseliges Terrain. Vor ihm die steil aufragende, unbezwingbare *mountain range*, alle hundert Meter ein Canyon, im Nichts endende Pfade, Dünen, deren heißen Sand der Westwind ihm ins Gesicht bläst, oder dichtes, stacheliges Gebüsch. Weit unter ihm wildes Meer und gezackte Küste, über ihm die sengende Sonne. Und hinter ihm, in unbarmherzigem Tempo, die *posse*, der Verfolgertrupp aus der Stadt, der ihm dicht auf den Fersen ist. Von Weitem kann er das Gebell der Jagdhunde und das Pferdegewieher in seinem Rücken hören; seine Rächer sind besser ausgestattet als er, sie besitzen wohl auch Ferngläser, sie nehmen ihn ins Visier, und außerdem sind sie zu mehreren. Mehr als einmal muss Pepé kehrtmachen, weil er nicht vorwärtskommt, muss sich für eine andere Richtung, einen anderen Reitweg entscheiden; sein Wasservorrat geht zur Neige, auch zu essen hat er bald nichts mehr. Vergebens sucht er nach einer Tränke für sein Pferd. Und die Männer aus Monterey sitzen ihm im Nacken.

Nacheinander verliert er, sei es aus Unachtsamkeit, Konzentrationsmangel oder Ermüdung, sei es durch die an ihm nagende Einsamkeit und stetig wachsende Todesangst, all die Attribute und Gegenstände, die ihn noch vor wenigen Tagen zu einem Mann werden ließen oder die wenigstens an seinen Vater erinnerten – zuerst seinen Hut, dann seinen Mantel. Es kommt noch ärger: Sein Pferd bricht, durch einen Fernschuss getötet, unter ihm zusammen; mit einem Schuss aus seinem Gewehr, bei dem er blind in die Richtung zielt, aus der der todbringende Angriff gekommen ist, versucht er sich vergebens zur Wehr zu setzen. Das Feuer wird sofort erwidert, und ein Gesteinssplitter, den er bei einem weiteren Schuss seiner Feinde anstelle der für ihn bestimmten Kugel abbekommt, dringt mit voller Wucht in seine Hand.

Zwar gelingt es Pepé, den Splitter rasch wieder herauszuziehen, doch die Wunde entzündet sich, schmerzt beträchtlich und beginnt zu eitern. Zwei Nächte später ist seine Hand geschwollen, und der Schmerz wandert den Arm entlang bis zur Achselhöhle hinauf; auch seine Zunge wird dick und findet kaum noch Platz in seinem dürstenden Mund. Es ist ein Sterben auf Raten. Schon kreisen Bussarde über dem Pferdekadaver – unmissverständliches Zeichen, dass man sich bald, gierig und erbarmungslos, auch über ihn hermachen könnte. Seine Situation verschlimmert sich von Stunde zu Stunde, Erschöpfung übermannt ihn, und Linderung ist nicht in Sicht. Dabei hat er sich doch vorgenommen, keine leichte Beute abzugeben. Zuletzt kommt ihm auch noch sein Gewehr abhanden, und er vermag, geschwächt und zusehends willenlos, nur noch zu lallen und sich mit quälender Langsamkeit vorwärtszuschleppen. Es ist, als hätte eine unbekannte Macht sein Todesurteil gesprochen: Er ist nicht mehr imstande, sich gegen sein Schicksal aufzubäumen; Hunger und Durst werden ihn zur Strecke bringen, wenn ihn der Wundschmerz nicht schon vorher um den Verstand bringt, und jedes neue Versteck, das er sich noch sucht, kann jederzeit zur tödlichen Falle werden.

Schwer zu sagen, was schlimmer ist: die Ungewissheit, wie lange das makabre Spiel noch andauern mag, oder der allmählich in ihm aufkeimende, von seinem früheren Hang zum Müßiggang gespeiste Fatalismus, der in Lebensmüdigkeit und irgendwann in Selbstaufgabe münden würde. Am grausamsten ist womöglich, dass seine Gegner für ihn unsichtbar und doch Tag um Tag präsent bleiben, dass er ihnen nie direkt gegenübertreten kann, dass die so reale Gefahr absurderweise abstrakt bleibt. Nie wird Pepé wissen, aus genau welcher Richtung seine noch junge Existenz vernichtet werden kann und der Gnadenstoß erfolgt, nie wird er ein fremdes Gesicht vor Augen haben, in dem er Hass und Tötungsabsicht erkennen, nie eine einzelne Person, der er sich stellen kann. Nie wird er begreifen, warum sein sinnloses Verbrechen nicht schon in der fremden und bedrohlichen Stadt gesühnt worden ist, warum er die fürchterliche Rache ausgerechnet hier, inmitten der Natur, zu gewärtigen hat und wie ein zu erlegendes Tier in die Enge getrieben wird.

Zwischendurch hat Pepé zu allem Überfluss auch noch unliebsame Bekanntschaft mit den *dark watchers* machen müssen. Hinter einem kahlen Vorsprung gewahrt er einen dieser finsteren Gesellen, deren Auftauchen man gern, solange man sich in den Tälern in Sicherheit wähnt, in Zweifel zieht und Zeugen, die beteuern, ihnen schon einmal begegnet zu sein, kurzerhand auslacht. Jetzt sieht auch er, dass es sie wirklich gibt, und wendet geschwind den Blick ab. »Niemand wusste, wer diese Wächter waren noch wo sie sich aufhielten« – eine Feststellung, die genauso auch für Pepés Häscher gilt; einig ist man sich nur unter jenen Auserwählten, denen die schwarzen Wächter erschienen sind, dass es am besten ist, sie zu ignorieren, so wie auch sie einen in Ruhe lassen, wenn man nur seiner eigenen Wege geht.

Pepé weiß nur zu gut, dass es mit seiner Ruhe vorbei ist. Schließlich sieht er, als wieder ein neuer, für ihn rabenschwarzer Tag anbricht, keinen Ausweg mehr. Ob er jetzt noch wirklich Gedanken formen oder einen Entschluss fassen kann, ist unklar. Unerträglicher Dauerschmerz hat seinen gesamten Körper erfasst; seine Gliedmaßen und Eingeweide sind ausgetrocknet; sein Haar ist voller Spinnweben und Zweige; weder aus den kaum noch feuchten Schlammbrocken, die er, auf der Suche nach Flüssigkeit, aus dem Erdreich reißt und sich in den Mund stopft, noch aus Moosstücken, auf denen er herumkaut, lässt sich ein Tropfen Wasser saugen. Ein Berglöwe fixiert ihn, greift ihn aber nicht an. Nur noch zu kriechen vermag er, sich auf allen vieren vorwärtszuschleppen, zentimeterweise. Die traumlosen, fiebrigen Nächte bieten ihm weder Entspannung, noch führen sie zu echter Resignation.

Bei einem weiteren Versuch, seine Wunde zu öffnen und sich von seinen Qualen zu befreien, fügt er sich, beim entsetzlichen Anblick rohen Fleisches und giftgrüner Flüssigkeit, nur noch größere Pein zu. Die Schreie, die er dabei ausstößt, werden endgültig die Aufmerksamkeit auf seinen jetzigen Aufenthaltsort lenken. Direkt über ihm reiht sich Vorsprung an Vorsprung, Klippe an Klippe; um ihn herum breitet sich Ödnis aus. Noch versucht er, ein paar Worte zu formen und auszusprechen, scheitert aber daran, blinzelt in die aufgehende Sonne, starrt in einen blassen Himmel.

Pepé nimmt das aufgeregte Kläffen der Hunde wahr, diesmal aus nächster Nähe, wie ihm scheint, oder von unten, aus dem Tal; auch gewahrt er zwei schwarze Vögel. Daraufhin bekreuzigt er sich und richtet sich, mit einer letzten Kraftanstrengung, auf der Spitze des vorstehenden Grats in voller Länge auf, wie um mit seinem gesamten geschundenen Körper eine ideale Zielscheibe, eine möglichst ausgedehnte Angriffsfläche zu bieten. Seine Silhouette hebt sich, für alle sichtbar, vor der grandiosen Bergkulisse ab. Fast dankbar sieht er seiner Hinrichtung entgegen. Er hat über seine eigene Schwäche triumphiert und der Versuchung, sich einfangen zu lassen, nicht nachgegeben. Er hat sich aus seiner Opferrolle befreit. Sterben wenigstens wird er wie ein Mann, selbstbewusst und aus freien Stücken. Nicht so erbärmlich wie ein Tier, das sich verkrochen hat und das man in seinem Versteck aufstöbert. Pepé gibt sich dem Tod hin. Lange braucht er nicht zu warten auf den entscheidenden Moment. Der erste Schuss, der auf ihn abgegeben wird, landet direkt vor seinen Füßen; der Knall löst ein infernalisches Echo in den umliegenden Schluchten aus. Der zweite trifft ihn mit voller Härte, die Kugel durchschlägt seinen Leib und bringt ihn zu Fall. Er überschlägt sich, stürzt in die Tiefe, löst eine kleine Lawine aus, bis er im Gebüsch zum Halten kommt. Unter Gesteinsbrocken und Geröll wird er begraben.

Der lapidare, fast kühle Chronistenton Steinbecks, der das absehbare und trotzdem furchtbare Ende Pepés, fast wie in einem Polizeibericht, in einem nüchternen Stakkato abspult – es werden einfach nur die nackten Fakten aneinandergereiht, ohne Wertung, ohne ein Anzeichen größerer emotionaler Anteilnahme –, lässt kaum Rückschlüsse auf seine erzählerische Absicht oder auf ein verborgenes moralisches Anliegen zu. Damit sind seine (heutigen) Leser zu selbstständiger Interpretation geradezu aufgefordert. Was oder wer hat den Jüngling letzten Endes wirklich in den Tod getrieben? War es der Zorn irgendeiner übergeordneten Macht? War eine Art Rachegott von Big Sur dafür verantwortlich? Hat Pepé ein geheimes, ungeschriebenes Gesetz missachtet, indem er sich über dessen Spielregeln hinwegsetzte? Hat er sich selbst, durch unkluges Verhalten und Mangel an Erfahrung, in eine Sackgasse manövriert? Wurde ihm seine Anmaßung, strenge Naturregeln außer Kraft setzen zu wollen, zum Verhängnis, sein naiver Glaube, dass ihm schon jemand irgendwie zu Hilfe eilen und ihn beschützen würde, oder das groteske Vorhaben, seine Mannwerdung um jeden Preis zu erzwingen?

Denn genau genommen findet ja zuletzt wieder eine rückläufige Bewegung vom Mann zum Jungen statt – ohne Hut, Mantel, Pferd, Gewehr –, zu einem Urzustand der Unschuld, wie er für Pepé noch vor der Bluttat in Monterey bestand. Allein die freie Entscheidung für den »Mannestod« deutet auf bis dahin nicht vorhandene Reife und Charakterstärke hin. Für Steinbeck scheint weniger der niederschmetternde Anblick der »am Boden zerstörten« Kreatur inmitten der Bergwüste zu zählen als der den Todesschüssen vorausgegangene, befreiende Willensakt des aufrechten Erwachsenen, der die ihm zugedachte und damit auch »verdiente« Bestrafung als gerecht empfindet und ihr, ohne Weinerlichkeit oder Selbstmitleid, gefasst entgegensieht.

Kurioserweise erfahren wir von Pepés kurzem, so unglücklich verlaufenem Stadtaufenthalt nur aus der Rückschau, indirekt, in wenigen, nichtssagenden Sätzen, auf die man sich erst einmal einen Reim machen muss. Wir kennen den Täter, der sich nur verteidigen wollte, dann aber ausgerastet ist; wir erfahren aber nichts über den Provokateur, den sein loses Mundwerk das Leben gekostet hat. Und noch viel weniger über die konkrete Situation der Auseinandersetzung oder die genaue Wortwahl, die zum Auslöser aller weiteren Geschehnisse geworden ist. Dagegen werden Pepés Vorbereitung auf den Rachetod in der Wildnis oberhalb der Küste, sein Herumirren und sein Niedergang – in Steinbecks Notizbuch trug die Novelle den provisorischen Titel *Man Hunt* (Menschenjagd) – in allen Details vom Erzähler vor uns ausgebreitet, jede noch so schwache Regung des Geschundenen, jede einzelne Wahrnehmung, jede Veränderung seiner Befindlichkeit. Bei seiner Erschießung sind wir »live« mit dabei. Aber nie gibt es ein Gegenüber. Nie erhalten die Feinde einen Namen oder eine Identität. Nie bekommen wir mit, was in ihnen vorgeht oder was sie antreibt. Oder ob sie gar mit den hier einmal erwähnten und schon von Jeffers thematisierten *dark watchers* in eins zu setzen sind.

Das könnte bedeuten, dass Pepé gar nicht von einer konkreten Meute verfolgt wird – auch wenn reale Schüsse abgegeben werden –, sondern von Gewissensbissen und Reue, dass seine eigenen Phantome und Urängste Jagd auf ihn gemacht haben. Dass die dunkle Seite seines Ichs ihn in die Ausweglosigkeit getrieben hat, dass seine Selbstüberhöhung fehlgeschlagen und seine Selbstüberschätzung abgestraft worden ist. Big Sur wäre damit hier weit mehr als die grandiose Kulisse für die beklemmende und auch verfahrene

Lage eines schuldig Gewordenen – es präsentiert sich als Ort, an dem Gut und Böse ganz dicht beieinanderliegen, als verführerischer, doch im letzten Moment trügerischer Ausgangspunkt für Versuche, dem eigenen Fehlverhalten zu entkommen, und als verstörende, weil undurchdringliche Seelenlandschaft, die jedem Einzelnen die Grenzen seines Handlungsspielraums aufzeigt. Mit tödlicher Präzision und Deutlichkeit.

»Die Welt innerhalb der Welt« symbolisiert Big Sur in den Worten Henry Millers. »Die Welt von gestern und morgen«, in der »Träumer, Ausgestoßene und Vorläufer« eine kurze Atempause einlegen können. So lange, bis auch ihre Schatten wieder das Lichtreich verdunkeln und Big Sur sich gezwungen sieht, sich ihres Einflusses zu entledigen, sich wieder neu zu erfinden und von einer weiteren Gruppe argloser *aficionados* entdeckt zu werden. Unbeschädigt, liebenswert und verblüffend renitent – so wie seit eh und je.

Henry oder Die Weisheit

In einer Region wie Big Sur, wo jede Wegbiegung, jeder Streckenverlauf und jeder Strandabschnitt schon eine Sehenswürdigkeit besonderer Güte ist, wo sich nach jeder Kurve neue Horizonte auftun und einem das Herz weit wird, wo jede Felsformation markante Züge aufweist und wo einem Ausblick und Fernsicht an jedem beliebigen Panoramapunkt der Pazifikküste den Atem verschlagen, wäre es wohl zu viel verlangt, nun auch noch echte Wahrzeichen in Hülle und Fülle erwarten zu wollen. Und doch gibt es, neben der Bixby Creek Bridge, derer mindestens zwei: die malerischen McWay Falls, etwa auf halber Strecke zwischen Notleys Landing und Lucia, und das weltberühmte Nepenthe Restaurant mit seiner unverschämt prachtvollen Terrasse, südlich des Andrew Molera Park und des Pfeiffer Beach. Beide liegen an besonders reizvollen Abschnitten des Highway, der hier, nach dem portugiesisch-spanischen Seefahrer, Cabrillo heißt; beide sind über die Jahre – ohne Übertreibung – zu Tode fotografiert worden und fehlen, als nicht mehr zu übertreffende Beispiele für den verschwenderischen Reichtum der Natur, in kaum einem Postkartenset. Und keine Durchquerung dieser Gegend wäre vollständig ohne kurze Stopps an den *overlooks* vor diesen *landmarks*, wo sofort ein Wettbewerb um die geeignetsten Superlative für visuelle Schönheit beginnt. Ihnen mit Achselzucken und Gleichgültigkeit gegenüberzutreten oder keinen geeigneten Ausdruck für ihre so besondere ästhetische Qualität zu finden ist ein Ding der Unmöglichkeit und hieße, falls der unwahrscheinliche Fall doch einmal einträte, nichts anderes, als ein unbelehrbarer Banause zu sein und einen Aufenthalt in Big Sur schlichtweg nicht verdient zu haben.

Bei den ungemein pittoresken McWay Falls stürzen die Wassermassen aus gar nicht mal so großer Höhe, dafür aber parallel zu einer länglichen Felsspalte in einem schmalen, feinen Strahl herab und ergießen sich, unweit eines Kaps, bei Ebbe in einer kleinen geschützten Bucht direkt auf den Sandstrand, wo sie sich sofort mit der angespülten Gischt der auf die Felsen prallenden Brandung vermischen. In früheren Zeiten stürzte der knapp 25 Meter hohe Wasserfall sogar direkt ins hier türkisfarbene Meer; nach einem gewaltigen Erdrutsch im Jahre 1983, der große Schlammmassen in die *cove* spülte und dort zurückließ, veränderte sich die Topografie aber nachhaltig, sodass ein schmaler Sandstreifen entstand, der selten vom Meer in Gänze überdeckt wird, und nur bei starker Flut der ursprüngliche Effekt, das unmittelbare Aufeinandertreffen von Süß- und Salzwasser, noch dazu aus zwei Bewegungsrichtungen, wieder zu beobachten ist. Dieses Phänomen, das sich alle paar Sekunden reproduziert, faszinierte Big-Sur-Besucher seit jeher: ein Anblick wie im Bilderbuch – ein Anblick, bei dem man schwach werden kann. So erging es Mitte der 1920er-Jahre auch dem schwerreichen Ehepaar Lathrop und Hélène Hooper Brown von der Ostküste, die die Saddle Rock Ranch ganz in der Nähe kauften, und zwar von einem der Siedler- und Rancher-Pioniere der ersten Stunde: Christopher McWay. Nach ihm wurden die Fälle dann später benannt.

Die Browns – er ein einflussreicher Demokrat aus New York City, Harvard-Kommilitone von Franklin D. Roosevelt, Kongressabgeordneter und hoher Staatsbeamter, sie schon als Teenager Erbin eines kolossalen Vermögens – freundeten sich nach ihrer Ankunft mit Julia Pfeiffer Burns aus einer der ältesten Siedlerfamilien mit großem Landbesitz an, die kurz darauf starb, und trugen sich bald mit dem Gedanken, genau gegenüber dem Wasserfall, zusätzlich zu ihrer Ranch, eine ebenso spektakuläre Residenz zu errichten. So entstand in nur wenigen Jahren nacheinander eine einfache *cabin* aus Redwood-Holz und danach, kaum dass der brandneue Highway eine bessere Anbindung an die umliegenden Städte mit ihren Zulieferern bot, das sagenumwobene Waterfall House. 1940 war es fertig, konnte mit einer Marmortreppe, extravaganten Badezimmern, Spiegelsälen, einem kunstvoll angelegten Garten sowie allgegenwärtigen Ornamenten in Form von Fischen und Meerestieren aufwarten. Aus Panoramafenstern ließen sich die Fälle in den Blick nehmen. An den Wänden des Waterfall House prangten Bilder der französischen Impressionisten und weitere Avantgarde-Kunstwerke aus Europa; das unterhalb der Straße situierte Anwesen war mit einer Privatseilbahn zu erreichen, die von einer soeben in Betrieb genommenen Turbine mit elektrischem Strom versorgt wurde. Die Browns waren somit unter den ersten Nutznießern von Elektrizität in Big Sur, die erst im Laufe der 1930er und 1940er für einige wenige Ranches und Häuser verfügbar wurde – und deren Vorhandensein auch danach noch lange Jahre alles andere als selbstverständlich war.

Die Auswirkungen eines weiteren Naturphänomens hatten die Privilegierten indessen unterschätzt: Direkt gegenüber den McWay Falls, also nur wenige Meter über dem Meer, breitet sich regelmäßig dichter, eisiger Nebel aus. Manchmal konnten sie von ihrem Traumhaus nicht einmal die Hand vor Augen sehen. Im Idealfall durften sie einen exklusiven Blick auf die bezaubernden Falls genießen, um den sie so mancher wohlhabende Zeitgenosse in L. A. oder San Francisco beneidete, im ärgerlichen Extremfall bot sich ihnen lediglich eine undurchdringliche graue Wand dar – eine böse Überraschung. Und auch die fortwährende Feuchtigkeit setzte ihnen zu, nebst der Dunkelheit am helllichten Tag – während fünfzig Meter über ihnen das herrlichste Wetter herrschte. So währte das Glück in ihrem luxuriös ausgestatteten und zeitgenössisch eingerichteten Heim, das ohne Frage Baustandards von Villen in Bel Air oder Beverly Hills entsprach und in puncto Geschmack hätte stilbildend wirken können, nur kurze Zeit. Ersatz wurde nötig – und erst recht Verbesserung.

Beides folgte unverzüglich: Um ein neues und wiederum exotisches Projekt waren die Browns und ihre Architekten nicht verlegen. Das Tin House, dessen Konstruktion und äußere Erscheinung noch eine Spur origineller ausfielen und mit dessen Bau 1944, mitten im Weltkrieg, begonnen wurde, platzierten sie in weiter Ferne von der Wasserfall-Bucht, wenn auch oberhalb davon in nordwestlicher Richtung, landeinwärts auf einem sehr hoch gelegenen Felsgrat. Es bot unverbaubare Blicke in beide Küstenrichtungen, war aber in Richtung Meer, zum Schutz vor Hitze und starken Winden, ein wenig abgeschirmt. Der Küstennebel konnte den Browns hier, in luftiger Höhe, nichts mehr anhaben, dafür waren sie wunschgemäß von drei Seiten mit Sonne und Licht umgeben: Isolation in Reinkultur. Himmlische, ungestörte Ruhe. Einzelteile, Fassaden und Versatzstücke zweier verlassener Tankstellen, deren Ruinen samt Gelände sie aufgekauft hatten, wurden in die Struktur des feudalen Neubaus (übergangsweise »Gas Station House« getauft) auf raffinierte Weise integriert: ein witziger Einfall. Freilich hatte auch hier die Experimentierfreudigkeit einen Haken – die vielen Metallelemente in Dächern, Türen und Wänden reagierten auf die starken Temperaturschwankungen auf der *ridge* mit lautem Knarren, Ächzen und Quietschen. Was vor allem in den Abendstunden unüberhörbar und während der Schlafenszeit schwer zu ertragen war. Gerüchten zufolge sollen die Browns daraufhin nur ein einziges Mal hier übernachtet haben. Und auch seitens des mit ihnen befreundeten Präsidenten Roosevelt, dem das Tin House angeblich einen geheimen Rückzugsort vor der Öffentlichkeit bieten sollte, ist keine einzige Visite nachweisbar.

Wie dem auch sei: Die zweifach enttäuschten Hausdesigner und Wasserfall-Liebhaber übersiedelten ein Jahrzehnt später nach Florida, und Hélène, die ihren Gatten Lathrop überlebte, übereignete ihr riesiges Grundstück dem Staat – unter der Bedingung, dass daraus ein State Park werden sollte, der den Namen ihrer Freundin Julia Pfeiffer Burns trug. Die Behörden kamen ihrem Wunsch nach und verhalfen der Natur wieder zu ihrem Recht. Wanderwege, Zelt- und Picknickplätze sowie Aussichtspunkte wurden eingerichtet. 1970 wurde der State Park noch um ein gleichnamiges Tauchareal ergänzt. Nur Hélènes Willen, dass das leer stehende Waterfall House in ein Museum umgewandelt werden sollte, entsprach man nicht und riss es Mitte der 1960er-Jahre kurzerhand ab. (Vom Tin House sind, bei einer

Wanderung bergauf, immer noch einige Überbleibsel zu besichtigen.) Inzwischen dient Hélène Browns ehemalige Terrasse den heutigen Touristen und Selfie-Fans als Aussichtsplattform: So kann auch die Allgemeinheit die Wasserfälle, in gebührendem Abstand und doch zum Greifen nah, optisch wieder in Besitz nehmen. Wie schon zu Urzeiten gehören sie niemandem und allen zugleich.

Einige Meilen weiter nördlich ist der Mythos Nepenthe beheimatet. Ein Standort über den Klippen auf 240 Meter Höhe mit einer veritablen »Wow!«-Aussicht, die alle übrigen Big-Sur-Panoramen in den Schatten stellt. Ein Traum von einem Standort, von dem aus man den Ozean umarmen kann, den Horizont nie aus den Augen verliert und endgültig zum Fan dieser Ewigkeitslandschaft wird. Ein Standort für Unendlichkeitserlebnisse und auch in unseren Tagen noch der Hotspot schlechthin, wenn man im gleichnamigen Restaurant, spezialisiert auf griechisch-kalifornische Küche, einen Ambrosiaburger, die Spezialität des Hauses, genießt, hier oder im darunter befindlichen Café Kevah bei einem Longdrink mit pilgernden Reisenden aus der ganzen Welt zusammentrifft und die Hoffnung nicht aufgibt, ganz zufällig vielleicht mit einem echten Big-Sur-Veteranen ins Gespräch zu kommen. Mit dem Wort »Nepenthe« – das Schild des scheinbar nie aus der Mode kommenden Lokals zeigt ein hellenisch anmutendes Phönix-Logo mit antikisierender Schrift auf hellblauem Grund –, das sich bei Homer und bei Edgar Allan Poe nachweisen lässt, verband man in der antiken Mythologie eine Art Zaubertrank ägyptischer Herkunft, von den Göttern verabreicht, mit dem das Vergessen erleichtert, der Schmerz gelindert und der Angst der Garaus gemacht werden soll. An diesem von überirdischer Schönheit gesegneten *panorama point* fällt es leicht, an die Wirkung dieses Tranks – wenn man so will, eines Vorläufers heutiger Designerdrogen – zu glauben. Entspannung und Wohlbefinden stellen sich bei jedem Aufenthalt nach kürzester Zeit wie von allein ein.

Und auch um eine wechselhafte Vorgeschichte ist Nepenthe nicht verlegen. Die Ursprünge des Kultrestaurants gehen auf die Mittzwanzigerjahre des 20. Jahrhunderts zurück, als Anhänger der Christian Science aus dem fernen Illinois für ihre Reitausflüge an der menschenleeren Küste eine private Unterkunft benötigten und sich ein einfaches Blockhaus zimmern ließen, in das sie sich bei Bedarf zurückziehen konnten. Eine der denkbar schönsten Stellen hatten sie – der »Trails Club« – sich dafür ausgesucht. Und als sie in den frühen 1940ern keine Verwendung mehr dafür fanden, vermieteten sie es an die Schriftstellerin Lynda Sargent. Die wiederum eines Tages einen Kollegen und illustren Gast für eine Übergangszeit bei sich aufnahm – doch dazu später.

Damit eine Big-Sur-Initiation auch für Promis attraktiv werden konnte, damit aus dem Geheimtipp ein nachahmenswertes Abenteuer und eine begehrenswerte *weekend destination* werden konnte, bedurfte es einiger großer Namen. Im Frühjahr 1944 war es so weit: Zwei Stars, deren turbulente Beziehung schon seit einigen Monaten in den amerikanischen Klatschgazetten für Schlagzeilen sorgte, näherten sich dem künftigen Nepenthe. Orson Welles, Regiegenie und Charakterdarsteller in Personalunion, und seine damalige Ehefrau, die feurige Tänzerin und temperamentvolle Filmschauspielerin Rita Hayworth, gerade auf dem besten Weg zur Leinwandgöttin, hielten sich in San Francisco auf, wo sie sich für den Verkauf von Kriegsanleihen starkmachten. In schwierigen Zeiten wie diesen, als Benzin landesweit rationiert war, konnten sie sich glücklich schätzen, nach erfolgtem Engagement mit Tankgutscheinen ausbezahlt zu werden.

Für die Weiterfahrt nach Los Angeles wählten sie, um sich eine angenehme Auszeit zu gönnen, kurz entschlossen den Küstenhighway – gewiss umständlicher und langwieriger, dafür aber umso märchenhafter und individueller. Als sie, mit Ritas beliebtem Schauspielerkollegen Joseph Cotten im Schlepptau, für ihre Lunchpause hinter einer Kurve die Hauptstraße verließen und an einer besonders schön gelegenen Klippe anhielten, wo sie aus dem Staunen nicht mehr herauskamen, entdeckten sie die ungenutzte hölzerne *cabin* der Glaubensgemeinschaft, das sogenannte Log House mit seinen Nord-Süd-Perspektiven. Und sie begannen, kaum dass sie sich in die Gegend verliebt hatten, gleich ein wenig zu spinnen und zu träumen: Wäre nicht genau hier der ideale Rückzugsort für sie beide, fernab vom stressigen Filmbusiness und doch gerade noch Hollywoodnah? So erwarben sie, nachdem sie einen lokalen Makler aufgetrieben hatten, einem plötzlichen Impuls nachgebend, das bis dato für wertlos erachtete Grundstück samt Häuschen tatsächlich noch am selben Tag für einen Spottpreis. Für keine zweihundert Dollar waren sie, ehe sie sich's versahen, Eigentümer eines irdischen Paradieses geworden, dessen heutiger Wert unschätzbar sein dürfte.

Lange blieben sie nicht. Hayworth nahm noch rasch an den Fenstern Maß, um in der Großstadt Vorhänge nähen zu lassen; Welles beäugte die Gegebenheiten im Umland, um die Möglichkeit auszuloten, eine Gasleitung zum Blockhaus legen zu lassen. Dann waren sie auch schon wieder verschwunden. (Selbstverständlich existiert diese *falling-in-love-story* in vielerlei Varianten und mit zahlreichen Ausschmückungen – begnügen wir uns hier, der Einfachheit halber, mit der »Basisversion«.) Gleich nach Kriegsende begann es aber zwischen Welles und Hayworth heftig zu kriseln, 1947 wurde ihre Scheidung offiziell, und für ein Vielfaches des früheren Kaufpreises, mehr als zwanzigtausend Dollar, wechselten das verschmähte Liebesnest und das dazugehörige Land die Besitzer. Die neuen Eigentümer waren die Eheleute Fassett: Bill und Lolly. Die Fassetts verwirklichten sich mit dem Bau des Restaurants, konzipiert von Rowan Maiden, einem Schüler von Frank Lloyd Wright, einen Lebenstraum, bezeichneten den Ort als »Insel der Sorglosen« und feierten 1949 die Einweihung. Mit ihren fünf Kindern und fast fünfhundert Gästen. Auf den großzügig geschnittenen Terrassen konnte und kann nicht nur diniert, sondern auch getanzt werden. Nepenthe war geboren.

Bis heute befindet sich das Lokal, dessen Image ständig wechselt und das schon vieles zugleich war – Hochburg für Hippies und Beatniks, Anlaufstelle für Siedler und Bewohner, Einkehrmöglichkeit für Durchreisende, Gourmetkneipe für Neugierige, Stammgaststätte für Künstler, Poeten und Musiker, Schauplatz für Spinner und Versponnene –, ununterbrochen im Familienbesitz. Aufgrund seiner konkurrenzlosen Sonderrolle und -lage ist es natürlich auch so etwas wie eine Goldgrube. Zweigeteilt in ein etwas nobleres Hauptrestaurant und ein Café, in dem es ein wenig lockerer, ja hemdsärmelig zugeht, zieht Nepenthe praktisch alle an, die sich für eine auch noch so kurze Zeitspanne in

Big Sur umschauen und ein Gefühl für den hiesigen *genius loci* bekommen möchten. Ob dem vorzüglichen Wein, der hier serviert wird, unter Umständen etwas von dem antiken Zaubertrank beigemischt wurde, lässt sich allerdings erst im Nachhinein beurteilen. Das Nepenthe ist eigentlich immer geöffnet – es sei denn, dass durch Waldbrände und Erdrutsche, wie in der Vergangenheit immer wieder geschehen, keine Zufahrtsmöglichkeiten bestehen und zuweilen monatelange Durststrecken, mit schweren finanziellen Einbußen verbunden, daher wohl oder übel durchgestanden werden müssen: zuletzt erst 2017.

Außergewöhnlich lang hielt Nepenthe hingegen Big Surs wohl prominentester und auch prägendster Besucher die Treue: Henry Miller. In den 1950ern als Dauergast und als guter Kumpel des Besitzers Bill Fassett. Und schon ein Jahrzehnt zuvor als verarmter »Untermieter« von Lynda Sargent genau hier, an Ort und Stelle, im Log House. Noch bevor Hayworth und Welles sich für wenige Stunden des Nepenthe-Standortes bemächtigten, klapperte seine Reiseschreibmaschine in dem Zimmerchen, das sie ihm abgetreten hatte, nämlich zwei Monate lang einträchtig im Takt mit dem *typewriter* Sargents. Gewissermaßen ein produktives, nur von Wind und Wellen gelegentlich übertöntes Stereo-»Hickhack«, dessen Resultate – zumindest, was Miller anging – sich sehen lassen konnten und bald auf der ganzen Welt auch gelesen werden würden.

Wie aber war Miller überhaupt hierhergelangt? Den aus New York City stammenden Skandalautor – *persona non grata* des amerikanischen Literaturbetriebs und einer der aufregendsten, aufmüpfigsten US-Schriftsteller seiner Zeit –

spülte es direkt aus den wilden, seine Fantasie beflügelnden Pariser Emigrationsjahren ins relativ besinnliche, für seine Verhältnisse erschreckend reizarme Big Sur. Während Miller noch jahrzehntelang vergeblich auf die Publikation seiner erotisch aufgeladenen, als obszön verrufenen *Wendekreis*-Romane warten musste, deren Verbotsverfahren sich in Amerika eine Ewigkeit hinzogen, seinen Ruhm aber stetig mehrten, richtete er, der in Europa längst Gefeierte, sich an der kalifornischen Küste unter primitivsten Bedingungen häuslich ein. Big Sur und sein einmaliges *local feeling* erschienen ihm als »Gelobtes Land«. Ausgerechnet er, umtriebig, nomadisch und notorisch neugierig, sollte, von 1944 an, in seinen armseligen Refugien (Log House und später Partington Ridge sowie Anderson Creek) auf einmal inneren Frieden finden. Und sogar seinen Seelenfrieden. Hier gelang ihm die Konzentration aufs Wesentliche.

Hier in Big Sur – ohne Ablenkung und auch ohne Stimulation – entstand die Trilogie seiner Hauptwerke *Sexus – Plexus – Nexus*, auch *The Rosy Crucifixion* genannt, von hier aus korrespondierte er ausführlich mit seiner Langzeitgeliebten, Sehnsuchtsgestalt und Dauer-Muse Anaïs Nin, die ihm finanziell unter die Arme griff; hier verfasste er auch eine groß angelegte, philosophisch gehaltene Hommage an seine Wahlheimat. Hier in Big Sur fertigte Miller mit furiosem Eifer zahllose Aquarelle an, die er geschickt als Zahlungsmittel einsetzte, scharte ein paar Gefolgsleute um sich, die sich aufopferten und für ihn durchs Feuer gingen, und er schrieb (erfolgreich!) Bettelbriefe, mit denen er sich eine unabhängige Existenz sicherte. Hier, im beschaulichen Big Sur, verschliss Miller gleich mehrere, sehr viel jüngere Ehefrauen und strapazierte deren Geduld, schlug sich mit Geliebten und den nicht nachlassenden Sorgen um Kleinkinder herum. Hingegen schaffte er es beinahe nicht, hartnäckige Schmarotzer und Parasiten auf Dauer loszuwerden. Ständig musste er ungebetene Besucher vor die Tür setzen, die zu Dutzenden anreisten, in Big Sur bei ihm anklopften, ihrer Bewunderung freien Lauf lassen wollten, ihn aber vom Schreiben abhielten.

Bald führte er eine mönchisch zu nennende, radikal anspruchslose Existenz, befreite sich von der Mehrzahl irdischer Bedürfnisse, kehrte dem Kultur- und Literaturbetrieb vollends den Rücken. Vom selbst ernannten Clown und über die Stränge schlagenden, exzessiven Plauderer seiner Jugend- und Mannesjahre wandelte Miller sich im letzten Lebensdrittel, unter dem wohltuenden Einfluss des »Großen Südens«, allmählich zum Weisen, dessen Rat und Gesellschaft man suchte – eher in sich gekehrt als extrovertiert. Vom Erotomanen und Pornografen zum Meister der Kontemplation. Gelassen und altersmilde, abgeklärt und ironisch. Hager und verschmitzt. Dabei, auch was seine Gesichtszüge betraf, fast asiatisch wirkend: ein Geläuterter. Achtzehn Jahre blieb er in Big Sur, ein absoluter Rekord für einen Weltbürger und Libertin wie ihn. So lange hatte es keiner der bedeutenderen Schriftsteller oder Künstler hier ausgehalten. Und schon gar nicht jemand wie er, der in Manhattan geboren, in Brooklyn aufgewachsen, in Frankreich zu Ruhm gelangt und, als Ergebnis seiner unerhört frechen künstlerischen Bestrebungen, den Schergen, Kontrolleuren und Tugendwächtern der McCarthy-Kommission aus tiefster Seele verhasst war.

Um Millers grundlegenden Sinneswandel Schritt für Schritt nachvollziehen zu können, empfiehlt sich ein Blick auf einzelne Stationen, die seiner Überlegung, es einmal mit einer experimentellen Schaffensperiode und einer ebenso experimentellen Umstellung seiner urbanen Gewohnheiten im mittleren Kalifornien zu probieren, vorausgingen: einer Lebensphase also, in der er zu Beginn ganz ohne Komfort, Austausch in Künstlerzirkeln und erotisch bereitwillige oder spendable Frauen würde auskommen müssen. Sein so überaus reicher und fruchtbarer Frankreichaufenthalt lag schon eine Weile zurück, war bereits vor dem drohenden Ausbruch des Weltkrieges zu Ende gegangen – Paris, wo er sich pudelwohl gefühlt und wo er, nicht zuletzt der sexuellen Freiheiten wegen, die er dort ausleben und auch zu Literatur verarbeiten konnte, seine ganz persönliche *raison d'être* gefunden hatte.

Eine Reise nach Griechenland öffnete ihm 1939/40 abermals die Augen und machte einen starken Eindruck auf ihn – er war in einer »völlig neuen Welt« angekommen, wusste an den Gestaden des Mittelmeers auf den ersten Blick, »dass hier Ereignisse von unermesslicher Bedeutung stattgefunden« hatten, und war »vom unglaublichen Licht des griechischen Himmels« wie betört. Seine Rückkehr aus dem paradiesischen, sinnenfrohen Hellas in die rein konsumorientierten Vereinigten Staaten, aus dem kulturgesättigten Europa in das Reich des ungehemmten Kapitalismus erlebte Miller deshalb als Rückschritt und als tiefe Desillusion. Das Wiedersehen mit seiner kleingeistigen Familie in Brooklyn schmerzte ihn, und das New York der Kriegsjahre, von dem er sich abgestoßen fühlte, erlebte er als Anti-Paris. Er kam sich wie nie zuvor unverstanden und auch erniedrigt vor. »Ich wollte nicht nach Amerika, ich war fertig« damit. »Es brach mir fast das Herz.«

Eine ausgedehnte Autotour durch die USA, in deren Verlauf er Material für eine groß angelegte soziologische Studie über die amerikanischen Verhältnisse sammelte, um sie später, nach großem Widerstand seitens der Verleger, unter dem polemischen Titel *The Air-Conditioned Nightmare* (dt. *Der klimatisierte Alptraum*) zu publizieren, öffnete Miller die Augen, wie es um sein Heimatland wirklich bestellt war – geldhungrig und korrupt, dumpf, engstirnig und kulturlos, ohne Rücksicht auf Arme und Benachteiligte, von wenigen Machtgierigen gesteuert und von viel zu vielen Machtlosen bevölkert. Was er sah und was ihn entsetzte, war die hässliche Fratze des Landes der unbegrenzten Möglichkeiten. Was er nach einem Jahrzehnt in Europa hinter sich gelassen hatte, waren Vorzüge wie individuelle Freiheit und Kultiviertheit, eine »authentische« Vergangenheit und das Vorhandensein echter Mythen. Nach solchen Errungenschaften und Tugenden, wie er sie – zugegebenermaßen recht einseitig und etwas stereotyp – nur in den uralten Städten der Alten Welt vorgebildet sah, sehnte er sich nun mehr denn je. Denn Miller, mittlerweile Anfang fünfzig und bis auf Weiteres ein Heimkehrer, armer Schlucker und verkannter Schreiberling, litt arg unter dem Gefühl, wieder ein Durchschnittsamerikaner zu sein und sonst nichts.

1942 zog er schweren Herzens nach Kalifornien – bloß weg von der scheußlichen Ostküste, das war damals seine Devise –, wo er in Beverley Glen, vor den Toren Hollywoods, über ein Jahr festsaß. Seine angeblich pornografischen Romane und schlüpfrigen Paris-Chroniken, in Wirklichkeit bahnbrechende Epen, die sich in Europa bestens verkauften und für die man ihn jenseits des Großen Teichs pries, standen in seinem Heimatland auch weiterhin auf dem Index.

An die hübschen Summen, die er dort mit Buchverkäufen verdiente, gutes Geld, mit dem er überall auf der Welt ein sorgloses Dasein hätte führen können, war aus rechtlichen Gründen einfach nicht heranzukommen – es lag in Frankreich auf Eis. Miller, ein armer Reicher, befand sich also in einem unerträglichen Schwebezustand. Es war wie verflixt. Und dann veränderten ein Besuch bei dem (Lebens-)Künstler Jean Varda in Monterey, der ihn nach Big Sur mitnahm, und die Lektüre eines einzigen Buches, das ebendort spielte und ihn in seinen Bann zog – *The Stranger* von Lillian Bos Ross –, mit einem Schlag alles: sein Leben, seine Einstellung, seine Standpunkte, seine Schaffensweise.

Zunächst in seinem Zimmerchen bei Lynda Sargent und dann auf der Partington Ridge, wo ihm ein zum Kriegsdienst eingezogener Bekannter seine Hütte überließ, wurde Big Sur zu seinem Zufluchtsort. Eine »grandiose Gegend, die sich in gewisser Hinsicht mit Griechenland, *meinem* Griechenland, vergleichen ließ«. Miller fand Geschmack an allem: dicker Nebel, auf- und untergehende Sonne, dicht mit lila Lupinen bestandene Hänge, eine Landschaft »wie purpurroter Samt«. Heiße Schwefelbäder und der Anblick von »vier verrückten Pferden, denen ich auf meinen Wanderungen durch die Hügel begegne« und die stets auf ihren Plätzen wie festgeklebt zu sein schienen. Das ohrenbetäubende Getöse der Wellen, das für ihn so klang, als fänden ganz in der Nähe Sprengungen mit Dynamit statt. Ein gleichförmiger Tagesablauf, eine kleine Gemeinde von Verschworenen. Wenige Quadratmeter Wohnfläche ohne sanitäre Anlagen. Und sonst nichts als »Berge, Himmel, Meer – nur eine Handvoll Menschen. Die Einsamkeit war genau das Richtige für mich.«

Anaïs Nin, die wohl ewig Unerreichbare, erfuhr durch ihn »von der absoluten Leere. Dieses Land ist ungeheuer. Fast so abweisend und furchterregend wie Tibet. Hier sollte ich bleiben und am besten für eine ganze Weile völlig allein sein.« Gerade einmal fünfundzwanzig Seelen hatte er entlang der alten Postroute gezählt. Hinzu kam: Der vormalige Bohemien entdeckte die umständliche Bewältigung eines harten Alltags für sich und empfand sie als Befriedigung wie auch als Bereicherung. Wenn er Holz hacken oder meilenweit zum Postamt wandern musste, bekam er den Kopf frei; monotone Tätigkeiten wie Hausreinigung, Wäscheaufhängen und Lebensmittelbeschaffung erschienen ihm wie eine Offenbarung.

Noch Jahre danach erinnerte sich Miller gern und fast wehmütig an seine erste Zeit auf der Partington Ridge, als er ohne elektrisches Licht und Propangas oder einen Kühlschrank auskommen musste. »Es gab kein Fernsehen, kein Radio, nichts.« Mit einer Art Bollerwagen zog er seine Einkäufe den steilen Berg zu seiner kleinen Bude hoch und hielt alle paar Meter an, um zu verschnaufen. Wenn er dem Wagen doch bloß einen Ziegenbock oder einen Esel vorspannen könnte! Aber nichts da, er musste sich schon selbst ins Zeug legen. In den Sommermonaten eine wahre Tortur: Wenn es ihm dabei zu heiß wurde, zog er »bis zum Schulterzugriemen alles aus, was ich anhatte«. Was oder wer hätte ihn davon abhalten sollen?

Miller war nicht der Einzige in der damaligen Künstlerkolonie, der ganz gern mal nackt oder halb nackt in den Bergen oder unten am Strand unterwegs war und sich dabei unbeobachtet wusste. Auch war ihm nicht entgangen, dass er in Big Sur mit seinem Einsamkeitsfanatismus auf den Spuren großer Männer wie Robinson Jeffers oder Jack London wandelte, wobei Letzterer diese Region mit seinem Freund George Stirling einst zu Pferd bereist hatte, und er gewann Kraft und Zuversicht aus dem Bewusstsein, sich in eine solche Traditionslinie genialer Asketen einreihen zu können. Andere, schwächere Charaktere hätte das ewige Warten auf literarische Anerkennung zermürbt, auf die ersehnte Wertschätzung, die ihm, einem Autor vom Rang eines Hemingway, in Amerika auch weiterhin vorenthalten wurde. Labilere Männer hätte die Aussicht, womöglich nie von den europäischen Tantiemen leben zu können, um den Verstand gebracht. Doch Miller war nicht der Typ, der sich von Rückschlägen unterkriegen ließ oder den Kopf in den Sand steckte, wenn sich seine finanzielle Situation zuspitzte. Noch zehrte er von dem großen Lob, das berühmte Literaten wie George Orwell oder Blaise Cendrars und gute jüngere Freunde wie Lawrence Durrell, Männer, auf deren Urteilskraft er etwas gab, ihm öffentlich gespendet hatten.

Auch besaß er das große Talent, Menschen an sich zu binden, die ihm ergeben waren und ihm entweder lästige Tätigkeiten abnahmen oder neue Geldquellen für ihn ausfindig machten. Als besonders loyal erwies sich sein österreichisch-amerikanischer Freund Emil White, der Millers Einladung, zu ihm zu ziehen, bereitwillig folgte, aus dem kanadischen Yukon anreiste und aus einem Gefühl der Bewunderung heraus – dabei war er selbst Schriftsteller und Buchhändler – zu Henrys Faktotum wurde: White kümmerte sich um Henrys Korrespondenz und Geldprobleme, wusch seine Wäsche, bereitete das Essen zu, hielt den Haushalt in Schuss und war ganz einfach immer für ihn da. Als Blitzableiter, als Ermutiger, als Gesprächspartner, als verlässlicher Kumpel, zuweilen auch als Zechbruder. »Henry brauchte mich!«, erinnerte sich White mit Stolz an seinen in praktischen Belangen eher unbeholfenen *buddy*, zu dem er nichtsdestoweniger verehrungsvoll aufsah. »Ich war sein Freitag, sein Vertrauter, sein Vermittler. Ich stand ihm immer zur Verfügung, sobald er Hilfe brauchte.« Zwei linke Hände, das sei alles, was Miller besessen habe – lediglich zum Tippen auf der Schreibmaschine zu gebrauchen. White befand, Henry solle ihn mal machen lassen. White legte sich für ihn ins Zeug.

Miller lebte »sehr sparsam, sehr billig«, zog sein eigenes Gemüse, »und das Meer versorgte« ihn mit Muscheln und Fischen. »Freunde brachten uns Sachen mit. Wir teilten mit unseren Nachbarn. Damals brauchte ich nicht viel.« White und er kamen jeweils mit zehn Dollar pro Woche aus, Miete eingeschlossen. »Ich war buchstäblich ein Bettler.« Für den Mangel an leiblichen Genüssen und kontinuierlicher erotischer »Versorgung«, für die Abwesenheit von pulsierendem Leben, wie er es aus den Metropolen gewohnt war, von Kinobesuchen und ereignisreichem Stadtgeschehen entschädigten ihn konzentrierte Gespräche mit einigen wenigen Menschen, die ihm wichtig waren oder für ihn immer wichtiger wurden (ein Dresdner Pianist zum Beispiel und einige Bildhauer und Maler), großartige Männerfreundschaften wie die zu White und das Gefühl, in der Big-Sur-*community* schon nach relativ kurzer Zeit eine gewisse Achtung zu erfahren und vielleicht bald eine wichtige Rolle einnehmen zu können. Und ein Bewusstsein der Freiheit, wie er sie nie zuvor gekannt hatte. Darüber hinaus war ihm, White und einigen anderen Männern mittleren Alters in Big Sur nur allzu klar, welches Glück sie hatten, nicht an irgendeiner

Front kämpfen und ihr Leben aufs Spiel setzen zu müssen – tobte in Europa, in Ostasien und im Pazifik doch noch der Zweite Weltkrieg, stand der Atombombenabwurf auf Hiroshima und Nagasaki noch bevor, waren die Vernichtungslager in Deutschland und anderswo noch lange nicht befreit. Von solch dramatischen Verwerfungen, von solch unermesslichem Leid war hier, in diesem kargen Paradies der Sonderlinge, absolut nichts zu merken.

Miller befand, dass er es erst selten in seinem Leben so gut getroffen hatte wie hier. Stille Tage in Big Sur statt *Stille Tage in Clichy*, um den Titel eines seiner anrüchigen Bücher einmal zu paraphrasieren. Sein Sexualleben tendierte vorübergehend gegen null, ein weiteres Manko. »Dann und wann« sehnte er sich allein nach einem »guten, saftigen Beefsteak«. Er bemühte sich, niemandem zur Last zu fallen, setzte seinen intensiven, selten konfliktarmen Briefwechsel mit seiner Seelenverwandten Anaïs Nin fort und sonderte sich ab, wenn ihm die Gesellschaft psychologisch bedürftiger Mitmenschen zu viel wurde. Ständig traf er auf großzügige Bewohner wie etwa auf seine Wohltäterin Jean Page Wharton, die ihm später einfach so ihr Haus überließ, als er wieder einmal in der Klemme steckte, und überhaupt nicht auf Bezahlung bestand. Sonderbar fand er allerdings etwas anderes: Betrachtete er die heterogene Gemeinschaft aus Einzelgängern und schrägen Vögeln, die sich in den Canyons und im Schatten der Berghorste eingenistet hatten, einmal etwas kritischer, so konstatierte er, »dass nur wenige von dieser Gilde« den Mut besaßen, sich hier für längere Zeit zu verorten. »Fehlt hier etwas? Oder gibt es hier vielleicht zu viel – allzu viel Sonnenschein, zu viel Nebel, zu viel Freude und Zufriedenheit?«

Miller wusste ganz genau, was *ihm* fehlte: Geld, immer wieder Geld und ein couragierter Verleger, der sich erfolgreich darum bemühen könnte, seine weltweit respektierten, einzig der hiesigen Veröffentlichung harrenden Meisterwerke nach Amerika zu holen. Oder eben ein forscher Agent, der den Kampf mit den Zensurbehörden um die Akzeptanz der *Wendekreis*-Romane aufnehmen und bis zum siegreichen Ende durchfechten würde. Moralische Unterstützung fand er bei Kollegen im In- und Ausland, Zuspruch vor Ort bekam er auch. Ansonsten schätzte er sich rundum glücklich, hier sein zu dürfen in diesem Big Sur von »Liebe, Güte, Friede und Barmherzigkeit. Weder Anfang noch Ende. Die Wiederkehr, die ewige Wiederkehr.« Rhetorisch fragte er gleich zu Beginn in seiner eigenen Big-Sur-Bibel, die er 1957 publizieren und dem treuen Freund Emil White zueignen sollte: War es hier im kalifornischen Westen »jemals anders gedacht? Sollte es nicht immer so sein?«

Die ausführliche Antwort darauf gab er selbst, in dieser über dreihundertseitigen Hymne auf seine neue Heimat: *Big Sur and the Oranges of Hieronymus Bosch*. In Boschs labyrinthischem Gemälde *Garten der Lüste*, einem faszinierenden Triptychon voller skurriler und rätselhafter Elemente, auf dem Sexualität und Sinnlichkeit ausdrücklich bejaht werden und eine aggressionslose Atmosphäre herrscht, symbolisieren Orangen, Beeren und andere Früchte Harmonie, pralles Leben und zufriedenstellende Erotik. Big Sur war, im Sinne einer Metapher, augenscheinlich ein solcher Lustgarten für Henry, auch wenn hier weder überdimensioniertes Obst noch burleske Fabelwesen zu finden waren. Miller, der selbst nicht ohne Geschick mit Wasserfarben umging, bald über einen sicheren Strich verfügte und einen wiedererkennbaren Stil entwickelte, lernte nun insbesondere bei der Betrachtung von Boschs täuschend echt gemalten Orangen, dass der begnadete Maler schon ein halbes Jahrtausend zuvor in der Lage gewesen war, die Welt mit einem »magischen Blick« wahrzunehmen und uns, hinter der Fassade schnöder »Realität«, die Schöpfung als unzerstörbare Ur-Ordnung vorzuführen – wenn wir bloß bereit wären, einmal genauer hinzuschauen.

Folgt man der Logik dieses magischen Blicks, dann wäre Big Sur somit solch ein Ort mit geheimnisvollem Vordergrund und perfektem, noch zu deutendem Hintergrund, den man als »Paradies hinnehmen oder in ein Fegefeuer verwandeln kann«, bezaubernd und manchmal eben auch erschreckend. Man sieht: In dieser Lesart schwingen religiöse Untertöne mit. Nicht ohne Pathos fügte Miller, in dessen Auslegung Boschs Gemälde stets mit seinem Alternativtitel *Das Tausendjährige Reich* bezeichnet wird, hinzu: »Hier in Big Sur lernte ich zum ersten Mal Amen sagen.«

Eine einzige und nicht unwichtige Leerstelle gab es jedoch: Der chronisch arme, objektiv betrachtet auf den Hund gekommene Henry sehnte sich nach einer Gefährtin. »Eine Zeit lang war ich ohne Frau.« Viel – außer seiner zweifelhaften Reputation als Verfasser von Schmuddelbüchern und einem eintönigen Dasein ohne Annehmlichkeiten, das einem Härtetest glich – hatte er einer potenziellen Begleiterin freilich nicht zu bieten, und rein äußerlich war er auch lange nicht mehr so unwiderstehlich wie in seinen Pariser Jahren. Ferner würde es jede neue Liebeskandidatin schwer haben, mit Millers mythischer Traumfrau und Ex-Gattin June, seiner Ur-Muse, zu konkurrieren oder gar mit der phänomenalen Anaïs Nin, die Intellekt, Sinnlichkeit und

Laszivität zu vereinen wusste; die Latte lag diesbezüglich ziemlich hoch.

Doch was er jetzt am nötigsten brauchte, war nicht etwa eine hochgradig verführerische Geliebte, die ihn in einer Tour bezirzte und zu verwegenen erotischen Abenteuern anspornte, sondern – neben der grundsätzlichen Bereitschaft zu sexuellen Vergnügungen – in erster Linie eine praktisch veranlagte Frau, die anpacken konnte, sich für Sekretärinnendienste nicht zu schade war und ihm den Rücken freihielt, damit er sich bald wieder dem konzentrierten Schreiben widmen konnte. Jünger sollte sie schon sein und ihn bei Laune halten. Anders gesagt: Miller benötigte so etwas wie einen weiblichen Emil White. Eine Allroundbegabung, die belastbar war, attraktiv und nach Möglichkeit auch klug.

Bewerberinnen in Big Sur gab es keine; unverheiratete Damen unter dreißig, die eine Bindung mit einem sehr viel älteren Mann einzugehen gedachten, waren zwischen Carmel und San Luis Obispo rar gesät. Also versuchte Henry, seine New Yorker Kontakte zu aktivieren und auf diese Weise ein weibliches Wesen günstig zu stimmen, um es zum Umzug an die Westküste zu überreden. Genauso gut hätte er auch eine Anzeige aufgeben können oder, wie die frühen Siedler, ein Mädchen aus einem Katalog auswählen. Ein Freund namens Harry Herschkowitz begab sich in Millers alter Heimat in seinem Auftrag auf Brautschau. June Lancaster, Tänzerin und Künstlermodell, mit der Miller bereits eine Weile in Briefkontakt stand, wurde von ihm getestet und für »Miller-tauglich« befunden. Wieder eine June, das ließ sich gut an! Herschkowitz, wie sein Auftraggeber ein ausgemachter Macho, befragte diese neue June eingehend und prüfte offenbar auch ihre sexuelle »Eignung« bei einem Geschlechtsakt »zur Probe«. Über die Vorzüge der künftigen Mätresse und Magd ließ er sich detailreich in seinen Schreiben an Henry aus. Nach langem Hin und Her ließ »June II« sich überreden, ihren »fernen Geliebten« in Big Sur aufzusuchen, doch trotz festlichen Rahmens bei der Übergabe der ausgemacht schönen »Braut« an ihren Mann – in einer Scheune! – schlug die von Beginn an verkorkste Beziehung nach wenigen Wochen fehl. Obwohl June hätte ahnen müssen, was auf sie zukam, war die Konfrontation mit dem realen, spröden Big Sur ein harter Schlag für sie, und die anstrengende Arbeit, für deren Erledigung sie vorgesehen war, blieb liegen. Lieber erprobte sie neue Tanzschritte in der freien Natur, bis sie, so rasch, wie sie gekommen war, wieder von der Bildfläche verschwand.

Nur wenige Monate waren ins Land gegangen, als bereits eine Nachfolgerin für sie in Sicht war: Henrys Kuppler Herschkowitz agierte als Wiederholungstäter, als er seinem kalifornischen Freund in New York wieder eine zukünftige Gattin vorstellte – diesmal eine blutjunge, hochbegabte Philosophiestudentin polnischer Herkunft. Janina Martha Lepska, von allen bald nur noch Lepska und von Miller zärtlich »mein kleines polnisches Mädchen« genannt, war immerhin über dreißig Jahre jünger als der Bewerber (und damit kaum älter als dessen Tochter aus erster Ehe). Miller war zuvor nach New York geeilt, um seiner angeblich schwer-, ja todkranken Mutter beizustehen, und nutzte den Aufenthalt an der East Coast für weitere Unternehmungen. Diesmal aber funkte es zwischen Kandidatin und Auftraggeber. Lepska und er schrieben sich eine ganze Reihe von leidenschaftlichen Briefen, verliebten sich wirklich ineinander, schienen einander auch in intellektueller Hinsicht gewachsen zu sein, und noch kurz vor Jahresende 1944 konnte geheiratet werden. Für Henry war es die bereits dritte Ehe. Und dann ging es Schlag auf Schlag: 1945 durfte sich das frischgebackene Hochzeitspaar über Lepskas Schwangerschaft und, zum Spätherbst, über die Geburt der gemeinsamen Tochter Valentine freuen, im Jahr darauf mussten die Millers vorübergehend die Partington Ridge verlassen und auf eine Übergangsunterkunft in einer ehemaligen Sträflingsbaracke am Anderson Creek ausweichen, und 1947, zurück am Ausgangspunkt, kamen sie in den Genuss von Jean Whartons Haus, das zu ihrer dauerhaften Bleibe werden sollte. 1948 vervollständigte Sohn Tony das Miller-Quartett, und einem idyllischen Kleinfamilienleben stand eigentlich nichts mehr im Wege.

Bei guter Sicht konnten die Millers von ihrem neuen Domizil kilometerweit die Küste in beide Richtungen überblicken und vom Nebel als »langsam über den Ozean hinflutendes Wolkenmeer« schwärmen, wobei die einzelnen, sich daraus lösenden und noch langsamer aufsteigenden Wolken Henry wie große, »in Regenbogenfarben schillernde Seifenblasen« vorkamen, über die sich gelegentlich ein doppelter Regenbogen spannte. Überhaupt erinnerte Miller der Küstenverlauf mit den Zickzackkrümmungen des Highways an die Grande Corniche in Südostfrankreich: »Anders als an der Riviera aber sind hier weniger Häuser zu sehen.« Er wusste sehr wohl, dass auch er und sein Mini-Clan zu den Eindringlingen zählten, die mit jedem weiteren Jahr die Jungfräulichkeit der Region infrage stellten und gefährdeten, und formulierte seine entsprechende Besorgnis schon in den Eingangskapiteln seines Big-Sur-Buches.

Wenn er nicht gerade über seiner Arthur-Rimbaud-Studie brütete, die nach Kriegsende erschien und in deutscher Übersetzung den Titel *Vom großen Aufstand* trägt, wenn er nicht gerade auf kurzen Fundraising-Trips in die Bay Area rund um San Francisco unterwegs war, wie stets auf der Suche nach Finanzierung wichtiger Projekte, dabei auch ehrlich genug, um ohne falsche Scham zu schnorren, lebte Miller sein Asketenleben in vollen Zügen und hörte einfach nicht auf, darin zu schwelgen. »Dies ist meine erste gute Phase, seit ich in Amerika lebe.« Denn hinzugewonnen hatte er hier die Bereitschaft zur Kontemplation und, trotz aller Disziplin, zum In-den-Tag-hinein-Träumen. Wenigstens minutenweise. Glaubte er doch seit seinem Aufenthalt an dieser wilden Westküste und seiner intensiven Auseinandersetzung mit dem früh vollendeten französischen Dichter-Rebellen Rimbaud, »dass der Träumer, mag er auch dem Mann auf der Straße noch so unpraktisch vorkommen«, eindeutig eine Anspielung auf ihn selbst, »tausendmal fähiger und tüchtiger sei als der sogenannte Staatsmann«. Morgens öffnete er die Tür, schaute auf die Sonne, die über den Bergen aufging, und segnete »die ganze Welt, Vögel, Blumen und wilde Tiere eingeschlossen«.

Ein Segen ohne Wenn und Aber war für ihn auch die Existenz seiner Kinder, die er abgöttisch liebte. Mehr noch als für Lepska war er für seine Kleinen da. Kaum dass sie laufen gelernt hatten, machte er lange Spaziergänge mit ihnen, zeigte ihnen Tiere und Bäume, Felsen und Blätter, brachte ihnen Lieder bei und erzählte ihnen Geschichten – ein Bilderbuch-Daddy oder vielmehr wohl ein Großvater, wie er im Buche steht. Besonnen, fürsorglich und, für einen Erziehungsberechtigten, fast übermäßig tolerant. Val und

Tony, in die er förmlich vernarrt war, widmete er die wenige kostbare Zeit am Ende seines streng geregelten Tagesablaufs: Spaziergänge, Schreibpensum, Mahlzeiten, Siesta, Briefwechsel, Aquarellmalerei, »dann ein Buch, dann ein Fick« und erneut »ein Schläfchen«.

Wenn er am Ende des Tages das Gefühl hatte, genug für die Kleinen getan zu haben, und sich wieder sich selbst zuwandte, waren die Prioritäten gleichfalls klar geregelt: An oberster Stelle rangierte das Schreiben, daran war nicht zu rütteln. Das war gut und schön, doch wo blieb in dieser reichlich ichbezogenen Weltsicht seine Lepska, die sich, als die anfängliche Euphorie verflogen war, ziemlich schnell vernachlässigt fühlte, die gewiss auch Aufmerksamkeit, Zärtlichkeit und Zuwendung verdiente, die selbst ein wenig müßiggängerische »Träumerei« hätte gebrauchen können und die sich, ohne sich zu schonen, rund um die Uhr für ihn und den gemeinsamen Nachwuchs abrackerte? Der Schriftstellerin Erica Jong, die Miller später häufig besuchte und ein amüsantes und kenntnisreiches Erinnerungsbuch an Henry mit dem vielsagenden Titel *Der Teufel in Person* vorlegte, fiel – nicht als erster Außenstehender – sofort auf, dass er »Frauen oft als Hilfsmittel betrachtet zu haben« schien, »die sein Leben bequemer machen sollten«, als nützliches, hübsch anzuschauendes Personal. In seiner Eigenschaft als Literat sann er zwar über das Wesen der echten Rebellen nach, zu denen er sich am liebsten auch selbst zählte, und definierte in seinem Rimbaud-Essay den neuzeitlichen Rebellen als jemanden, der »mehr als jeder andere die Liebe kennen« müsse, dessen Aufgabe es sei, Liebe zu schenken, »mehr noch als sie zu empfangen, und sogar noch mehr Liebe [zu] sein, als sie zu schenken«. Ob er solch hehre Prinzipien aber im alltäglichen Zusammenleben mit Lepska auch beherzigte, ob er – als Ehemann – sie diese ungeheure Liebe auch wirklich spüren ließ, stand auf einem anderen Blatt. Und blieb fraglich. Die Kinder gingen vor.

Millers Ego war so groß, dass er zuweilen über Tage hinweg kaum einen Gedanken daran verschwendete, welchen Genuss und welche Lebensfreude seine junge, notgedrungen pragmatische, aber eben auch arg liebesbedürftige Gattin wohl ihrem kargen Leben auf der Partington Ridge abgewinnen mochte. Immerhin erklärte er sich dazu bereit, in den ersten Jahren zum Windelnwaschen mehrere Meilen weit zu den heißen Quellen von Slates Hot Springs und wieder zurück zu wandern – und kam sich auf dem beschwerlichen Rückweg beim Bergaufmarschieren schon wie ein Held vor.

Zusätzlich zum Aufziehen der Kinder, zum Führen des Haushalts und zur Übernahme so gut wie aller anderen Erledigungen, die nicht von Henry oder von White erledigt wurden, sah Lepska, durch die langen Fußmärsche zu den wenigen Einkaufsmöglichkeiten in ihrem Umfeld geschwächt, nicht selten schon zur Tagesmitte am Ende ihrer Kräfte und völlig übermüdet, sich zum Bewirten und zum Entertainment der vielen unaufgeforderten Besucher gezwungen – auch dann, wenn Miller gerade einmal nicht zu sprechen war oder beim Schreiben, Faulenzen oder Träumen nicht gestört zu werden wünschte. Es wurde einfach von ihr erwartet, dass sie, während sie Babynahrung zubereitete, putzte, kochte, abwusch und schrubbte, »nebenbei« noch geistreiche Konversation mit wildfremden Eindringlingen führte, so lange, bis der Hausherr geruhte, sich zu zeigen, ihr auftrug, Essbares und jede Menge Getränke aufzutischen, und dann seinerseits mit solchen Eindringlingen weiterplauderte.

Schon in den frühen Jahren ihrer Ehe verwandelte sich ihre mehr als bescheidene *cabin* in einen wahren Pilgerort – deutlicher gesagt: zu einer Stätte der Heimsuchung. Dutzende von Miller-Fans und -Jüngern, die sich von seinen Ausführungen, seien sie nun poetologischer, philosophischer oder ästhetischer Natur, so etwas wie eine Gebrauchsanweisung für die eigene Lebensführung erhofften, belagerten ihre Unterkunft oder fielen, manchmal ohne eigens anzuklopfen, in Scharen in Big Sur ein. Gerüchte über einen anarchischen, sexuell freizügigen Lebensstil hier in der rauen Einsamkeit hatten die Runde gemacht, denen man auf den Grund gehen wollte. Miller, dem diese Visiten zweifelsohne schmeichelten, galt schon damals vielen jungen Amerikanern als Messias – und als Vorbild für einen europäisch geprägten, frivolen und lustvollen *train de vie*.

Als untypisch, jedoch besonders dickfellig unter den Ungebetenen entpuppte sich der Schweizer Astrologe Conrad Moricand, ein kultivierter, aber sehr versnobter und hypochondrischer älterer Herr, den Henry noch von früher her kannte. In einem Anfall von völlig unangebrachtem Mitleid – die Millers hatten ja selbst kaum etwas zu beißen und mussten, um einigermaßen über die Runden zu kommen, über Gebühr gute Freunde anbetteln und auch sonst mit viel Improvisationstalent ihren Alltag meistern – hatte Miller sich bei der Lektüre von Klagebriefen des mittellosen Europäers erweichen lassen, sich bereit erklärt, ihn vorübergehend bei sich aufzunehmen und ihm, zu allem Überfluss, auch noch die Anreise nach Amerika zu finanzieren. Ein schwerer Fehler: Von Stund an verhielt sich der »Gast«

übergriffig und machte dem viel zu freigiebigen Paar das Leben zur Hölle. Aus dem geplanten Kurzaufenthalt wurde eine peinigende Dauersituation. Moricand terrorisierte Henry und Lepska mit immer neuen Launen und Sonderwünschen – sie hatten sich mit ihm einen zwar hochkultivierten Sonderling, aber eben auch ein grässliches, parasitäres Ungeheuer eingehandelt. Schon frühmorgens stimmte der kränkliche und auch boshafte Schmarotzer eine Litanei an – seine Klagen galten dem Wetter, dem Essen (dabei fraß er den Millers die Haare vom Kopf) und seinem Befinden; er begann sich unaufhörlich zu kratzen, was alle Mitbewohner anwiderte. Es vergingen trotzdem Monate, bis die überforderten Gastgeber den Mut fanden, Moricand vor die Tür zu setzen und, unter dem Vorwand, dessen Hautkrankheit erfordere die Behandlung durch einen Spezialisten in der Stadt, auf Nimmerwiedersehen nach Monterey zu verfrachten – das sprichwörtliche »Ende mit Schrecken« beendete, als die Nerven Henrys und Lepskas schon bis zum Zerreißen gespannt waren, eine für alle Beteiligten, mit Ausnahme des gebildeten Schweizers, unerträgliche Situation.

Der Ausgebootete »bedankte« sich für die nun nicht länger erwiesene Gastfreundschaft mit bitterbösen Schmähbriefen und drohte gar mit kompromittierenden Publikationen, die dem Image der ehrenwerten Eremitenfamilie geschadet hätten. Gottlob blieb es bei der Ankündigung. Miller machte aus der Not eine Tugend, aus der Peinlichkeit witzige Literatur und verwandelte das Moricand-Abenteuer in eine lange, satirische Passage in seinem Big-Sur-Buch, voller absurder Begebenheiten und slapstickartiger Einlagen; versteht man es, zwischen den Zeilen zu lesen, so wird die unvorstellbare Belastung wenigstens ansatzweise nachvollziehbar, die Miller sich, seiner Frau und seinen Kindern mit dieser unnötigen Barmherzigkeitsgeste zugemutet hatte.

Die Moricand-Episode war sicher nur einer von vielen Faktoren, die für Lepska allerdings das Fass zum Überlaufen brachten. Viel zu viele Besucher, viel zu wenig Zeit füreinander und auch viel zu wenig Muße jede/r für sich selbst. Viel zu wenig Komfort, viel zu lange Arbeitstage. Der intellektuelle Austausch zwischen ihnen kam zu kurz, fand immer nur mit Dritten statt; Interesse entwickelten beide nur noch an Außenstehenden – ihre Zweisamkeit hatte sich auf Erledigungen, Sorgen und Streitgespräche reduziert; man »erlebte« nichts Anregendes mehr miteinander, setzte sich nicht länger mit seinem Gegenüber auseinander, sondern höchstens mit Leuten aus der *community*. Auch bestanden große Unterschiede hinsichtlich der Kindererziehung zwischen den Ehepartnern – Lepska, voll jugendlicher Ungeduld, bestand auf Strenge, Disziplin und wachte über die strikte Einhaltung von ihr aufgestellter Regeln, und sie legte Unnachgiebigkeit an den Tag, wenn die Kleinen zu quengeln begannen; Henry, als geruhsam vor sich hin alternder Buddha, dem das Entzücken über Val und Tony, die sich seiner Meinung nach frei und ohne Vorgaben entfalten sollten, wichtiger schien als Prinzipienreiterei und altmodische Tugenden, war Anhänger eines möglichst unbeschwerten *laissez-faire*. Er wollte seine Nachkommen, solange es nur ging, von lästigem Pflichtbewusstsein fernhalten und ihnen einengende Vorschriften ersparen, wie sie ihm schon ein Leben lang ein Gräuel gewesen waren. Seine Frau hielt dies für pure Bequemlichkeit und warf ihm Verantwortungslosigkeit vor.

Die Differenzen gewannen die Oberhand, beiden war es zuwider, sich ständig in den Haaren zu liegen, und nach nur einer Handvoll Jahren stand auch diese Miller-Ehe vor dem Aus. Lepska, inzwischen neu verliebt, zog mit den noch kleinen Kindern weit fort in den kalifornischen Süden: nach Long Beach. Nach Trennung und Scheidung musste Miller ein weiteres Mal mit Abkapselung und Einsamkeit zurechtkommen – und sah sich, was weitaus schwerer wog, Lepskas liebevoller und verlässlicher Fürsorge beraubt. Val und Tony kamen ihn in den Schulferien, im Sommer und in der Weihnachtszeit besuchen, sodass keine Entfremdung zwischen den dreien stattfand; für sie einen halbwegs vernünftigen Tagesablauf zu organisieren wuchs ihm hingegen sehr schnell über den Kopf – als alleinerziehender Vater kam er überhaupt nicht zurecht. Es sei, so notierte er später, »viel verlangt von einem Mann – zwei quicklebendige drei- und fünfjährige Fratzen zu versorgen«. Und in einem Zimmer mit ihnen eingesperrt zu sein war für ihn ein Ding der Unmöglichkeit. »Ich schrieb nichts. Es ging nicht.«

Miller war permanent erschöpft, wusste nicht, wie er sich verhalten sollte, wenn seine Kinder miteinander stritten oder schrien, war hilflos, wenn es ums Essenmachen, um Bespaßung und Zurechtweisungen ging. Henry kapitulierte, sah sich nach Helfern um oder übergab, reichlich zerknirscht, die kleinen Nervensägen vorzeitig wieder seiner Exfrau – und sah es als »die größte Niederlage seines Lebens« an, »nicht in der Lage gewesen zu sein«, ihnen ein vollwertiger Vater zu sein. Erst jetzt wuchs seine Hochachtung vor Frauen – erst jetzt verneigte er sich vor der großen Leistung Lepskas. »Seit dieser Erfahrung« habe er, wie er unumwunden einräumte, »einen enormen Respekt« vor dem weiblichen Geschlecht erworben, das in den frühen 1950ern ja noch ungefragt und quasi automatisch solche unangenehmen Aufgaben zu übernehmen hatte. Sein Schicksal als geschiedener Ehemann habe ihn gelehrt, so Miller, zu was Frauen imstande seien, und zwar einfach so, ohne viel Aufhebens davon zu machen. »Da kann kein Mann mit«, rekapitulierte er resigniert, »egal, wie schwer seine Arbeit ist.«

Nicht viel besser erging es ihm mit dem folgenden Eheversuch – aus heiterem Himmel stand schon die nächste Gattin, Eve McClure, vor der Tür: noch ein wenig jünger als Lepska, noch ein wenig sinnlicher und wieder ein großer Fan von Henrys europäischem Œuvre. Mit ihr setzte er keine Kinder in die Welt. Wie immer bildete Miller sich ein, nicht er habe sie, sondern sie habe ihn ausgewählt. Fast prahlte er – in einem sehr viel später publizierten Erinnerungsbüchlein – damit, ausschließlich dominante Frauen zu mögen, eher ein »passiver Typ« zu sein, in »gewisser Weise schwach« und alles andere als »supermännlich«. Vor allem zu »starken, charaktervollen« Geliebten fühle er sich hingezogen. Mit Eve, einer Künstlerin, reiste er gleich nach Paris, wo ihm sofort wieder größtes Interesse entgegengebracht wurde und jede Menge Bewunderung entgegenschlug, und fand, in ihrer Gesellschaft, abermals Gefallen an der Vorstellung, nicht nur Sexpartner, sondern auch Lehrer zu sein. Kein Schwerenöter – eher ein Gönner.

Wie schon bei ihren Vorgängerinnen war, da machte er niemandem etwas vor, Argwohn mit im Spiel: So wappnete er sich, seines Status als »alter Knacker« deutlich bewusst, auch bei Eve, um für einen bevorstehenden »Kampf des Geistes« bestens gerüstet zu sein, und stellte sich darauf ein, ein weiteres Mal von einer Frau gefesselt zu werden, die »verschlagen« sei, log, Spielchen spielte, ihn verwirrte und immerzu in Atem hielt. »Das scheint mir Spaß zu machen!« Keine sehr freundliche Charakterisierung seines bisherigen Harems, wenngleich er versuchte, seine eigene Naivität und Wehrlosigkeit als witzige und damit endschuldbare Schwäche hinzustellen. Ob diese Aufzählung gefährlicher Züge auch auf Eve zutreffen würde, war nicht von Bedeutung – wichtig war für ihn, rechtzeitig auf der Hut zu sein. Ein Verhaltensmuster, gegen das kein Kraut gewachsen war? Miller, so lautete hingegen Erica Jongs Analyse, »war süchtig nach der Ehe, aber einmal verheiratet, neigte er dazu, sich von seinen Frauen emotional zurückzuziehen«, verspürte das größte Glück »in der Zeit der Werbung« oder »der Erwartung einer neuen Liebe«. So konnte es kaum verwundern, dass auch die neue Beziehung nach gerade einmal sieben Jahren zwischen Eheschließung und Scheidung wieder in die Brüche ging. Eve hatte sich redlich bemüht: Sie hatte sich ihrer heranwachsenden Stiefkinder angenommen und zu ihnen ein vertrauensvolles Verhältnis aufgebaut, sie hatte Henry unter die Arme gegriffen, als er seine schwer kranke Schwester Lauretta aus New York nach Kalifornien holte und sich um ihre Betreuung kümmerte, sie hatte an seiner Seite gestanden, als es mit seiner Reputation auch in den USA endlich bergauf ging und er sich im Gefühl sonnen durfte, mittlerweile so etwas wie ein Kultautor zu sein, zu dem viele Lescrinnen, Jünger und Nacheiferer aufsahen.

Eve hatte indessen auch mit einem (überwiegend hausgemachten) Alkoholproblem zu kämpfen, das sich nun verschärfte, und machte vielleicht ein bisschen zu lange gute Miene zum bösen Spiel, als Henry begann, sie mit Caryl

Hill, einer jungen Kellnerin – aus dem Nepenthe natürlich! –, zu betrügen. Daher verlieh sie, bei einer weiteren Paris-Reise 1959, ihrem Ärger, ihrer Enttäuschung und ihrer Demütigung Ausdruck, indem sie enge Freunde ihres Mannes bei einem *dîner* in seiner Anwesenheit rundheraus fragte, ob sie sich eigentlich vorstellen könnten, was es bedeute, »Henry Millers Frau, Geliebte und Bedienstete zu sein und dazu noch die Mutter von zwei Kindern, die nicht die eigenen sind«. Wahrscheinlich konnten sie es nicht; wahrscheinlich überstieg eine solche, bis an die Grenzen der Selbstverleugnung gehende Opferbereitschaft das Fassungsvermögen vieler intimer Kenner und Weggefährten ihres Gatten.

Bereits im Folgejahr war jedenfalls auch dieses Liebesverhältnis Geschichte, und nun, ohne dass da ein direkter Zusammenhang bestand, dauerte es nicht mehr lange, bis Millers bis dato verbannte Werke ganz offiziell in einem aufsehenerregenden Prozess, durch ein Urteil mit weitreichenden Folgen, vom Vorwurf der Obszönität freigesprochen und endlich ungehindert in den USA verlegt, gelesen und geschätzt werden konnten. Eine erlösende Nachricht: Die lange Geduldsprobe hatte sich also gelohnt und Henry den längeren Atem gehabt. Ab den frühen 1960er-Jahren durfte er sich nun zu Recht rühmen, der weltweit ausbrechenden sexuellen Revolution mit seinen mutigen Schriften den Weg geebnet zu haben. Eve hatte, in der ungewissen Phase vor dieser für Henry überaus wichtigen Weichenstellung für seine literarische Zukunft, Durchhaltevermögen und Solidarität bewiesen – aber eben auch ihre Schuldigkeit getan.

Die Sache mit der Kellnerin: wohl nicht mehr als eine belanglose Eskapade für Miller. Und doch ein weiterer Beleg für Erica Jongs unbarmherzige Behauptung, »Henrys seelische Reifung und zunehmende Weisheit ging ironischerweise mit einem monumentalen Egoismus einher«: was sein Verhältnis zu Frauen betraf, muss mit Einschränkung dazugesagt werden. Schuldgefühle, so seine in *My Life and Times* dargelegte Überzeugung, hielt er für reine Zeitverschwendung. Er machte sich keine Illusionen über sein Wesen und seine Schwächen – er wusste, dass er Frauen regelmäßig »vergötterte, idealisierte« und bald tyrannisierte, um sie gleich wieder »von ihrem Podest« herunterzustoßen. Und er wusste auch, dass selbst die Verstoßenen es nach der Trennung nicht fertigbrachten, ihm übelzuwollen, ihn stattdessen um seiner selbst willen liebten und sich dafür hassten. Ohne in der Lage zu sein, weiterhin mit ihm zusammenzuleben. Die Frauen und er: Einfach »nicht anders zu können« war seine treuherzig vorgebrachte Standardausrede. Ehe Nummer fünf ließ daher auch nicht lange auf sich warten: 1967 sollte er die japanische Sängerin Hiroko Tokuda heiraten, nur ein Jahr nach dem frühen Alkoholtod Eves.

Umso treuer, trotz der Beschwerden, die seine gichtigen Hüften ihm jetzt beim Klettern und Marschieren zwischen Küstenstraße und luftiger Wohnstatt bereiteten, war er seiner von Herzen geliebten Enklave. Eine bedingungslose Liebe ohne Trübung oder Seitensprung. »Es sind keine nennenswerten Ruinen oder sonstigen Überreste vorhanden«, so lautete eine wichtige unter seinen zahlreichen Big-Sur-Definitionen. Ein Wesensmerkmal, das er als lobenswert erachtete: »Ein geschichtsloses Land. Was nicht war, spricht beredter als das, was war.« Noch bis 1962 hielt er es auf der Partington Ridge aus – sehr gern sogar. »Es war herrlich«, selbst wenn es wochenlang regnete und der Himmel Kaliforniens wolkenverhangen blieb. Einfach deshalb, weil man hier vom Firlefanz der übrigen, unrettbar überzivilisierten Westküste verschont blieb. Das Gleichmaß übte eine heilsame Wirkung auf ihn aus – nach Jahrzehnten der Verunsicherung einschließlich seiner europäischen Phase, als er sich in Frankreich, ohne Rücksicht auf Verluste, die Hörner abgestoßen hatte. Häufig gut gelaunt und nur selten mürrisch begann er sein Tagwerk: Er hielt sich, ohne Ironie, für einen der umgänglichsten Menschen auf der Welt. An einem Ort, »an dem nichts passiert«. Diese neu erworbene Ausgeruhtheit und eindrucksvolle Gelassenheit wurden Teil seiner Ausstrahlung. Wer Miller fortan hier begegnete, kam nicht umhin, ihn für einen entrückten, gleichmütigen Mann zu halten, der mit sich selbst im Reinen war und der mit beinahe allem, was er tat und sagte, Meditation betrieb. Ging er allen Ernstes für einen Erleuchteten durch?

Von der Idee der Künstlerkolonie als homogene Einheit und als funktionierender Mikrokosmos hielt er eher wenig, von Cliquen oder Kommunen schon gar nichts, konnte aber nur mit Mühe sein Erstaunen verbergen, wie viele Talente, schöpferische Menschen, Autodidakten und großartige Einzelgänger sich, separat voneinander, in den Weiten von Big Sur »versammelt« hatten und in ihren jeweiligen Nischen, in »kunterbuntem Durcheinander« vor sich hin werkelten. Zum ersten Mal in seinem unsteten Leben fühlte er sich »von gütigen Seelen umringt«, die nicht ständig »an ihr eigenes Wohlergehen dachten«. An Ameisen erinnerten sie ihn. Einige von diesen glücklich Gestrandeten und gelassenen Altruisten suchte Miller regelmäßig auf, andere traf er im Nepenthe oder bei Einkäufen, manche bat er auf ein Glas Wein zu sich in sein Häuschen: samt und sonders »sanfte, friedliche, anarchische Seelen«, wie er befand. Ausnahmslos Männer und, wie er, nach einem »wunderbaren, reinen Leben« strebend. Besonders gern kam er mit seinem belesenen Nachbarn, dem Bildhauer Harry Dick Ross, zusammen, sprach über Philosophie mit Jack Morgenrath, dem Künstler und »Gärtner« von Big Sur, borgte sich Geld von dem Maler Ephraim Doner, der selbst eigentlich kaum einen Cent besaß, oder tauschte sich mit Howard Welch aus, der sich aus eigenem Antrieb um die Müllabfuhr in der Region verdient machte. Er kam mit Jaime de Angulo, einem Cowboy, Linguisten und zugleich Ethnomusikwissenschaftler mit abenteuerlicher Vergangenheit, dessen schillernder Werdegang und eigenwillige Lebensführung selbst Henry verwunderten, in Berührung und beobachtete ihn zumeist aus der Ferne – einen seltsamen, hochkultivierten Mann, der, wenn er nicht gerade an seinem Buch über die Herkunft und das Wesen indigener Sprachen arbeitete, »wie ein Wilder« sein Dasein fristete und nackt umherritt.

Schließlich befand Miller, dass er in Big Sur »wirklich zu vollkommener Ganzheit« gefunden habe, zu Ausgeglichenheit und innerer Harmonie, die man ihm auch ansah und anmerkte. Er hatte diese Zeitspanne fraglos mit Gewinn genutzt und aus seinem Aufenthalt etwas Wertvolles gemacht. »An jedem Tag meines Lebens« hier, so zog er zufrieden Bilanz, »hatte ich die unvergleichliche Aussicht auf den Pazifik vor mir.« Dessen veränderliche Gestalt brachte ihm »abwechselnd Frieden und Anregung«. Er musste lernen, »mit der überwältigenden Kraft zu leben, die sich in seiner offensichtlichen Majestät verbirgt«. Menschen, so formulierte er es einmal, seien »offenbar in die Welt hineingeboren« worden, »damit sie um den Ausdruck ihrer innersten Geheimnisse ringen sollen«. Das war ihm, nicht ohne Mithilfe seiner Partnerinnen und seiner Männerfreunde, auf der Partington Ridge aufs Vorzüglichste gelungen. Und auch das von ihm oftmals beklagte »Verbrechen«, dessen sich, ihm zufolge, so viele Menschen schuldig machten, das Verbrechen, das eigene Leben nicht zu bejahen und bis zum guten Schluss voller Lust und Freude bewusst auszukosten, hatte er nicht begangen. Auch vom Virus des Strebens nach Sicherheit hatte er sich nie anstecken lassen.

Nun, nachdem er einen großen Schritt zur persönlichen Vollendung vollzogen hatte, konnte er getrost weiterziehen. »Dieser Abschnitt meines Lebens ist vorbei.« Er wusste, dass man ihn, wie de Angulo, außerhalb eingeweihter Zirkel als einen »sonderbaren Heiligen« wahrnahm. Auch nach seinem Abschied von Big Sur, wo sein Name, Werk und Wirken mit einer nach ihm benannten Bücherei verewigt wurden, blieb er für immer in Kalifornien: indem er ins südlich gelegene Pacific Palisades weiterzog, wo er bis an sein Lebensende residierte und zu einem leidenschaftlichen Tischtennisspieler avancierte. Bei einer erneuten Stippvisite brachte er folgendes schöne Resümee über sein geliebtes Big Sur zu Papier, eine Eloge über eine Ur-Landschaft, die Bestand hat und immer erneut zitierenswert ist: »Als ich ankam, fragte ich mich, wie ich solch einen Ort jemals verlassen konnte. Die Luft war so belebend, der Horizont endlos. Wenn ich auf meiner Terrasse stand, die auf den weiten Ozean hinausging«, wenn er von dort aus seinen Blick gen Westen, ins ferne Asien, richtete, dachte er so manches Mal an eine »Welt der Zukunft« – und verspürte die Hoffnung auf stabile, friedlichere Formen des Zusammenlebens. Er selbst hatte sich unter die ewigen Sinnsucher gemischt und war dazu bereit und entschlossen, seine Suche fortzusetzen. Notfalls für alle Zeiten.

Um die Fortdauer seines Paradieses schien er sich nicht zu sorgen. »Big Sur bleibt so ziemlich das, was es immer war.« Es erschien ihm, auch als er bereits das Greisenalter erreicht hatte, immer noch unverändert aufrichtig. Angenehm verschlafen, unverdorben, unbestechlich schön. »Und ich glaube, das wird immer so bleiben.« Was von ihm hier blieb, ist natürlich – wie überall – sein literarisches Vermächtnis und eine weitere Sehenswürdigkeit: die Henry Miller Memorial Library als »kulturelles Herz und kulturelle Seele« der Region. Mit einer Dauerausstellung, Präsentationen von Buchausgaben, Briefen und Dokumenten. Mittendrin: schräg gegenüber vom Nepenthe und nur eine Kurve nördlich vom Deetjen's Inn. Weder Schrein noch Mausoleum, anregend und gemütlich. Allemal einen Abstecher wert, selbst für Reisende, die sich nicht für ausgesprochene Kulturfreaks halten.

Eines aber hatte er mit Sicherheit erreicht: Alle, die von nun an nach Big Sur kamen, taten das auch deshalb, weil Henry Miller vor ihnen da gewesen war – und weil er davon Zeugnis abgelegt hatte.

Michael oder Die Stille

Bereits in den frühen 1960er-Jahren ging es vielen Ruhebedürftigen und sich nach vollkommener Stille sehnenden Big-Sur-Bewohnern in ihrer Heimat am Pazifik an einigen Stellen viel zu hektisch zu. Und auch viel zu laut. Sie hatten die nur an oberflächlichen Reizen wie »Promi-Gucken« interessierten, wild draufflosknipsenden Wochenendbesucher, die mit Kind und Kegel in ihr Paradies einfielen und exklusive Rundfahrten durch den sündhaft teuren 17-Mile Drive zwischen Monterey, Carmel und Pebble Beach um immer neue »Sensationen« erweitern wollten, ebenso gründlich satt wie die stark alkoholisierten Raser. Typen, die sich auf knatternden Motorrädern oder in hochgetunten, lärmenden Cabrios mit überhöhter Geschwindigkeit in die Haarnadelkurven warfen und bei ihren halsbrecherischen Fahrmanövern jeden Moment riskierten, in die Tiefe zu stürzen. Angestammte wie Zugezogene hatten nicht die geringste Lust, sich im Alltag auch weiterhin mit Sex-Pilgern, esoterischen Spinnern und Immobilienhaien abzugeben oder Wandervögel, Faulpelze und Langmähnige in ihren Buchten, Canyons und bewaldeten Hügeln zu dulden. Dass ihnen, im Sommer vor allem, eifrige Miller-Nachahmer und Jeffers-Apostel, rücksichtslose Leute aus der Filmbranche und lästige Starlets in den wenigen Geschäften und Lokalen auf Schritt und Tritt begegneten, dass sie am Straßenrand angesprochen oder auf Parkplätzen ausgefragt wurden und »einfach so« die genaue Lage besonders aparter Schlupfwinkel preisgeben sollten, ging ihnen gegen den Strich. Dass es die Hedonisten hier allmählich ganz schön bunt trieben, war ihnen, den Authentischen, ein Ärgernis.

Glücklicherweise existierte seit 1957, hoch oben in den Santa Lucia Mountains, ein kleines katholisches Kloster, die Einsiedelei New Camaldoli südwestlich des Cone Peak, in der zwanzig Benediktinermönche wohnen und arbeiten und wohin man sich, bei Bedarf, auch heute noch zu Meditation und Kontemplation tage- oder wochenweise zurückziehen kann. Weitaus isolierter noch liegt das Tassajara Zen Mountain Center, mitten im Los Padres Forest befindlich, ein von fernöstlichen Buddhismus-Traditionen inspiriertes Zentrum, das 1967 seine Pforten öffnete und auch unsereins eine Möglichkeit zu radikaler spiritueller Einsamkeit offeriert. Zum Glück gab es außerdem schon immer eine Handvoll verschwiegener Orte wie Slates Hot Springs, wo man, ausschließlich von Natur umgeben und mit Blick auf den Sonnenuntergang, den *richniks and beatniks* entfliehen, abschalten und, direkt am Meer, in den wohltuend heißen Quellen in aller Ruhe ein Schwefelbad nehmen konnte. Die zwischen die Felsen verteilten Mini-Whirlpools und engen Wannen, in denen die Badenden einander auf die Pelle rückten, waren unter den Einheimischen beliebt. Es ging ungezwungen zu, mit Vorliebe tauchte man textilfrei unter, und niemand störte sich an den Nackten. Miller war mit seinen Kindern und auch mit Lepska oder Eve oft hierhergekommen, um die Wäsche zu erledigen und hernach, umgeben von warmem, brodelndem Wasser, für eine Weile die

Seele baumeln zu lassen. Prüderie hatte in Big Sur keinen Platz. »Leben und leben lassen« war das unausgesprochene Motto – solange einen nur die Eindringlinge in Frieden ließen, solange man nur unter sich bleiben konnte.

Schon der uralte Stamm der Esselen hatte, wie Ausgrabungen und Funde verrieten, vor vielen Jahrhunderten von den Süßwasservorkommen an diesem Punkt der Küste, direkt an einem kleinen Canyon gelegen, gewusst und sich hier regelmäßig aufgehalten – womöglich handelte es sich bei dem Gelände dieser Hot Springs sogar um eine Kultstätte, an der die indianische Urbevölkerung Baderiten und andere Zeremonien miteinander verband. Dann, eine Ewigkeit später, erwarb ein Mann namens Thomas Slate, der an Arthritis litt und in den 1870ern von der Existenz und Heilkraft der blubbernden Quellen erfuhr, 1882 dieses Land, dessen natürliche Wohltaten er auch anderen zur Verfügung stellen wollte, und schuf damit eine der ersten touristischen Einrichtungen von Big Sur – eine Anlage von bescheidenen Ausmaßen. Noch hießen die Bäder nach der Gegend selbst, bald aber trugen sie, gerade auch im Volksmund, Slates Namen. Und es sprach sich schnell herum, wie gut man es sich hier gehen lassen konnte. 1910 wechselte das Terrain den Besitzer – der neuen Eigentümerfamilie Murphy, allen voran dem Arzt Henry, schwebte eine lukrative Kureinrichtung vor, so wie sie in der Alten Welt gang und gäbe war. Deren Ausbau kam jedoch immer wieder ins Stocken, trotz direkter Anbindung an den Highway und trotz zuverlässiger Frequentierung, und in den Weltkriegsjahren ganz zum Erliegen. Es gab schließlich ein kleines Speiselokal und rudimentäre Unterkünfte, für die Nutzung der Quellen wurde ein Obolus fällig. Nur war man von einem europäisch-komfortablen Anstrich der Badeeinrichtung auch Mitte des 20. Jahrhunderts noch immer weit entfernt. In den Miller-Jahren blieb lediglich eine Ansammlung unattraktiver, maroder Bauten übrig, die ihre besten Jahre längst hinter sich hatten. Henry Murphys Witwe Vinnie, die im fernen Salinas wohnte und so gut wie nie vorbeischaute, dachte ungeachtet dieser perspektivlosen Lage trotzdem noch immer nicht an eine Veräußerung oder an eine grundlegende Umstrukturierung. Auch ihren Enkeln, dem Schriftsteller Dennis, der mit seinem Debütroman *The Sergeant* soeben einen Coup gelandet hatte, und dem Stanford-Absolventen Michael, nacheinander mit Psychologie, Meditation und spiritueller Philosophie befasst, überließ sie das Gelände der Hot Springs vorerst nicht. Es lag somit brach, und wer wollte, konnte sich hier wieder trefflich verstecken.

Der Reporter und Schriftsteller Hunter S. Thompson, ein radikaler Vertreter des subjektiven »New Journalism« und Begründer des »Gonzo-Journalismus« mit gewagten, abenteuerlichen und temporeichen Elementen, der der Beat Generation nahestand und für einen ausschweifenden, exzentrischen Lebensstil bekannt wurde, nutzte das Vakuum, überredete 1961 die Murphy-Großmutter Vinnie, ihn als Wachmann für das verlassene Areal einzustellen, und patrouillierte, nachdem sie seine Offerte akzeptiert hatte, mit Schlagstock und Schusswaffe über das Gelände. In der Pose eines *tough guy*. Der dreiundzwanzigjährige Einzelgänger verfasste hier eine seiner ersten brillanten Reportagen überhaupt, die – sehr zum Missfallen der alten Dame – ausgerechnet in einem Männermagazin publiziert wurde. Darin entwarf er mit wenigen Strichen ein teils witziges, teils pessimistisches Bild von Big Sur. Pointiert und sarkastisch waren seine Beschreibungen, was das Wesen der Region und ihrer Bewohner betraf; für die Zukunft dieser Küste sah er eher schwarz – er befürchtete eine Vereinnahmung des stillen Landstrichs durch eitle Prominente. Wozu sein Sensationsartikel, der schnell Aufmerksamkeit erregte und landesweit die Runde machte, natürlich erst richtig beitrug. Thompson verglich Big Sur mit Walhalla – einem mythischen Ort, von dem schon viele Leute viel Unbestimmtes gehört haben und von dem nur sehr wenige etwas Präzises oder Verlässliches berichten können. In New York, so formulierte Thompson augenzwinkernd, halte man die Gegend für eine Künstlerkolonie, in San Francisco für ein Nudisten-Mekka, und fast jeder sei dann enttäuscht, wenn vor Ort keinerlei nackte Maler und Bildhauer anzutreffen seien. Und er beendete seine an Gags, scharfzüngigen Bemerkungen und grotesken Wendungen reiche Reportage, der man eine genaue, unerbittliche Beobachtungsgabe in jedem Satz anmerkt, mit der Prophezeiung, es werde wohl noch eine ganze Weile dauern, bis man Big Sur im Brustton der Überzeugung die Riviera von Amerika nennen könne. Thompson genoss die Zwischenzeit, rekelte sich auf seinem Liegestuhl mit Blick auf den wilden Pazifik und sprach einstweilen von einem der erlesensten Plätze auf der Welt, an denen man nackt in der Sonne sitzen und die New York Times lesen könne. Also doch!

Wenngleich er selbst gerne im Adamskostüm an neuen Texten schrieb – das Titelfoto des Zeitschriftenbeitrags zeigt ihn nahezu unbekleidet und mit Sonnenbrille vor der majestätischen Kulisse der Berg- und Strandwelt an einem Tisch mit Schreibmaschine, Kaffeekanne und Pfeife thronend –, duldete er das Ausleben freizügiger Sitten bei ande-

ren Besuchern keineswegs. Bei einem seiner Routinerund-
gänge traf er zufällig auf Grüppchen schwuler Männer, die
eigens aus San Francisco angereist waren, sich Zutritt zum
Gelände verschafft hatten und nun, so ausgelassen wie
hüllenlos, in den Warmwasserbecken der Springs herum-
planschten. Offenbar nicht zum ersten Mal. Eine ausge-
wachsene Unverschämtheit, die Thompsons Zorn erregte.
Mit grimmiger Miene herrschte er die Unbefugten an, sofort das Grundstück zu verlassen, bezichtigte sie des Land-
friedensbruchs, ließ es, als die Nackedeis sich weigerten
und ihn auslachten, auf Handgreiflichkeiten ankommen,
war von der Gegenwehr der muskelbepackten *gays* aus der
Großstadt dann aber überrascht und zog sich, nachdem er
ordentlich vermöbelt worden war, waidwund in seine Haus-
meisterhütte zurück. Von dort aus ballerte er, vor Wut auf-
heulend, wild in der Gegend herum. Beim Faustkampf mit
den starken Jungs wäre er beinahe über die Klippen gewor-
fen worden und tief unten im Meer gelandet. Jetzt wiesen
alle umliegenden Gebäude Einschusslöcher auf – Spuren
dieses denkwürdigen Tages, an dem er ausgerastet war und
seine Emotionen erst Stunden später wieder unter Kontrolle bekommen hatte. Auch Michael Murphy, besagter Enkel
und rechtmäßiger Erbe des Geländes, und sein Kommili-
tone Richard »Dick« Price, ebenfalls Psychologe, wurden
einmal von Thompson zur Rede gestellt und mit der Waffe
bedroht, als sie nicht zu erklären vermochten, was sie hier,
bei ihrem unangekündigten Besuch des künftigen Esalen,
auf dem Terrain der Hot Springs zu suchen hatten.

Thompson, der sich nur zu gern als Raubein oder Out-
law gerierte, war demnach selbst nicht frei von paranoiden
Zügen, die er offiziell allein den Big-Sur-Jüngern zuschrieb –

seiner Meinung nach sollten Letztere gefälligst die Finger von »seinem« Paradies lassen. In einer privaten Nachricht gewährte er hingegen Einblicke in seinen momentanen Zustand, die auf Konfusion, Anspannung, Desorientierung und wiederkehrende Panikattacken schließen ließen: Der unbeherrschte Reporter stellte sich darin als von Visionen geplagtes Opfer dar – von Irren, Gläubigern, kreischenden Leuten und quasselnden Buddhisten umgeben. Thompson behauptete sogar, regelmäßig auf Katzen zu schießen, »um den Druck zu lindern«, Huren in den Canyons und Wildschweinen auf den Hügeln zu begegnen, eine Frau zu kennen, die Romane auf Butterbrotpapier schrieb, und keinen Cent mehr zu besitzen. Seine Einsamkeit müsse er mit einem Dobermann, einer Pistole und einem Motorrad ohne Licht teilen. Er befürchtete, bald von »rachsüchtigen Schwuchteln« umgebracht zu werden. Seine Klamotten – darunter ein blutdurchtränktes Hemd – würden im Nebel verrotten; von Tag zu Tag würde er kahlköpfiger und durstiger werden, nach Whiskey lechzen und die Zeit totschlagen. »Gott weiß, ob ich hier noch lange durchhalten kann.« Aus inhaltlich wirren, stilistisch originellen Texten wie diesen spricht schon der typische »Gonzo«-Autor, als der Thompson zu einer berüchtigten literarischen Figur werden sollte. Vinnie Murphy allerdings, empört über die drastische Ausdrucksweise des jungen Mannes, dessen gewalttätige Alleingänge und die ungewollte Reklame für Big Sur, war es leid, dass unnötige Aufmerksamkeit gerade auf diesen besonderen Ort und seine Eigentümer gelenkt wurde, fackelte nicht lange und kündigte ihrem durchgedrehten, fabulierenden Wachmann. Die glorreichen, ziemlich chaotischen Thompson-Monate, in denen die Balance zwischen den Ansprüchen der Natur und den Wünschen einzelner Menschen merklich verrutscht war, endeten wie ein Spuk, und die Springs, zuletzt von vielerlei Störenfrieden heimgesucht, kamen für ein Weilchen wieder zur Ruhe.

Jetzt, als Vinnie sich endlich bereit erklärte, Michael und seinem wissenschaftlichen Weggefährten Dick Price das Feld zu überlassen und ihnen den Zugriff auf Land und Quellen zu ermöglichen, war die Bahn frei für die Gründung des Esalen Institute. Lange hatte sich Großmutter Murphy geweigert, ihm Gehör zu schenken und auf seine Bitten einzugehen, denn sie fürchtete, ihr Enkel könnte das Hotel »an die Hindus« weiterveräußern. Diese (nicht ganz unbegründete) Sorge konnte er ihr nehmen. Michael, Jahrgang 1930, hatte nach seinem Studium als Militärpsychologe in der Karibik gearbeitet, bevor es ihn, Mitte der 1950er, tatsächlich nach Indien zog. Dort, im Südosten des Subkontinents bei Pondicherry, meditierte er in einem Ashram, um den Hindu-Mystiker und Yogi Sri Aurobindo kreisend, und vervollständigte seine spirituelle Entwicklung, der bereits während seines Studiums eine Art Erweckungserlebnis vorangegangen war: An einem See auf dem Uni-Campus war ihm 1951 eine Erleuchtung zuteilgeworden, nach der er seinen gesamten weiteren Lebensweg ausrichtete. 1960 begegnete er dem gleichaltrigen Price, der in Stanford und Harvard geforscht und seine Frau Bonnie in einer Zen-Zeremonie geheiratet hatte. In ihm erblickte Murphy einen Geistesverwandten. Dick, mit einigen der Autoren der Beat Generation befreundet, hatte 1956 bereits eine schwere manisch-depressive Erkrankung hinter sich, die fälschlicherweise als Schizophrenie eingestuft wurde. Er durchlebte daraufhin grauenvolle Monate in einer psychiatrischen

Klinik, in die ihn seine Eltern gegen seinen Willen einge-
liefert hatten und wo man ihn mit Schockbehandlungen zu
»heilen« versuchte. Als er ein Jahr später entlassen wurde,
stellte er fest, dass, über seinen Kopf hinweg, seine Ehe aufgelöst worden war, und ging vorübergehend nach Chicago.
Doch hatte er, nach überwundener Psychose, sein früheres
Interesse an Buddhismus, ganzheitlichem Denken und Gestalttherapie nicht aus den Augen verloren. So zog es ihn
bald wieder nach Kalifornien, wo er im East-West House
in San Francisco Schüler des chinesischen Übersetzers Gia-
Fu Feng wurde, der im Umfeld der Beats Taoismus lehrte.

Das Zusammentreffen der beiden und die zufrieden-
stellend ausgefallene Inspizierung des Geländes unten am
Meer brachte Michael und Dick auf eine Idee, die gar nicht
so verrückt war, wie sie anfangs, in den Ohren Uneinge-
weihter, geklungen haben mochte: Gemeinsam wollten sie
ein humanistisch ausgerichtetes, gemeinnütziges Institut
ins Leben rufen, dessen wichtigste Zielsetzung in der »har-
monischen Entwicklung der ganzen Person« bestand, eine
Begegnungsstätte in Form eines Labors, in dem neue Wege
des Denkens eingeschlagen und herkömmliche Pfade des
etablierten Wissenschaftsbetriebs bewusst verlassen werden sollten. Die Umgebung von Slates Springs, herrlich isoliert, war ideal für ein solches Experiment, wo Workshop-
leiter und -teilnehmer, Denker, Forscherinnen und Techniker am selben Ort konzentriert zusammenleben würden.
Es gelang Dick, mithilfe seines Vaters Kapital flüssigzuma-
chen – Herman Price war in leitender Stellung beim Han-
delsunternehmen Sears beschäftigt; Murphy, dessen Vater
ebenfalls die Esalen-Gründung befürwortete und mit Engelszungen auf seine alte, widerspenstige Mutter einredete,

konnte das Land, immerhin 51 Hektar, mitsamt den Quellen bereitstellen, und schon in den ersten Monaten des Jahres 1962 sah sich das Institut in der Lage, seine Arbeit aufzunehmen.

Esalen, mit dessen Namensgebung Respekt vor der historischen Präsenz der *native Americans* vom Volk der Esselen bekundet wird, lag im Trend und setzte seinerseits Trends – in kurzer Zeit wurde es zu einem Pfeiler der amerikanischen Gegenkultur, die sich in den Sixties zu voller Blüte entfalten sollte. New-Age-Tendenzen, für uns Heutige ebenso ein alter Hut wie die Beschäftigung mit kosmischen Gesetzen und die Auseinandersetzung mit fernöstlichen Denkweisen, kamen damals – auch im Zuge der Hippie-Bewegung – gerade erst in Mode und waren bald der letzte Schrei. Von »seriösen« Wissenschaftlern wurde vieles, was sich nicht in traditionellen Bahnen bewegte oder auch nur entfernt nach Esoterik roch, gern ignoriert, belächelt oder abqualifiziert. Murphy und Price waren mit ihrer wegweisenden Initiative also Männer der ersten Stunde. Althergebrachte Maximen und Methoden, Grundsätze und Errungenschaften aus Philosophie, Psychologie und Religionstheorie wurden in Esalen auf den Prüfstand gestellt. Das Lehrpersonal verstand sich selbst als unvollkommen, in seiner Persönlichkeitsentwicklung unabgeschlossen, lernfähig und für Neues offen. Bevormundung sollte nirgends erfolgen. Vorgaben wurden geprüft, Orthodoxien vermieden. Entsprechend sollte auch das Institut zu »einer lernenden Einrichtung« werden, »die sich der beständigen Erforschung des menschlichen Potenzials widmet und religiösen, wissenschaftlichen und anderen Dogmen widersteht«, wie Murphy selbst es beschrieb. Weitere Kennzeichen der Esalen-»Lehre« waren die Fusion westlicher und östlicher Philosophien, die Verbindung von Theosophie und Meditation oder auch die Annäherung an Prinzipien absoluter Gewaltlosigkeit in der Gandhi-Nachfolge, über die in Seminaren und Tagungen, teils mit, teils ohne Anleitung, kollektiv nachgedacht wurde.

Michael und Dick sahen sich auch deshalb zu diesem mutigen Schritt veranlasst, weil sie sich von einer Vielzahl von namhaften Förderern und Mentoren verstanden wussten und unterstützt wurden. Darunter waren der deutschstämmige Forscher Frederic Spiegelberg, eine Stanford-Koryphäe, der die beiden Esalen-Gründer zuvor zusammengebracht hatte und als Experte für die großen Weltreligionen galt. Sowie der englische Schriftsteller Aldous Huxley, der in seinem dystopischen Roman *Brave New World* die Zukunftsfähigkeit der modernen Gesellschaft infrage gestellt und eine sarkastische Science-Fiction-Fabel ersonnen, mit Meskalin experimentiert und sich danach der Mystik, dem Buddhismus und dem religiösen Universalismus zugewandt hatte. Alan Watts, ein weiterer Brite, Spezialist für Zen und Taoismus und gleichfalls ausgewiesener Religionsphilosoph, hielt die ersten Seminare kurz nach der Gründung ab; und Fritz Perls, in Berlin gebürtiger jüdischer Psychotherapeut und einer der »Erfinder« der Gestalttherapie, kam 1964 gleich für mehrere Jahre ans Institut, wo er seine Lehre verbreitete und in experimentellen Workshops mit jüngeren Kollegen erprobte. Es gab noch eine ganze Reihe weiterer wichtiger Leitfiguren und Pädagogen in Esalen, deren Kompetenz und Erfahrungsschatz hier sehr gefragt waren und die durch ihre Mitwirkung an Kursen – sei es sporadisch, sei es durch Festanstellungen – das theoretisch entwickelte und dann praktisch angewendete Wissen auf den Felsen am Meer bereicherten und vorwärtsbrachten: Der Fotograf Ansel Adams, der uns schon vertraute Chemiker Linus Pauling, der Übersetzer Gia-Fu Feng, aber auch Timothy Leary, der später als Hippie-Guru angesehen wurde und sich zum Apologeten des Konsums bewusstseinsverändernder Drogen aufschwang, trugen, wiewohl aus ganz unterschiedlichen Disziplinen und Kunstströmungen stammend, zum Ruf, zur unangefochtenen Qualität und zur Langlebigkeit von Esalen bei.

Beat-Poeten wie Allen Ginsberg und Lawrence Ferlinghetti waren hier zu Gast, Avantgarde-Künstler und -Vordenker wie Robert Rauschenberg und John Cage fanden sich hier zu Happenings und Performances ein. Der Mythologie-Professor Joseph Campbell sprach von Esalen als einer »sakralen Stätte, zu der wir kommen, um ein inneres Leben zu erforschen« und um »auf eine Berufung zu antworten«. Selbst der Beatle George Harrison wurde im Sommer 1968 hier gesichtet, als er auf dem Höhepunkt des *flower power movement* wissbegierig den Anweisungen des bedeutenden indischen Komponisten und Sitar-Virtuosen Ravi Shankar folgte. Shankar erläuterte seinen gebildeten Seminarteilnehmern, als handelte es sich bei ihnen um Vorschulkinder, beim spielerischen Nachahmen, Singen und Vorklatschen gut gelaunt die komplizierten rhythmischen Abläufe und strukturellen Finessen der indischen Ragas. Zu jenem Zeitpunkt waren einer der ersten indisch inspirierten Harrison-Songs, *Within You Without You*, wie auch die legendäre *Sergeant Pepper*-LP und der revolutionäre »Summer of Love« schon ein Jahr alt, der Indien-Aufenthalt der Beatles lag bereits einige Monate zurück, aber die Veröffentlichung des *Weißen Albums* mit seinen vereinzelten, aber unüberhörbaren Anklängen an asiatische Musikästhetik stand noch bevor: ein weiterer Meilenstein. Denkbar ohne eine Öffnung nach außen, wie man sie hier praktizierte, ohne den Wunsch nach dem Einbezug »fremder« Materialien und Klänge, wie sie der Weltsicht der Esalen-Pioniere entsprach? Wohl kaum eine Bilderserie veranschaulicht gelungene interkulturelle Wissensvermittlung und gewinnbringenden kulturellen Austausch, wie sie über den Klippen der Springs erfolgreich propagiert und gelebt wurden, besser als jene aus dem brisanten Jahr der Pariser Studentenunruhen und Berliner Straßenproteste, in der Harrison und Shankar einander seelenruhig und Sitar spielend auf der Wiese in Big Sur gegenüberhocken, um künftig eifrig duettieren zu können – wobei auch die Farbkontraste bestechend sind: Harrison trägt an diesem sonnigen kalifornischen Junitag einen knallgelben, ins Orange spielenden Hosenanzug, Shankar ein beiges Hemd, der Esalen-Rasen leuchtet in sattem Grün, und der friedlich hinter den beiden Musikern liegende Pazifische Ozean präsentiert sich in tiefstem Blau.

Die Esalen-Macher, allen voran Murphy und Price, und ihre Mitstreiter ließen es indessen nicht bei netten, von ihnen arrangierten Begegnungen zwischen Stars aus verschiedenen Kulturkreisen oder kurzzeitigen Importen von Fachleuten unterschiedlicher ethnischer Zugehörigkeit bewenden. Ihnen ging es in ihrem Non-Profit-Konzept um interdisziplinäres Denken, um Nachhaltigkeit, um umfassenden Erkenntnisgewinn ohne ethische oder ideologische Scheuklappen, um das Schauen über den Tellerrand und, wohl am wichtigsten, um die möglichst vollständige Ausschöpfung des »humanen Potenzials«: einer ganzen Palette von menschlichen Fähigkeiten, von denen in Michaels Augen die meisten im Dasein des Durchschnittsbürgers in der zweiten Hälfte des 20. Jahrhunderts bedauerlicherweise so gut wie gar nicht zur Entfaltung kamen. Die eigentlich naheliegende und auch wünschenswerte Vorstellung etwa, dass Menschen in der Lage sind, ihresgleichen zu therapieren und zu heilen, und aufeinander mit Hypnose, Telepathie und Hellsehen einwirken können, das Nachdenken über die eigentlichen Ursachen von Kriegen und Konflikten als Grundlage und Beitrag für die Friedensforschung, die Einsicht, dass immense Kraftanstrengungen vonnöten sind, um einander dauerhaft in Harmonie zu begegnen. Die bewusste Integration von Drogenexperimenten und die Diskussion mit Vertretern schriller Untergrundkultur gehörten auch dazu.

Einiges davon klingt aus heutiger Sicht gewiss utopisch und übertrieben idealistisch oder lässt sich als blauäugige Vision, als bloße Modeerscheinung oder als Gefühlsduselei abtun. Und es ist für Zyniker der Jetztzeit auch nicht weiter schwer, sich über meditierende New-Age-Jünger auf einem Felsthron und psychedelisch betäubte Sonnenanbeter im Lotussitz – das Esalen-Klischee der *swinging sixties* schlechthin – mit wissendem Grinsen zu mokieren und sich naiven Individualisten überlegen zu fühlen, die einst, allein durch »abseitige« Studien und die Veränderung ihrer inneren Einstellung, darauf bauten, zu einer besseren Welt beizutragen. Noch im Finale der Fernsehserie *Mad Men*, im Mai 2015 ausgestrahlt, durfte eine Parodie auf einen esoterisch angehauchten *weekend retreat* samt Gruppentherapie nicht fehlen, an dem der Titelheld Don Draper teilnimmt und das natürlich in einem an Esalen angelehnten, exklusiven *ocean resort* stattfindet. Das Refugium als Abziehbild.

Konventionelle akademische Veranstaltungen und Rituale wurden in Esalen systematisch durch innovative wissenschaftliche Projekte, durch nicht an einen bestimmten Kontext gebundene Kurse und durch ungewöhnliche kulturelle Events ersetzt – viel wurde einfach erst mal ausprobiert, einiges glückte oder war zukunftsweisend, manches scheiterte. Anspruchsvolle Vorhaben wurden manchmal ausgelagert oder in landesweit abgehaltenen Sommeruniversitäten verwirklicht. Das ambitionierte Schizophrenie-Forschungsprogramm – seinerzeit auch im internationalen Vergleich führend – lag selbstredend besonders Dick Price, als ehemals persönlich Betroffenem, am Herzen; das sowjetisch-amerikanische Austauschprogramm, das zur Überwindung des Kalten Krieges einen wichtigen Beitrag leisten und dem Dialog zwischen den beiden verfeindeten politischen Systemen dienen sollte, startete 1979. Eine Dekade später, im Jahr des Mauerfalls, organisierte die Esalen-Leitung sogar Gesprächsrunden zwischen aktuellen und vormaligen Präsidenten der USA und der UdSSR. Das Institut, weltweit einzigartig und erst vor wenigen Jahren mit großem Aufwand renoviert und erweitert, ist auch heute noch aktiv, mit mehreren Hundert Workshops und Kursen pro Jahr, und gehört zu den bekanntesten »alternativen« Einrichtungen der Westküste. In Esalen kann man forschen, tanzen, sich in die Wildnis begeben und Philosophie studieren, kann sich mit Ökologie und Gesundheitsfragen beschäftigen, Musik machen, sich in transpersonaler Psychologie ausbilden lassen oder der Herkunft von Mythen auf den Grund gehen. Wer allein von der Aussicht auf eine Whirlpool-Erfahrung »in freier Wildbahn« motiviert ist, darf auch im Jahre 2020 bei Einbruch der Dunkelheit, spätabends oder gar nachts in den Heißwasserbecken Platz nehmen – falls er oder sie gewillt ist, dafür einen stattlichen Eintrittspreis zu zahlen, sich rechtzeitig anzumelden und ein geeignetes Zeitfenster zu wählen. Die Ausgabe lohnt sich, denn von diesem Erlebnis zehrt man lange. Erst unlängst titelte eine kalifornische Reise-Webseite, dass man das Institut am besten nackt erkunden solle – als exklusiver Badegast.

Solch mondänen Anmutungen zum Trotz wird Esalen von vielen ehemaligen Schülern und Teilnehmerinnen zugleich als »heilige« Begegnungsstätte angesehen, als ihr erster und damit prägender Zugang zu einer explizit friedlichen und stillen Welt. Die Magie des Ortes überträgt sich, ohne dass es dafür größerer Vorbereitung oder übertriebener Bereitschaft bedarf, innerhalb weniger Momente. Viele, die eigentlich nur vorbeischauen wollten, verspüren den brennenden Wunsch, gleich hierbleiben zu dürfen. Auch wenn die »Väter« von Esalen schon lange nicht mehr zugegen sind: Dick Price, ein passionierter Hiker und ausgezeichneter Kenner selbst verborgener Pfade in den Santa Lucia Mountains, kam im November 1985 bei einem tragischen Wanderunfall ums Leben. Und Michael Murphy, die Schlüsselfigur des Human Potential Movement, fuhr schon in den frühen 1970ern seine Aufgaben als Co-Leiter auf ein Minimum zurück, publizierte mehrere Bücher, darunter »philosophische Romane«, stellte Theorien über den Zusammenhang von Golfspiel und der menschlichen Psyche auf, spekulierte über das Ende der »gewöhnlichen Geschichte« und ging, in einem 800-seitigen Monumentalwerk aus den frühen 1990ern, der Frage nach der »Zukunft des Körpers« nach.

Einzelne verbissene Kritiker erhoben den Vorwurf, hier bereite sich eine Elite von Betuchten und Gebildeten ihr Nest, blende alles Unerfreuliche aus und schirme sich gegen die harte Lebenswirklichkeit der übrigen Kalifornier ab; auch gegen unzutreffende Verunglimpfungen wie »überflüssiger Mist für reiche Weiße« oder »Deppenfabrik« war Esalen nicht immer gefeit. Den Einwänden und Schmähungen von Miesmachern und Neidern standen glänzende Ergebnisse etlicher zufriedener Kursteilnehmer, Tausende von korrigierten Lebensläufen als Ergebnis hier gemachter Erfahrungen und Selbstfindungstrips sowie der Eingang des Instituts in die Populärkultur der letzten Jahrzehnte gegenüber. Esalen spielt beispielsweise eine Nebenrolle in Romanen von Thomas Pynchon, Edward St. Aubyn und Michel Houellebecq, liefert den Hintergrund vieler Filmszenen und -plots. Und nicht zuletzt die blühende Folk- und Popmusikszene der 1960er und 1970er profitierte von der Offenheit des Instituts: Im Juni 1964 lud Nancy Carlen, eine Esalen-Mitarbeiterin, die Protestsängerin Joan Baez, gerade auf dem Zenit ihres Ruhms und mit Wohnsitz in Carmel, zum Abhalten eines Workshops über »New Folk Music« ein.

Carlen, von Boston aus auf den Spuren ihres Idols an die Westküste gelangt, war unter den Ersten, die an Murphys und Price' neu geschaffener Stätte einen Job ergattert hatten. Gemeinsam mit Baez' Schwager, dem Sänger, Musiker-Poeten und Schriftsteller Richard Fariña, begann die enthusiastische Carlen zu brainstormen, brachte ihr eigenes musikalisches Talent mit ein, ließ sich, ihrem fehlenden Know-how als Konzertmanagerin zum Trotz, nicht von ihrem Vorhaben abbringen und holte eine Handvoll weiterer *folkies* nach Esalen. Aus dem kleinen Seminar wurde ein Konzertevent, und über Nacht wurde auf diese unorthodoxe Weise das Big Sur Folk Festival aus der Taufe gehoben. Nicht weniger als acht Mal ging es, von 1964 bis 1971 Jahr für Jahr im Sommer oder im Herbst, über die Bühne, zog neben den Lokalmatadoren immer mehr bekannte Interpretinnen und Interpreten, echte Publikumsmagneten und eine immer größere Fangemeinde an und kreiste stets um die Lichtgestalt Joan Baez und ihre zarte jüngere Schwester Mimi, ebenfalls eine Singer-Songwriterin – und Fariñas Frau.

Dort, wo ein Jahrzehnt zuvor noch Individualisten ihr behagliches Bad in den *hot tubs* genommen hatten und lediglich der Sound der Wellen die *roaring silence* der einsamen Region begleitet hatte, gaben sich nun, vom Charisma der Baez und vom Organisationstalent Nancy Carlens angezogen, Judy Collins und Arlo Guthrie, Kris Kristofferson und Blood, Sweat and Tears die Klinke in die Hand, gaben sich Joni Mitchell und Linda Ronstadt, Gospelchöre und Crosby, Stills, Nash & Young ein musikalisches Stelldichein, das nicht selten mit Jam-Sessions und fröhlichen Cross-over-Hymnen am großen Pool des Instituts – der als »Rampe« zwischen Bühne und Publikum diente – ausklang. Das hätten sich weder Miller noch Thompson, weder Price noch Murphy träumen lassen. Und Grandma Vinnie, der man ihren Estate abgeschwatzt hatte, erst recht nicht.

Joan oder Die Zuversicht

Die »barfüßige Madonna« und Ikone der Folkbewegung, schon mit Anfang zwanzig so berühmt, so bewundert und so beliebt, dass kein wichtiges progressives Festival auf sie verzichten mag und sich selbst das Wochenblatt *Time* um einen Aufmacher mit ihr reißt, macht sich nichts aus einem festen Wohnsitz. Seit ihrer Kindheit ist die Halbmexikanerin Joan Baez, eine junge Frau mit indianischen Zügen und dem glockenhellen Sopran eines Engels, der uns Erdenbürgern einen Besuch abstattet, eine Unabhängige und Ungebundene. Ihr pazifistischer, weltoffener Vater hatte ihr, als sie noch ein kleines Mädchen war, wie dem Rest seiner kleinen Familie aus beruflichen Gründen eine nomadische Existenz aufgezwungen und sie, alle paar Jahre, von den USA nach Paris und Bagdad und wieder zurück gescheucht. Auch innerhalb Amerikas ist sie als Kind und Teenager, wenn seine wechselnden Anstellungen, seine soziale Einstellung und sein Altruismus es verlangten, seitdem ständig umgezogen. Sie hat in Palo Alto und Massachusetts gewohnt, zu Hause ist sie nirgends gewesen.

On the road zu sein ist für sie also der Normalzustand, Traumtänzerei ist ihr fremd, sie steht mit beiden Füßen auf der Erde. Schon früh versteht sie sich als Überzeugungstäterin. Ein humanistisches, pazifistisches Ethos haben die

Eltern ihr mitgegeben. Aus freien Stücken hat sie sich bereits als Teenager in der Lehre Mahatma Gandhis unterweisen lassen und als Schülerin Widerstandsgeist bewiesen. Uralte Folksongs zu intonieren und sich dabei auf der Gitarre zu begleiten ist für sie das Natürlichste auf der Welt. Dass Zehntausende an ihren Lippen hängen, von ihrem famosen Gesang aufgerüttelt werden und ihren prächtig artikulierten Kantilenen wie einer brisanten politischen Botschaft lauschen, die sie veranlasst, selbst aktiv zu werden und sich in der Friedensbewegung zu engagieren, ist ihr selbst noch nicht ganz geheuer. Wenn ihre jüngere Schwester Mimi singt, bemerkt man gleich, dass sie nahezu ebenso viel Talent wie sie selbst besitzt, halt nur einen Deut introvertierter ist. Die beiden Baez-Töchter produzieren sich bei Gelegenheit als Duo, das sich auch optisch sehr gut macht. Doch richtig Furore macht eben Joan und nur Joan, wenn sie, die sich vor Kurzem noch in halb leeren Kaffeehäusern und verqualmten Studentenkneipen ihre Sporen verdient hat, ganz allein die Stadien und Konzertarenen füllt – und die Leute erst zum Jubeln und dann zum Nachdenken bringt.

Dass man mit Folksongs die Welt verändern und politische Ziele artikulieren, dass zeitgenössische Musik ein Instrument zur Durchsetzung berechtigter Anliegen sein kann, liegt Anfang der 1960er-Jahre in den westlichen Staaten förmlich in der Luft. Joan ist im Begriff, zum Sprachrohr ihrer Generation zu werden, zur Galionsfigur junger Leute in den satten Ländern des Kapitalismus und der (eher selten genutzten) Meinungsfreiheit. Zur emblematischen Persönlichkeit für aufbegehrende Heranwachsende, die wie sie endlich ihr soziales Gewissen entdecken und nicht länger Ruhe geben, bis sie Umwälzungen in Gang setzen und bis echte Fortschritte greifbar werden. Binnen Monaten wandelt sich Baez von einer Interpretin elegischer Volksweisen zu einer Missionarin für die Ziele der Bürgerrechtsgruppen und außerdem zu einer verführerischen Entertainerin. Was sie nunmehr dringender denn je benötigt, sind erstklassige, anstachelnde und gut gemachte Lieder, die sich auch mit aktuellen Missständen befassen. Eingängige Hymnen mit Tiefgang und Aussage, kritische Hits mit Gegenwartsbezug. Noch schreibt sie keine eigenen Balladen und Moritaten, möchte es aber gerne bald ausprobieren. Bob Dylan, der ebenso junge Hoffnungsträger aus Minnesota, ein rebellischer Barde, dem sie auch privat immer nähergekommen ist und den sie in ihren Konzerten als renitenten Stargast präsentiert, ist ihr mit seinen mutigen Songs ein wichtiges Vorbild. Die beiden sind die aufsteigenden Sterne am Musikerhimmel. Kämpferisch, entschlossen, voller Sendungsbewusstsein. Diese ungleichen *folkies*, aus denen bald ein unwahrscheinliches Paar werden wird, duettieren auf kleinen und großen Bühnen überall in den Vereinigten Staaten. Er mit poetischen, anklägerischen und unbequemen Texten, mit kauzigen Gebärden und Krächzstimme, sie mit magischem Charme, mit Strenge und großer Ernsthaftigkeit, als überragende Vokalistin mit traumhaft sicherer Intonation und bemerkenswerter Klangfülle.

Baez sind der frühe Ruhm und die fast unheimliche Popularität nicht zu Kopf gestiegen. Ihren Durchbruch hat sie an der Ostküste erlebt, beim Newport Folk Festival. Dass nun auch sie sich zu einem Leben in Kalifornien und einem Umzug nach Carmel entschließt, entspricht ihrem Bedürfnis nach Ruhe – Tourneen fordern ihren Tribut; Friedensmärsche und Protestaktionen zur Überwindung der Rassentrennung, unter anderem mit Martin Luther King, zehren an ihren Kräften. Und es entspricht ihrem Wunsch, sich auf ihre Zukunft als Liedermacherin zu besinnen, maximale künstlerische Gestaltungsfreiheit eingeräumt zu bekommen, eigene Texte und Melodien zu verfassen und ja nicht den Launen der Plattenindustrie ausgeliefert zu sein. Sie veröffentlicht ihre Alben, die ohne Ausnahme Bestseller sind und sich jahrelang in den Charts halten, bei einem kleinen, aber feinen Label, hat den großen Konzernen die kalte Schulter gezeigt. Und auch mit ihrer Jugendliebe Michael New ist bald Schluss, sobald sie im Carmel Valley halbwegs Fuß gefasst hat.

Die »singende Jeanne d'Arc« hat aber noch ganz andere Pläne: Sie hilft beim flächendeckenden Aufbau von Amnesty International in Kalifornien mit und steckt, ermuntert von ihrem Mentor Ira Sandperl, einen Großteil ihrer Gagen in die Gründung eines Institute for the Study of Nonviolence – wobei sie sich gegen die Klagen genervter Nachbarn und ängstlicher Anwohner zur Wehr setzen muss. Wie so oft behauptet sie sich auch hier. Ihr Institut darf seine Pforten öffnen, denn ihre Gegner haben, als sie den bornierten Meckerern mit Gelassenheit und Überzeugungskraft die Stirn geboten hat, letztlich doch klein beigegeben. Es kann losgehen mit ihrer Friedensschule im Carmel Valley! Als kleinen, unvernünftigen Luxus gönnt sie sich die Anschaffung eines Jaguar XKE – selbstverständlich ein Cabrio, mit dem sie, selten genug, den Highway One unsicher macht und, wenn sie übermütig wird, ab und zu durch die Canyons von Big Sur heizt. Mit Mimi und Richard Fariña auf den Rücksitzen und neuerdings auch mit Dylan auf dem Beifahrersitz. Denn der ist in Carmel zu Besuch. Seine neue Freundin hat ihn auf dem Monterey Folk Festival im Mai 1963 groß herausgebracht und ihm ganz uneigennützig einen Teil ihrer Gigs überlassen. Nicht alle Baez-Fans waren uneingeschränkt begeistert von Joans unverhohlener Dylan-Promotion. Es wurde gebuht, gepfiffen und gemault. Noch ist sie der alles überragende Star, die Queen des *civil rights movement*; Bob, der Kronprinz, muss sich erst durchsetzen. Die Konzerte mit Joan werden für ihn zum Sprungbrett, und er nutzt die Chancen, die sie ihm bietet.

Hinter dem »Hobo« und seiner »Johanna«, dem Traumgespann des amerikanischen Nachwuchs-Folk, liegt der von Luther King angeführte Marsch auf Washington, zu dem sich Hunderttausende Normalbürger, friedlich mit Aktivistinnen und Unterstützern vereint, Ende August in der Hauptstadt zusammengefunden haben, um, flankiert von Kings visionärer *Dream*-Rede, ihren Vorstellungen von einer vorurteilsfreien, emanzipierten und mündigen Gesellschaft Ausdruck zu verleihen. Als Solisten und im Duo haben Joan und Bob Songs dazu beigetragen – für beide ein Karrierehöhepunkt in ihrer noch jungen musikalischen Vita. Besonders Joan, beseelt vom Glauben an eine lebenswerte Zukunft, in der die Durchsetzung der Menschenrechte eine Selbstverständlichkeit sein soll, hat dort eine gute Figur abgegeben und ist den nach Eigenverantwortung und Gleichstellung hungernden Menschen mit ihren ergreifenden Liedern im Gedächtnis geblieben – dass ihre Ziele mit denen Kings vergleichbar, notwendig und unverzichtbar sind, dass ihre Utopie keineswegs ein Luftschloss bleiben muss, davon haben sich Millionen Fernsehzuschauer rund um den Globus bei ihrem wirkungsmächtigen Auftritt überzeugen können.

Zurück in Kalifornien, nehmen sich Dylan und Baez im Herbst 1963 endlich Zeit füreinander, vervollkommnen ihr Gitarrenspiel, entdecken ihre Gemeinsamkeiten und versuchen, aus ihren verblüffenden Gegensätzen künstlerisches Kapital zu schlagen. Ihre verdoppelte Begeisterungsfähigkeit treibt sie zu neuen künstlerischen Höchstleistungen an: Konzerte vorbereiten, an Texten arbeiten, Zweistimmigkeit erproben, Pläne schmieden. Und sich aneinander ergötzen. Joan, bislang nicht gerade ein Bücherwurm, ist von Bobs literarischem Ehrgeiz beeindruckt und wohnt der Entstehung neuer Songs in ihrer Klause bei, wobei sie, wenn ihr selbstkritischer Freund einmal mitten im Schreibprozess frustriert aufgibt, sogar Schmierzettel, Schnipsel und von ihm verworfene Textpassagen aus dem Papierkorb fischt und hortet; Bob ist voller Hochachtung für ihre Leidenschaft, ihren sängerischen Instinkt und ihre tadellose Phrasierungskunst, fühlt sich von der Vehemenz ihrer Überzeugungen, von der Stichhaltigkeit ihrer politischen Argumente und ihrer ethischen Kompromisslosigkeit überrollt. Langeweile kommt nie auf an diesen intensiven, energiegeladenen Wochenenden an der Küste. Mit Blick auf die Klippen von Big Sur schreibt Dylan im Handumdrehen zwei seiner besten Titel, *Lay Down Your Weary Tune*, ein mehrstrophiges Lied »des Rückzugs« im Stil einer berückenden alten Volksweise, und den aufrüttelnden Protestsong *The Lonesome Death of Hattie Carroll*, eine seiner stärksten Eingebungen aus der »anklägerischen Phase«, die er bald hinter sich lassen sollte.

Ihr Verliebtsein wird, eigentlich gleich zu Beginn, von einem fundamentalen Wesensunterschied überschattet: Joans moralischen Impetus sowie ihr überzeugtes Eintreten für Benachteiligte respektiert er, sieht das Schreiben und Singen von Antikriegstiteln und *finger-pointing songs* aber nur als eine vorübergehende Erscheinung an, deren ästhetische Begrenztheit er überwinden möchte. Und sie, die *pasionaria*, nimmt es Bob persönlich übel, dass er nicht länger an Kundgebungen teilnehmen, sich mit Unterdrückten solidarisieren und für konkrete Ziele einsetzen möchte, sondern längst seinen eigenen, ideologiefreien und unabhängigen Weg zu einer Existenz als Solitär und musikalisch-literarisches Unikum eingeschlagen hat – einen Pfad, auf den er sie nicht mitnehmen wird. Hin zu einem wortmächtigen Freiraum, der nur ihm allein gehört und in dem er für sie keinen Platz vorgesehen hat. In ihren Erinnerungen berichtet Baez, dass sie in Carmel einmal eine Riesenportion schmackhaften Eintopf zubereitete für ein paar Gäste, die sie zum Abendessen bestellt hatte, und Dylan sich gleich, noch bevor andere zulangen konnten, über die Fleischbrocken hermachte: wobei für die verdutzten Tischgenossen nur noch Gemüse übrig blieb. Die Leckerbissen für ihn – für sie kam lediglich Resteverwertung infrage. Egoismus und Abspeisung: In der Tat scheint ein solcher Mechanismus, wie auch die späteren Monate zeigen, als Dylan seiner Freundin während seiner berüchtigten Englandtournee 1965 nicht den ihr gebührenden Platz einräumt, sie nie zu sich auf die Bühne holt und wochenlang einfach wie Luft behandelt, einem fatalen Schema zu gleichen. Joan fühlt sich ausgebootet und auch ausgenutzt, leidet an einem Mangel an Loyalität. Verletzt zieht sie sich von ihm zurück und gibt sich unversöhnlich; Bob wird ihre Qualitäten erst in weiter Zukunft öffentlich würdigen und dann mit ihr auch wieder auf Tour gehen, bloß erst mehr als ein Jahrzehnt danach.

Noch ist es lange nicht so weit. In Kalifornien ist die Welt für Baez und Bob, die sich bei der Neuauflage des Festivals von Newport im Sommer als »königliches Paar« präsentiert haben, um dann in Washington zu triumphieren, noch in Ordnung; im Westen der USA spielt Joan noch unangefochten die erste Geige. Sobald die beiden eine Pause benötigen, kutschiert sie ihn in abgelegene Küstenorte und entdeckt mit ihm die nähere Umgebung wie auch den Zauber von Big Sur, schaut sich mit Dylan bei Antiquitätenhändlern um, und beide stöbern dort seltene alte Gitarren aus Mexiko auf. Joan zeigt Bob im Bekannten- und Kollegenkreis wie eine Trophäe herum. In den Carmel Highlands werden sie als Paar wahrgenommen und zusammen eingeladen. Die meiste Zeit sind sie allerdings ohnehin zu viert, verbringen den Großteil ihrer kostbaren Tage in der anregenden Gesellschaft von Richard Fariña und Mimi. Die Parallelen zwischen den beiden Duos liegen auf der Hand: Zwei einstige Nobodys und kluge Köpfe, jetzt auf dem Weg nach oben, zwei ungestüme junge Männer, die Romanciers und Poeten werden wollen und sich als exzellente Folksänger und Instrumentalisten erweisen, sind mit zwei hochtalentierten Schönheiten liiert, in deren Schatten sie vorerst stehen, mit zwei Schwestern, die sämtliche Blicke auf sich ziehen und die mit herrlichen Stimmen aufwarten können. Zweimal zwei Künstler und Musikerinnen also, die als singende Paare im Scheinwerferlicht der Folkszene stehen.

Das Quartett ist unzertrennlich. Richard und Bob zeigen sich gegenseitig ihre Prosa-Manuskripte, feuern sich an. Oder wagen sich gemeinsam mit Surfbrettern hinaus in die Brandung von Carmel. Richard, dem Joans künstlerische Ader nicht entgangen ist, ermuntert sie, seine Gedichte mit ihren Zeichnungen zu illustrieren und daraus, als Sammlung komplementärer Bagatellen, sogenannte *Little Nothing Poems* zu machen, was ihr schmeichelt. (Bald schon zieren ihre Alben eigene Skizzen und Karikaturen.) Bob pirscht sich derweil – vergeblich – an Mimi heran. Anderntags posieren die Baez-Frauen, Joan, Mimi und ihre Mutter, ganz in Schwarz gekleidet, abwechselnd mit Dylan und Fariña brav beim Studio-Fotografen: klischeehaft steife Aufnahmen fürs Familienalbum. Um wenig später alle vier im Jaguar die kurvige Küstenstraße von Big Sur hinunterzudonnern, mit Fahrtziel Süden. Mehrere Hundert Meilen legen sie mit dem schicken Sportwagen an einem Oktobertag zurück, damit sie rechtzeitig im größten Musiktempel Kaliforniens, der Hollywood Bowl, eintreffen, wo Joan das Kunststück gelingt, als erste Solokünstlerin nach Frank Sinatra im Jahre 1944 die riesige Freilichtarena in Form eines Amphitheaters bis auf den letzten Platz zu füllen – über 17 000 Menschen sind erschienen, um das Stimmwunder Baez zu erleben und die packenden *messages* der »streitbaren Nachtigall« zu hören. Eine Sternstunde in ihrer an bedeutenden Events schon so reichen Laufbahn. Tobender Beifall ist ihr auch diesmal sicher. Ihr klug aufgebautes Soloprogramm mit seinen makellos interpretierten Liedern rührt an die Seelen und Herzen dieser vielköpfigen Gemeinde aus Gleichgesinnten und weckt zugleich den Widerstandsgeist des Publikums. Und auch diesmal lotst sie ihren Schützling Dylan wieder vors Mikrofon und rollt ihm den roten Teppich aus. Mit seinem nagelneuen Song *Lay Down Your Weary Tune*, für den sie kaum geprobt haben, tun sie sich naturgemäß noch ein wenig schwer. Ansonsten sitzen die Einsätze, wirken die Duette stimmig. Joan und

Bob können zufrieden sein – mit einem einzigen, sensationellen Abend haben sie die Kalifornier erobert.

Bevor es wieder via Big Sur zurückgeht in die Carmel Highlands, findet das Quartett noch die Zeit, einem Veteranen aus Joans neuer Heimat ihre Aufwartung zu machen: Baez folgt einer Einladung Henry Millers nach Pacific Palisades. Von den vier Besuchern ist eigentlich nur Fariña (sein erster Roman wird 1966 veröffentlicht werden) einigermaßen mit dem Gesamtwerk Millers, dessen Themen und dessen stilistischen Merkmalen vertraut – es entspinnt sich zwischen den beiden Männern, dem Debütanten und dem Profi, sogleich ein Gespräch über Publikationsmöglichkeiten in Hochglanzmagazinen, bei denen sich Richard und Henry, sofern ihre Storys akzeptiert werden sollten, gegenseitig die Bälle zuspielen könnten. Mit den übrigen drei Gästen weiß Miller, Anfang siebzig, relativ wenig anzufangen, und ihnen geht es genauso. Erwartungsgemäß ist der ältere Herr nicht um die eine oder andere erotische Anekdote verlegen. So vergehen die wenigen Stunden mit Geplänkel und peinlicher Stille, die Atmosphäre ist leicht angespannt. Nur sehr geringes Interesse bringt Henry für Bob auf, von dem er noch nie gehört hat und mit dem er sich immerhin beim Pingpong ein Gefecht liefert, und umso größeres für die attraktiven Baez-Schwestern. Viel hat man sich, nach beendeter Partie, dann nicht mehr zu sagen. Schließlich mahnt Joan zum Aufbruch: Sie ist von ihrem Konzertabend in der Hollywood Bowl reichlich erschöpft, und sie haben noch eine lange Fahrt vor sich.

Der Beginn ihres Aufenthalts an der Westküste hat sich für Baez, die fast ein halbes Jahrhundert später immer noch hier lebt (wenngleich ein ganzes Stück weiter nördlich, in

Woodside), im Rückblick als segens- und ertragreich erwiesen. Zwar gehört ihre intime Beziehung zu Dylan, der sich privat schnell wieder von ihr gelöst und vorerst auch die künstlerische Verbindung zu ihr gekappt hat, nach beglückenden Anfangsmomenten und einigen euphorischen Zwischenhochs schon lange der Vergangenheit an. Die Luft ist raus, das Tandem am Ende. Aber durch die Begegnung mit ihm und seinen erheblichen Einfluss auf ihr Singen und Wirken hat sie an Reife gewonnen, hat mit dem Schreiben und Komponieren eigener Songs begonnen. Und sie ist, was die Stimmung ihrer Soloabende betrifft, von der Festlegung aufs melancholische, nostalgische und traurige Genre befreit worden. Mit Dylans Liedern und ihren neuen, sehr persönlichen Werken ist sie das Image der Harmlosen und Artigen vollends losgeworden, hat sie ihre stilistische Bandbreite erweitert, und ein immenser Zuwachs an künstlerischer Identität und gesellschaftspolitischer Durchschlagskraft ist für sie von 1964 an zu verzeichnen. Seitdem ist in ihren Vorstellungen und Konzerten Liebenswürdigkeit und Seriosität stets gepaart mit einer unterschwelligen Aggressivität, mit Nachdrücklichkeit und einem latenten Insistieren. Ist ihr Gesang mit einer zusätzlichen, ungeduldigen Grundhaltung ausgestattet, die ihren Botschaften, jetzt auch untermauert von Fachwissen und Kompetenz in Gesellschaftsfragen, etwas Dringliches und Drängendes verleiht. Was die Ernsthaftigkeit ihrer Anliegen (Pazifismus, Chancengleichheit, Schutz von Flüchtlingen) und ihr Eintreten für Dissidenten noch eine Spur glaubwürdiger macht und was die Qualität ihres Gesangsvortrags nicht im Geringsten schmälert.

Dylan, mit dem sie in einer Handvoll eigener Songs

künftig gründlich »abrechnet«, mit dem sie in den 1970ern dann wieder wochenlang überall Konzerte gibt und über Land zieht, unter anderen Vorzeichen, als Hauptfigur in einer bunten Revue aus »fahrenden Musikanten« und dabei noch geschminkt und verkleidet, ebendieser chamäleonhafte Dylan sollte erst im hohen Alter, also unlängst, neidlos anerkennen, dass es sich bei der jugendlichen Baez um eine phänomenale Sängerin gehandelt habe, »eine Klasse für sich«. Er sollte sie mit einer Sirene von einer fernen griechischen Insel vergleichen: Um ihrer Stimme entgehen zu können und sich ihrem betörenden Sog zu entziehen, hätte man sich schon wie Odysseus an einen Mast festbinden lassen oder wie seine Gefährten die Ohren zustopfen müssen. Ansonsten sei die Gefahr groß gewesen, zu vergessen, wer man war. Ansonsten sei man ihr hilflos ausgeliefert gewesen, hätte sich ihr ergeben müssen – etwas, was sich durchaus genießen ließ. Nicht mehr und nicht weniger als die Bedrohung der eigenen (künstlerischen) Identität habe also für ihn auf dem Spiel gestanden. Eine Rubrizierung, aus der Anerkennung und Bewunderung sprechen, Hochachtung sogar, aber auch die unbedingte Notwendigkeit, sich vor ihr in Acht zu nehmen.

Mag die Liebesgeschichte zwischen Joan und Bob, deren innigste und wichtigste Momente sich am Pazifik zugetragen haben, fürs Erste auch ziemlich sang- und klanglos zu Ende gehen, so setzt die *love story* zwischen Baez und Big Sur eigentlich jetzt, Mitte der 1960er, erst richtig ein. Mit dem Folkfestival, das als bescheidene Veranstaltung beginnt, in Windeseile von sich reden macht und eine ungeheure Eigendynamik entwickelt. Nancy Carlen, die Organisatorin und Mitarbeiterin des Esalen Institute, und Baez setzen von Anfang an auf Understatement und halten das Event ganz bewusst so klein wie möglich. Die Eintrittspreise sind bis zuletzt lächerlich niedrig, lediglich ein paar Dollar werden fällig; den Musikerinnen und Musikern, mögen sie auch noch so berühmt und versiert sein, wird eine von der Gewerkschaft festgelegte, ebenfalls lächerliche Einheitsgage gezahlt. Ihretwegen macht sich kein Weltstar und keine Folkgröße, kein musikalischer Trendsetter und kein Gospelchor nach Esalen auf – Judy Collins und Joni Mitchell, Country Joe McDonald, John Sebastian und die Edwin Hawkins Singers, angeführt von der stimmgewaltigen Dorothy Morrison, kommen vielmehr der Atmosphäre wegen, sind dem Magnetismus dieser so ausgefallenen *location* zwischen Bergen und Meer erlegen, und dem Sirenenzauber der Baez sowieso. Sie sind die Attraktion fürs Publikum, die Natur ist die Attraktion für sie. Die Stille und auch die wohltuende Abgeschiedenheit.

Einige, wie der Songwriter Mark Spoelstra oder der Rockmusiker Al Kooper, beteiligen sich mehrfach, andere werden gar zu Dauergästen. Manche, wie etwa die Beach Boys, die 1970 mit von der Partie sind, als das Festival bei seiner vorletzten Ausgabe ausnahmsweise auf die Monterey County Fairgrounds ausweicht, geben sich nur ein Mal die Ehre; auch Crosby, Stills, Nash & Young sind lediglich 1969 dabei, drücken dem Festival aber, mit unbändiger Spielfreude und neuen, inzwischen legendären Nummern, ihren Stempel auf. Und Mimi Fariña heiratet bei der 1968er-Ausgabe, nach dem Unfalltod Richards, ihren zweiten Mann, den Musikproduzenten Milan Melvin, genau hier, im stilvollen und ihr standesgemäßen Rahmen dieses Festes.

Mitte September 1969, bei seiner sechsten Ausgabe, wird das Big Sur Folk Festival zum Opfer seines eigenen Erfolgs und steuert zugleich auf einen großartigen Höhepunkt zu. Tausende sind angereist, auf Motorrädern, mit Mitfahrgelegenheiten oder als Tramper; eine nicht abreißende Schlange aus Autos, Trucks und bunten Minibussen quält sich den Küstenhighway herab und herauf; bald stehen die fahrbaren Untersätze Stoßstange an Stoßstange, kommt es bei der Anfahrt zu einem Riesenstau, herrscht mehrere Meilen südlich und nördlich von Esalen Stillstand. Egal – die Popfans und Friedenssucher lassen ihre Wagen stehen und marschieren zu Fuß weiter. Gerade einmal vier Wochen ist es an jenem Frühherbstwochenende her, dass mehrere Tausend Kilometer östlich von hier das Woodstock Festival über die Bühne gegangen ist. Nun machen sich junge Menschen aus allen Landesteilen, vom Woodstock-Esprit beseelt und von einer euphorischen Grundstimmung erfasst, wieder auf den Weg, um in Big Sur ein ähnliches Ambiente zu genießen, aber auch, um gewissermaßen die Antithese zu Woodstock und Newport zu erleben – weit weniger kommerziell, durchweg friedlich und, trotz des großen Andrangs, eine Nummer kleiner. Zwischen 10 000 und 15 000 Peaceniks, Klein- und Großfamilien, *queer people*, Kriegsdienstverweigerer, Anhänger der freien Liebe und Freunde des Folk haben sich eingefunden, mehr als genug für dieses Versteck am Meeresufer. Dennoch handelt es sich um keine echte Massenveranstaltung. Organisatorisches Chaos bleibt aus, Schlammschlachten finden nicht statt, es geht ruhig und »gesittet« zu.

Leute, die es nicht mehr auf das knapp bemessene Festivalgelände dicht am Meeressaum schaffen, das seit Stunden hoffnungslos überfüllt ist, machen sich nichts draus, sondern hocken in den Böschungen, verfolgen das farbenfrohe, aufputschende Geschehen dann eben aus der Ferne und musizieren selbst am Straßenrand. Hunderte von Kindern springen zwischen Teilnehmerinnen und Zuhörern herum; die Outfits und Haarkreationen der Besucher könnten nicht kreativer, nicht cooler und nicht ausgeflippter sein. »Peace and love«, als vielversprechende Devise seinerzeit in aller Munde und für die Nachwelt oft nicht mehr als ein simples Schlagwort, das man gern ins Lächerliche zieht, feiern hier fröhliche Urständ. An diesem Wochenende voller *positive vibrations* macht die Hippie-Bewegung in Esalen die Probe aufs Exempel. Und das Motto funktioniert nicht nur, es wird mit Leben erfüllt und reißt alle Anwesenden mit. Gute Laune, hervorragende Musik, gelebter Pazifismus, politische Anliegen, eine Ansammlung von Menschen ohne Rassen-, Klassen- und Bildungsschranken. Schlipsträger neben Vietnamkrieg-Opponenten, Angestellte neben Aussteigern, Bürgerliche neben Freaks, Artige neben Unangepassten. Toleranz und nochmals Toleranz – sowie ein Miteinander ohne Komplexe.

Von diesen Septembertagen, als die Utopie einer besseren, von Aufbruchsstimmung erfassten Welt sich hier Bahn bricht, als Lebensfreude und Zuversicht und nicht Pessimismus oder Zynismus in Big Sur den Ton angeben, haben die Filmemacher Baird Bryant und Johanna Demetrakas eine hervorragende Dokumentation gedreht, die noch heute – womöglich mehr denn je – das Anschauen unbedingt lohnt. Geschickt werden in *Celebration at Big Sur* Aufzeichnungen von Proben und Mitschnitte der eigentlichen Auftritte mit Backstage-Aufnahmen und privaten Momenten der Stars verwoben; Livemusik macht selbstredend den Löwenanteil des vielstimmigen, mehrschichtigen Films aus. Aber mindestens ebenso wichtig ist den Regisseuren das ganze Drumherum, gilt ihre Aufmerksamkeit dem extrem heterogenen Publikum, halten sie die Aktivitäten der Gäste fest, führen Interviews mit den Angereisten, fangen die so quirlige wie heitere Stimmung dies- und jenseits des großen Esalen-Pools hautnah und lebensecht ein. Mithilfe einer subtil eingesetzten, reaktionsschnellen, doch nie hektischen Schnitttechnik.

Gleich zu Beginn werden wir Zeugen, wie Polizisten versuchen, dem längst zusammengebrochenen Verkehr auf dem Highway mit stoischer Gelassenheit zu begegnen, anstatt sich als gestrenge Gesetzeshüter aufzuspielen. Wir sehen einen kleinen Jungen beim Mundharmonikaspielen zu und hören einen Sänger, der, sich auf einem einsaitigen »Instrument« begleitend, mit Enthusiasmus einen der wohl ersten Raps der Musikgeschichte darbietet. Die Kameraleute zeigen uns weitere improvisierende Musikanten vor loderndem Lagerfeuer, auf Wiesen oder Klippen, einen zahnlosen Koch, der Zuhörer wie *guest stars* in einer improvisierten Kantine bewirtet, und einen lädierten, klapprigen Bus als lebendiges Kunstwerk, der von jedem Vorbeiziehenden mit originellen Woodstock-Sprüchen beschriftet wird. Nackte Männer erfrischen sich mit einem Sprung in das riesige, türkisblau glitzernde Schwimmbecken, Kinder sammeln Plastikmüll ein, Rocker stehen am Büfett Schlange. Wir wohnen Gesichtsbemalungen bei, lauschen dem aufmunternden *Rainbows All Over You Blues* von John Sebastian, sehen in der Ferne die Silhouetten von Mimi Fariña und Milan Melvin am Meer vorbeiziehen – ihrem noch unversehrten Liebesglück zu Ehren hat Mimis Schwester Joan eigens den Song *Sweet Sir Galahad* komponiert und bietet es jetzt hier dar. Stephen Stills legt sich offstage mit einem Stänkerer und Störenfried an, der so lange lauthals herumbrüllt, bis man ihn in die Schranken weist. Joni Mitchell schlendert mit Stills' Bandkollegen Graham Nash im Hintergrund umher – ein weiteres schwer verliebtes Paar. Backgroundsängerinnen im Afrolook kichern sich eins. Joints zirkulieren natürlich auch. Seifenblasen schweben durch die Luft und zerplatzen. Zwei junge Frauen sind unübersehbar high. Ein paar Festivalgäste entspannen nackt in den heißen Quellen und stimmen in den Zubern und Bassins sonore »Om«-Gesänge an. Nicht zufällig werden schon im Vorspann der Dokumentation, gleichberechtigt neben den großen Namen, als Co-Stars respektvoll auch *the audience* und *the Pacific Ocean* genannt ... Von Dylan jedoch fehlt, wie zuvor schon in Woodstock, jede Spur. Er ist hier, auf dem wortwörtlich als alternativ zu verstehenden Musikfest von Big Sur, der große Abwesende.

Dafür kreist die Kamera umso mehr um Joan, die Zentralgestalt. Gitarre spielend, probend, ihre Mitstreiter animierend. Alles dreht sich nur um sie, auch wenn sie sich nicht in den Vordergrund spielt und Kollegen den Vortritt lässt. Alle Energie scheint von ihr auszugehen. Sie dominiert das unkoordinierte Geschehen, bei dem sich ein Auftritt in lockerer Folge an den anderen reiht und niemand ein Programm oder Drehbuch benötigt. In einem langen weinroten, ponchoartigen Gewand tritt sie bei ihren Soli vor die Menge, ernst, aber gelassen, konzentriert und hochschwanger. Und ausnahmsweise mit Kurzhaarfrisur. Auch sie war vor wenigen Wochen in Woodstock dabei und hat dort den

Menschenmengen erzählt, was ihr Ehemann David Harris, der seinem Einberufungsbefehl nicht Folge geleistet hat und deswegen jetzt jahrelang als »Staatsfeind« einsitzt, im Knast durchmachen muss, während Hunderttausende seiner Altersgenossen dem Konsum von *sex, drugs and rock 'n' roll* frönen oder, falls sie Pech haben, sich im fernen Vietnam als Kanonenfutter verheizen lassen müssen.

Hier in Big Sur nun gibt Baez Dylans Klassiker *I Shall Be Released* zum Besten, in dem sich ihre Hoffnung auf Freilassung ebenso manifestiert wie in ihrem eigenen *Song for David*. Den, gerade erst fertig geworden, sie erst hinter der Bühne schnell noch mal probt, bevor sie ihn vor aller Welt aufführt. Hernach spielt und deklamiert Stills seine Ballade *4+20*, die bald zu den stärksten Nummern auf dem Gruppenalbum *Déjà Vu* zählen wird.

Das Filmemacher-Duo lässt uns an allem gleichzeitig teilhaben, an der Jam-Session mit Neil Young im Mittelpunkt gleichermaßen wie an den Kantilenen der Solosängerinnen oder der Ekstase der Gospel-Vokalistinnen; es verliert nie die großen Namen oder die fröhlichen Besucher aus dem Blick. Fast – so sehr rücken die Kameraleute den Musikerinnen und Gästen auf die Pelle – hat man das Gefühl, wirklich dabei zu sein: Wenn Joni am Klavier, vielleicht zum ersten Mal in der Öffentlichkeit überhaupt, ihren Song *Woodstock* interpretiert – der, obwohl sie dort gar nicht mit dabei war, zum Ohrwurm ihrer Generation avanciert. Und der natürlich hier seine Filmpremiere, noch dazu in einer experimentellen Szene voller psychedelischer Farbexplosionen und raffinierter Überblendungen, feiern darf. Oder wenn Crosby, Stills, Nash & Young, jeweils mit großem Elan, *Down By the River* oder *Sea of Madness* zu

Gehör bringen. Selbst wenn die Kamera abschweift und für ein paar Sekunden die Bixby Creek Bridge oder ein küssendes Paar, Felsen in der Brandung oder einen Techniker, der sich an einem Verstärker zu schaffen macht, in den Blick nimmt – der Soundtrack läuft, von solchen Ablenkungen unbeeindruckt, gemächlich weiter. So als wäre dieses ganze harmonische Wochenende nichts als ein einziger, ruhig vor sich hin fließender Song aus vielen Strophen und mit immer neuen Interpreten, die sich vor den Mikros ablösen.

Film wie Festival kulminieren schließlich in einem herrlich in die Länge gezogenen Gruppenauftritt bei dem Gospel-Dauerbrenner *Oh Happy Day*. Eine gefühlte Viertelstunde lang lösen sich der Chor aus schwarzen Frauen mit seiner Leadsängerin Dorothy Morrison, die gemeinsam den eingängigen Song angestimmt haben, Baez, Sebastian, das Rockquartett rund um David Crosby sowie fast alle übrigen Stars und Instrumentalisten ab, reihen Strophe an Strophe und Refrain an Refrain. Friede, Freude, Einigkeit. Das Publikum tanzt, singt und klatscht mit. Und auch wir Zuschauer sind mittendrin. Selbst in Deutschland und Europa ist diese optimistische, zeitlose Hymne bereits seit den Sommermonaten ein Nummer-eins-Titel gewesen, in England und in Amerika hat sie zuvor schon Chartrekorde gebrochen. Und wohin würde dieser Welthit mit seiner vielstimmig geäußerten Überzeugungskraft und seinen bejahenden Impulsen, seinem kollektiven *drive* besser passen als hierher, zum Abschluss und zur Krönung einer einträchtigen, konfliktlosen Versammlung unterschiedlichster Menschen am westlichsten Punkt der westlichen Hemisphäre?

Nicht als Woodstock-Imitat, sondern als Gegengewicht zum Vorgängerfestival und als eigenständige Veranstaltung mit unnachahmlichem Esprit geht das sechste Big-Sur-Fest an diesem bemerkenswerten Septembernachmittag in die Geschichte der Gegenkultur, des Rock und des Folk ein. Wenn heute auch nur noch wenige von der Existenz dieses Events wissen, dessen Ursprung in einem bescheiden als *afternoon of folk music* angekündigten Friedensseminar liegt, so weist die Strahlkraft des mehrstimmigen Schlusschores doch weit über ein Jahrzehnt der Revolte, des Muts, der Freizügigkeit und der gesellschaftlichen Umwälzungen hinaus, das mit diesen beiden Konzerten der Superlative, mit Woodstock und Big Sur, unwiderruflich zu Ende gegangen ist. Ein Ausklang wie ein Ausrufezeichen. Auch wenn die politischen Entwicklungen in der Folgezeit, auf nationaler wie auf internationaler Ebene, jede Menge Desillusionen und einige Rückschritte mit sich bringen sollten: Dieser mit naiver Verve begangene, wahrlich »glückliche Tag« von Esalen hat 1969 zu den schönsten Hoffnungen Anlass gegeben.

Jack oder Die Flucht

Als der unweit von Boston in einer Kleinstadt geborene Schriftsteller Jack Kerouac am 17. Juli 1960 in den Zug steigt, um westwärts, via Chicago und San Francisco, nach Big Sur zu reisen, sitzt ihm schon seit mehreren Monaten die Angst im Nacken. Die Angst vor seiner Reputation als Anführer und »König« der Beat-Bewegung, die ihm unheimlich ist, und, damit einhergehend, die Angst vor dem Tod. Mit einer solchen Vorreiterrolle hat er nicht gerechnet, darauf hat er es nicht angelegt, und damit kommt er auch nicht zurecht. Deshalb hat er vor, sich für eine Übergangszeit in einer primitiven Hütte von der Außenwelt zurückzuziehen. Fernab aller Geschäftigkeit und aller Nachstellungen.

Unablässig steht Jack, der wider Willen zum Kopf und Vordenker einer aufbegehrenden, subversiven literarischen Bewegung erklärt wurde, unter Druck. Er ist achtunddreißig und weltberühmt, er haust aber, völlig isoliert, mit seiner Mutter Gabrielle und seiner Katze Tyke in einer bescheidenen Unterkunft im Küstenstädtchen Northport auf Long Island, im Staat New York. Wieder einmal ist er alleinstehend, also ohne gleichaltrige Gefährtin. Janet, seine einzige Tochter, verleugnet er; von seinen zwei ersten Ehefrauen will er nichts mehr wissen. Und sie nichts von ihm.

Seit einer kleinen Ewigkeit hat er nichts Substanzielles mehr zu Papier gebracht. Kerouac trinkt viel zu viel, macht die Nacht zum Tag und schläft bis in die Puppen, den Umgang mit seinen Weggefährten und Avantgarde-Kumpels meidet er. Vergeblich versucht er, sich gegen Reporter und Neugierige zur Wehr zu setzen, die ihm auflauern, Interviews mit ihm machen wollen, ihn keine Sekunde mehr in Frieden lassen. Sein Haupt- und Meisterwerk *On the Road* (dt. *Unterwegs*), so etwas wie die Bibel der Beats und das geniale Dokument eines wilden, unwiederbringlichen Roadtrips, ist 1957 endlich erschienen, was auch schon wieder drei Jahre zurückliegt, und seitdem hat er nur noch *The Dharma Bums* (dt. *Gammler, Zen und hohe Berge*) verfasst. Oder hat Frühwerke herausgebracht, die ewig in der Schublade herumgelegen haben und die man ihm nun aus den Fingern reißt. Doch reicht sein gegenwärtiger, zunehmend verzweifelter Zustand weit über eine bloße Schaffenskrise hinaus – Kerouac, an dessen sprunghaftem Schreibstil, der *spontaneous prose*, die Literaten und Intellektuellen Amerikas das Rauschhafte und Jazzige bewundern, das Dahinströmende und Orgiastische, das Explosive und das Unkontrollierte, hat sich, seit der Rummel um ihn einsetzte, in eine existenzielle Sackgasse manövriert, aus der er nur mit fremder Hilfe wieder herausgelangen kann. Oder eben mit einem Tapetenwechsel.

Drei Tage nimmt die Zugfahrt in Richtung Kalifornien in Anspruch, und Kerouac verschanzt sich in seinem Abteil, als könnten ihm auch hier noch die Journalisten und Verehrer, vor denen er auf der Flucht ist, mit ihren bohrenden Fragen und ihren Fanbriefen zusetzen. Aus irgendeinem Grund haben sie gerade ihn, einen Mann mit frankokanadischer Herkunft, der einst als schizophren aus der U. S. Navy entlassen wurde, zum Erfinder eines Zeitgeists erklärt, den sie cool und nachahmenswert finden. Versprechen sie sich gerade von seinen Kommentaren und Antworten zitierfähige Gebrauchslyrik und geistreiche Bonmots: Sie lechzen nach den Gedankenblitzen eines gewieften Großstädters. Kerouac leidet unter permanenter Überforderung. Er befürchtet, bald als Hochstapler zu gelten und als der einzelgängerische Provinzler aus Lowell, Massachusetts, entlarvt zu werden, der er in Wirklichkeit immer gewesen ist. Wenn es nach ihm ginge, würde er für den Rest seiner Tage unerkannt bleiben und untertauchen.

Noch immer – trotz intensiver Beschäftigung mit Zen-Buddhismus und Pantheismus – hat er es nicht vermocht, sich ein dickes Fell zuzulegen. Mehr denn je leidet er unter seiner Nervosität und Übersensibilität, fühlt sich in die Enge getrieben und verletzbar, wirkt gehetzt. Dabei haftet ihm längst etwas Ikonenhaftes an – wozu sein gutes Aussehen und seine verführerische Unnahbarkeit, sein Image als Frauenschwarm und sein Ruf als perfekter *buddy* beigetragen haben. Ein sanftes Raubein. Ein Typ, mit dem man Pferde stehlen kann und mit dem man, wie einst sein bester Freund und Kompagnon Neal Cassady, in einem Straßenkreuzer, mit irrwitziger Geschwindigkeit, keiner festen Beschäftigung nachgehend und ohne festes Ziel vor Augen, feiernd, saufend, rauchend, kiffend, Liebe machend und dabei noch überaus kreativ die Vereinigten Staaten erobert. Am besten kreuz und quer, planlos und voller Abenteuerlust, der erstbesten Eingebung folgend; am besten, ohne jemals damit aufzuhören. Um dann wochenlang, in einem wahren Schaffensrausch, emsig auf die Schreibmaschine einzuhacken, bis sie am laufenden Meter große Literatur ausspuckt.

Mit diesem Prachtkerl Kerouac, der die Zwangsjacke der Spießbürger abgelegt hat mit dem erklärten Ziel, die USA unsicher zu machen, mit willigen Mädchen ins Bett zu steigen und daraus noch hervorragende, wertvolle Texte zu generieren, *on the road* zu sein, das ist der Traum eines jeden Youngsters, der in den späten 1950ern und frühen 1960ern etwas auf sich hält. Und der, wie das Vorbild, nicht in der Tretmühle aus Konventionen, Angestelltendasein und bürgerlicher Moral enden möchte. Wunschbild (sexuell hyperaktiv, furchtlos, »hip«, schlagfertig und forsch) und Realität (Jammerlappen ohne Perspektive) klaffen indessen denkbar weit auseinander: Das *role model* der Bilderstürmer befindet sich in schlimmer Verfassung und vegetiert in den verhassten Suburbs vor sich hin. Kerouac, ein Schatten seiner selbst, ist bereits jetzt, noch keine vierzig, am Ende und steht kurz vor dem Sturz in einen seelischen Abgrund.

Er ähnelt mehr einem Drop-out als einem arrivierten Autor, als er endlich am Bahnhof von San Francisco anlangt. Lawrence Ferlinghetti, Beat-Kollege, Poet und Inhaber der einflussreichen Buchhandlung City Lights an der Grenze von North Beach und Chinatown, weiß, wie eigensinnig, dünnhäutig und verschroben Jack sein kann; er nimmt seinen Hang zur Selbstzerstörung ernst und möchte ihm dabei helfen, wieder Boden unter die Füße zu bekommen. Lawrence kennt die große Begabung dieses manisch zu Werke gehenden Schreibkünstlers, Schnelltippers und Urhebers eines *Mexico City Blues*, der aus nicht weniger als 242 *stanzas* oder *choruses* besteht; er hat sich jedoch auch bereits geweigert, jüngere Werke Kerouacs zu verlegen, weil sie ihm noch nicht ausgereift genug erschienen. Jetzt folgt Jack, der gar nicht weit genug von der Ostküste und von den Kulturzirkeln der Großstädte wegkommen kann, in denen er sich bislang so gern tummelte, Ferlinghettis Einladung, dessen *cabin* im Bixby Canyon für eine Auszeit zu nutzen – zum Luftholen und Auftanken, zum Regenerieren und auch für ein kreatives *sabbatical*.

Sein bisheriger Zickzackkurs hat ihn auf diesem Planeten quer durch das Land der unbegrenzten Möglichkeiten, nach New York und Kalifornien, aber auch nach Mexiko und Tanger, nach Paris und London geführt. Für einen Mann mit Hang zum Machismo reist und lebt er ungewöhnlich oft in Gesellschaft homosexueller Schriftsteller und talentierter Künstler, die er zu seinen engsten Freunden rechnet: Allen Ginsberg und William S. Burroughs etwa. Nun sehnt er sich danach, nicht länger den Guru spielen zu müssen und zur Ruhe zu kommen. Ob es ihm in Big Sur gelingen wird, ist mehr als fraglich. Für jemanden, der sich am liebsten verkriechen möchte und gern inkognito den urbanen Asphaltdschungel durchstreift, ist es außerdem ziemlich verwunderlich, dass er sich nicht gleich Richtung Süden aufmacht, um in der Küsteneinsamkeit zu verschwinden, sondern am helllichten Tag bei Ferlinghetti aufkreuzt, wo ihn, besonders zur Stoßzeit, in den City Lights viele Anhänger und Beat-Groupies erkennen könnten. Dabei hat er Lawrence vorher noch das Versprechen abgenommen, nichts von seinem bevorstehenden Aufenthalt an der Küste und erst recht nichts von seiner Stippvisite in San Francisco durchsickern zu lassen.

Nun hält er sich selbst nicht an solche Geheimnistuerei, sucht die Bar Vesuvio heim, findet sogleich ein paar Kumpels für ein zünftiges Trinkgelage und dröhnt sich bis zur Besinnungslosigkeit zu. Entnervt von diesem missglückten Auftritt, fällt Ferlinghetti die Entscheidung, allein vorauszufahren und seine Hütte für den seltsamen Gast herzurichten, während Jack in einer Absteige in der Stadt unterkommt und erst einmal seinen Rausch ausschläft. Es vergehen noch einige Stunden, bis er in der Lage ist, sein Hotelbett zu verlassen und seinem großzügigen Freund per Zug nach Monterey und anschließend per Taxi bis zum Bixby Canyon hinterherzureisen. Als er in Big Sur eintrifft, ist schon wieder die Nacht hereingebrochen. Kerouac irrt in der Dunkelheit herum, vermag inmitten der aufsteigenden Nebelschwaden nicht den Weg bis zur *cabin* ausfindig zu machen, stolpert orientierungslos zwischen Felsen und Büschen herum. Er kann kaum die Hand vor Augen sehen und legt sich schließlich, vor Kälte schlotternd, auf einer Wiese zum Schlafen. Als ihn Lawrence am nächsten Morgen weckt, erkennt Jack, dass er nur wenige Meter von seiner neuen Unterkunft gerastet hat.

Auf den Durchgefrorenen und noch immer nicht ganz Nüchternen wartet nun hier, in völliger Isolation, eine primitive, feuchte Holzhütte, die weder über fließend Wasser noch ein Badezimmer, weder über eine Toilette noch verglaste Fensterscheiben, weder über eine Heizung noch eine Lichtquelle verfügt. Und auch nicht über einen Bartresen. Auf ihn warten klösterliches Schweigen, die Abwesenheit von Mensch oder Tier – wenn nicht dann und wann ein einsamer Esel vorbeitrabt – und der Blick auf den Ozean als alleinige geistige Bühne. Richtig still ist es hier keineswegs: Die Seitenwände des Canyons in der engen, düsteren Schlucht werfen den Aufprall der Wogen auf die Klippen, mehrere Hundert Meter unterhalb seiner Bruchbude unablässig wiederholt, Tag und Nacht in Schallwellen als stetiges Echo auf alles, was sich dazwischen befindet, zurück. Zum Verrücktwerden … Eine finstere, steil vor ihm aufragende und ihn gleichsam niederdrückende Felswand tauft er auf den Namen Mien-Mo und meint, in deren Schraffuren, wie auch in dem Himmelsviereck, das sich über ihm auftut, groteske Kreaturen zu erkennen, die seine Träume bevölkern. Ihm wird mulmig zumute. Schnell wird der Eremit Kerouac von klaustrophobischen Zuständen ergriffen, schon kurz nach Ferlinghettis Weggang nähert sich sein mentales Befinden echter Paranoia. Mehr noch als auf Long Island wird ihm hier in der Einöde des Bixby Canyon, den er verächtlich in Raton Canyon, Heimstatt für Mäuse und Ratten, umbenennt, schmerzlich bewusst, dass er nichts weniger als ein arrivierter Autor oder gar ein Womanizer ist – sondern vielmehr ein stark verunsichertes und ausgebranntes Individuum, alkoholabhängig, aber auf Entzug, allein gelassen und unfähig zum eigenständigen Überleben. Tatsächlich eine Ratte, die in der Falle sitzt.

Schnell verliert er sich in erschreckenden Untiefen und gerät an die Grenzen existenzieller Selbsterfahrung, der auch mit buddhistischer Gelassenheit nicht beizukommen ist. Es gelingt ihm wenigstens, an seinem Dauerprojekt *Sea*, der großen, programmatischen Ode an das Meer in Form eines Gedichts von ungeordneten, assoziativen Sprachfetzen, in unregelmäßigen Abständen weiterzuarbeiten. Allein der Bedrohung, die von Mien-Mo ausgeht, und der Konfrontation mit roher Naturgewalt und unmittelbarer Sterblichkeit, wie sie aus der für ihn völlig ungewohnten Begegnung mit einer maritimen, desolaten Sphäre resultiert, vermag

Jack kaum noch Herr zu werden – sie wachsen sich für ihn zu einem verwirrenden, lebensgefährdenden Spuk aus, dem weder er noch andere Menschen ein Ende zu bereiten vermögen. Nach einigen Wochen ist er dem Wahnsinn nahe und büxt wieder nach San Francisco aus. Dabei wollte er ursprünglich zwei Monate am Stück bleiben. Für die wilde Schönheit der Umgebung hat der Exilant Kerouac längst keine Augen mehr; das raue Paradies würdigt er keines bewundernden Blickes. Nach einem lauschigen Plätzchen hat ihm der Sinn gestanden, nunmehr wird er das Gefühl nicht los, er müsse alles daransetzen, um diesem Vorhof der Hölle zu entkommen. Er, der mit Vorliebe als Beobachter im Hintergrund agierte und, auch bei den irren, exzessiven Überlandfahrten mit Cassady, gerne Beifahrer war, aber nicht selbst am Steuer saß, taugt nicht zum Protagonisten dieses Einpersonenstücks, zu dessen Aufführung er sich hier in Big Sur selbst und ohne Not gezwungen hat.

Auf seiner Flucht zurück in die kalifornische Metropole läuft er sich die Schuhsohlen durch – beim Trampen hat ihn, abgerissen und ungepflegt, wie er ist, niemand mitgenommen. Dabei hatte doch gerade er in seinen Werken, in denen der mitreißende Sound und die brillante Improvisationskunst des Bebop – fordernd, atemlos und knallhart – ihre literarische Entsprechung fanden, das Hohelied der Autostopper und Hitchhiker gesungen! Seine Rückkehr in die Zivilisation, von der er sich nichts als Erleichterung erhofft sowie das möglichst schnelle Vergessen aller durchlittenen Strapazen, beginnt zu allem Überfluss auch noch mit der fatalen Nachricht, dass sein Lieblingskätzchen Tyke in Newport unmittelbar nach seiner Abreise von zu Hause den Tod gefunden hat.

Von nun an, seit ihm Trauer und Schwermut zusetzen, wagt er sich nur noch in Gesellschaft zurück nach Big Sur, diese Enklave, die für ihn, im Laufe der Wochen, im Zentrum der Abschottung das Synonym von Furcht und Attacken von Delirium tremens geworden ist, und immer nur für ein Wochenende oder wenige Tage hintereinander. Halluzinationen suchen ihn hier regelmäßig heim, egal, ob er wieder einen über den Durst getrunken hat oder halbwegs vernünftig geblieben ist.

Er rückt in Begleitung von Neal an, den er schon so lange nicht mehr gesehen hat und dessen Nähe ihn jetzt, nach der Publikation von *Unterwegs* und der literarischen Preisgabe so vieler Geheimnisse, die ja eigentlich nur den beiden Männern alleine gehörten, verlegen macht und auch befangen. Obwohl die beiden *buddies* sich ja eigentlich immer noch mögen und schätzen – nur zeigen können sie es nicht mehr so richtig, tauschen Floskeln aus, wirken linkisch, wenn sie beieinanderstehen. Schleichen umeinander herum, wahren Distanz. Das mythische Buch steht wie ein Fremdkörper zwischen ihnen.

Jack hat auch junge Musiker und andere Autoren mit im Schlepptau, wenn er in den Bixby Canyon zum Feiern fährt, den Dichter Lew Welch und Lenore Kandel, Verfasserin des erotisch inspirierten *Love Book*, und Cassadys Frau Carolyn, zugleich seine eigene Ex-Geliebte. Die Ausflüge enden meist mit einem kollektiven Besäufnis und gemeinsamen Übernachtungen inner- und außerhalb der *cabin*. Manchmal ist *landlord* Ferlinghetti auch dabei. Auf dem Weg von und in die Stadt macht die ganze Bande regelmäßig halt in Los Gatos, wo ebenfalls eingekehrt und gefeiert wird, oder einer von den Beats schlägt, wenn es sie nach

Abwechslung verlangt, einen spontanen Ausflug nach Esalen vor, um zusammen in den heißen Schwefelquellen zu entspannen. Die Einzigen unter ihnen, die sich dabei standhaft weigern, ihre Unterhosen abzulegen, bevor sie zu ihren Freunden in die Sprudelbecken steigen, sind ausgerechnet die einstigen »Draufgänger« Jack und Neal – aus den früheren Sexmaniacs und auch bei ihren Liebeseskapaden unzertrennlichen Kumpeln, auf die allein das symbiotische Zusammensein, die Blutsbrüderschaft und das gegenseitige Anstacheln bereits wie ein Aphrodisiakum wirkten, sind zwei gescheiterte Männer mittleren Alters geworden, die sich zieren. Ein reichlich kläglicher Anblick.

Alles an *On the Road* und an seinem gegenwärtigen Betragen lief auf Selbstentblößung hinaus, nur vor Neal Cassady, den er früher heftiger geliebt hat als einen Bruder, mag er sich nicht entblößen. Er scheint seine auch noch so harmlose, nur Sekunden während Nacktheit vor und nach dem Wannenband als allzu entlarvend zu empfinden, angesichts des engen, des einzig wahren und ihm nun doch fremd gewordenen Freundes. Jacks erratisches Verhalten, seine dem Alkohol geschuldeten Ausfälle und Prahlereien (»Ich bin der berühmte Autor Jack Kerouac«, bekommt eine Kellnerin in Los Gatos von ihm zu hören) irritieren aber auch die Wohlmeinenden unter seinen anderen Freunden. Henry Miller, der eines Abends auf ihn gewartet und aufrichtige Neugier auf seinen jüngeren Kollegen verspürt hat, wird von ihm mir nichts, dir nichts versetzt: Denn Jack, abermals auf Sauftour, trifft erst so spät zu der angesetzten Verabredung ein, dass Miller am Ende des Tages keine Wahl mehr hat und nun, ziemlich verärgert, den Heimweg antreten muss. Schämt er sich etwa seiner aktuellen Verfassung? Glaubt er, sein kümmerlicher Zustand sei ihm an der Nasenspitze anzusehen? Fürchtet er, vor Miller mit leeren Händen dazustehen? Die Wege der beiden wichtigsten Big-Sur-Autoren sollten sich nie wieder kreuzen, wenngleich gerade sie sich möglicherweise eine Menge zu erzählen gehabt hätten.

Die missliche Situation unter den Beats und ihren Frauen verkompliziert sich zusätzlich, als Neal, so wie er und Jack es früher schon mehrfach gehandhabt hatten, eine Geliebte, derer er überdrüssig geworden ist, an Kerouac weiterreicht. Nur dass es sich bei ihr, Jackie Gibson mit Namen, um eine fragile, nahezu mittellose Person und Mutter eines kleinen Jungen handelt, die selbst extrem schutzbedürftig ist und kaum für eine leidenschaftliche Affäre infrage kommt. Kerouac hat mit Kindern nie viel anfangen können, schon gar nicht mit seiner eigenen Tochter. So taumelt er von Malheur zu Malheur, auch wenn sich besagte Jackie, verzweifelt nach dem Strohhalm Trostbeziehung greifend, schon eine Hochzeit mit Jack ausmalt. Die anschmiegsame Jackie – die ihn als »ihre letzte Chance« bezeichnet, was eine schwere psychologische Bürde darstellt und eben keine erotische Ablenkung – und, schlimmer noch, der jammernde kleine Eric beginnen ihn rasch zu langweilen. Cassadys Plan geht nicht auf. Um aus dem Teufelskreis aus Manipulation und alten, unbeglichenen Rechnungen zwischen ihm und seinem damals so hochgeschätzten Reisegefährten, dem heimlichen Star seiner Bücher, auszubrechen, schlägt Kerouac ein weiteres, ein letztes *social weekend* im Bixby Canyon vor.

Während dieser mit Bedeutung aufgeladenen achtundvierzig Stunden widerfährt Jack, der auf der vergeblichen Suche nach innerer Einkehr bislang nur niederschmetternde Beweise für sein Scheitern gefunden hat, so etwas wie eine Erleuchtung. In seinem späteren Roman *Big Sur*, 1962 herausgekommen, fungieren diese beiden Tage als dramatische, spannungsgeladene Episode, in der sein Alter Ego Duluoz sich an seiner Stelle auf den Höllentrip macht. Zunächst keimen Selbstmordgedanken in ihm auf, dann beginnt er aufs Heftigste zu delirieren, hält seine Freunde, von denen einige osteuropäische Vorfahren besitzen, für Mitglieder einer kommunistischen Sekte, die ihm nach dem Leben trachten, und den kleinen Eric für einen bösartigen Zauberer, der es ebenfalls auf ihn abgesehen hat. Ein Liebesakt, zu dem ihn Jackie »zwingt«, der ihm Angst einjagt und in dessen Verlauf er sich von krabbelnden, amorphen Kreaturen umzingelt wähnt, bringt ihn zu der ernüchternden Erkenntnis, dass jedem Orgasmus im Grunde ein furchterregendes Element der Paranoia innewohne. Eine Art Gift werde dabei im Körper freigesetzt und eben gerade kein sanftes Wohlbefinden, keine postkoitale Entspannung. Urplötzlich, so Duluoz-Kerouac nach dem Erreichen des körperlichen Höhepunkts, hasse er sich selbst auf die grauenvollste Weise, empfinde eine gähnende Leere und blicke dem Bösen schlechthin in die Augen. Von unstillbarem Durst geplagt, rennt er in einem fort von der Hütte zu einem Bächlein, um wie ein Sterbender zu trinken – und auch dieses kristallklare Wasser ist, wie ihm schwant, verseucht. Geier in Menschengestalt schauen ihm dabei zu und warten bereits auf den gespenstischen Moment, wo er den Geist aufgibt und sie ihn erbeuten können. Blankes Entsetzen breitet sich in ihm aus.

Und genau in jener Sekunde, in der sein Fall ins Bodenlose unvermeidbar erscheint, wird er eines leuchtenden

Kreuzes gewahr. Mit einer bis dahin ungekannten Deutlichkeit. »Ich sehe das Kreuz«, schreibt oder brabbelt Kerouac, »von ihm geht Stille aus, es bleibt eine lange Weile lang, mein Herz dehnt sich aus in seine Richtung.« Sein gesamter Körper verebbe und schwinde zu ihm hin, klinge aus wie ein immer leiser werdendes Musikstück. »Ich strecke meine Arme aus«, so fährt er in seinem Wahn fort, »um weggenommen zu werden und dorthin«, zum Kreuz nämlich, »zu gelangen. Von Gott werde ich weggenommen.« Um ihn herum herrscht tiefste Dunkelheit. Umso stärker ist das Licht, das von dem gleißenden Kreuz ausgeht. Der Gepeinigte will schreien, weil er (vermeintlich) im Begriff ist zu sterben. Da er aber keinen seiner Gäste mit seinen Todesschreien erschrecken möchte, schluckt er sie hinunter. Und exakt an jenem Punkt, an dem er sich Tod und Kreuz ergeben und überantwortet hat, an dem er sich damit abgefunden hat, für immer zu verschwinden, gleitet er auch schon wieder ins Leben zurück.

Hat Jack wirklich eine lange, albtraumhafte Nacht lang im Innern des Infernos zugebracht, oder haben ihn Halluzinationen auf Irrfahrt geschickt? Und warum haben seine hart erarbeiteten buddhistischen Überzeugungen nicht verhindern können, dass, hier im Canyon, auf einmal mysteriöse Stimmen, nicht zu verorten und mit missionarischem Eifer, mit Engelszungen auf ihn eingeredet haben? Mit christlichem Geplapper, mit dem albernen Mantra »I'm with you, Jesus«, für alle Ewigkeit Dankbarkeit schwörend. Mit Jackie hatte er kurz vor dieser Höllennacht zwar noch ein philosophisches Gespräch über die Existenz und den Tod Gottes geführt, doch blieb dies ein Austausch, der keine weitere Erkenntnis gebracht hatte. Jack und seine

Gäste kehren jedenfalls, nachdem er, vom Kreuz geblendet, dem Tod von der Schippe gesprungen ist und nachdem seine Zeit in Big Sur nun unumstößlich abgelaufen ist, am darauffolgenden Montag nach San Francisco zurück. Einen Tag harrt er noch aus in Kalifornien, eine Nacht schlägt er sich noch um die Ohren, sucht sich einen weiteren Zechbruder, und dann nimmt er seine Beine in die Hand, als wäre ihm der Teufel auf den Fersen. Ein Getriebener. Ferlinghettis gut gemeinten Ratschlag, schleunigst wieder an die Ostküste zurückzukehren, beherzigt er mit Freuden.

Doch Kerouac wäre nicht Kerouac, würde er nicht noch eine letzte mysteriöse Botschaft in Form eines literarischen Aphorismus hinterlassen. Für die Nachwelt. Der Poet Bob Kaufman, den die Beats den »schwarzamerikanischen Rimbaud« nennen, ist es, mit dem Jack sich die Stunden des Abschiednehmens verkürzt und eine letzte alkoholselige Nacht an der Bay verbracht hat. Ihn hat er dafür auserkoren. Auf eine Wand in Kaufmans Wohnung kritzelt er nun am nächsten Morgen die mysteriösen Zeilen: »Obwohl ich dich gekannt habe / und mit dir geschlafen habe / und dich geliebt habe / so kenne ich doch nicht mal deinen Namen.« Wobei auf ewig unklar bleibt, ob er mit dieser Erklärung, die einem Geständnis gleicht und auch einen Zustand der Ohnmacht offenbart, den Schriftstellerkollegen selbst, seine Kurzzeitgeliebte Jackie, seinen Seelenbruder Neal oder Kalifornien insgesamt meint – oder ob man darin eine geheime Botschaft erblicken soll, die sich metaphorisch auf seine Horrornacht in Big Sur bezieht. Jene Nacht, die für immer einen anderen Menschen aus ihm gemacht hat: nicht unbedingt geläutert, aber in seinen Grundfesten erschüttert und zur Selbstaufgabe und Resignation nun bereiter als je zuvor. Neun Jahre noch wird Kerouac, in weiter Ferne vom Bixby Canyon und von jenem ominösen Kreuz im Pazifik-Nirwana, im Osten Amerikas weiterschreiben, weitertrinken und, zuletzt dann in Florida, seine Konturen verlieren. Bis zur Unkenntlichkeit.

Und Kerouac wäre auch nicht Kerouac, würde er die unheilvolle Einsamkeits- und Bekehrungserfahrung nicht als ideales literarisches Wiederverwertungsmaterial auffassen und daraus einen prächtigen Roman anfertigen. In einem weiteren, für ihn so typischen Schaffensrausch wirft er im Oktober 1961, in der Rekordzeit von zehn Tagen, sein monumentales Erinnerungsbuch *Big Sur* aufs Papier, eine nur scheinbar ungeordnete Flut von Schreckensszenarien, Eingebungen und Stimmungsnotizen, zweihundert eng beschriebene Seiten lang. Die Verarbeitung seines Exils. Ein Buch fast ohne Absätze, dafür voller Ideen, eher experimentell als wirklich narrativ und meist durch Gedankenstriche strukturiert. Ein Buchstabenfluss, in dem Traumsequenzen und »Realität« übergangslos verschwimmen, in dem tagebuchartige Einträge die Handlung unterbrechen und aufhalten, in dem die verschiedenen Erzählebenen nie klar zugeordnet sind. Bandwurmsätze wechseln mit aufgeregtem Stakkato. Auch ein Schlüsselroman, wenn man so will – aber verhüllt wird hier nur wenig. Gewiss tragen die Protagonisten andere Namen, aber es kann kein Zweifel daran bestehen, dass Neal Cassady hier durch Cody Pomeray verkörpert wird, dass Evelyn für Carolyn Cassady, Billie für Jackie und Monsanto für Ferlinghetti steht. Und dass mit Romana Swartz Lenore Kandel und mit Duluoz natürlich Jack selbst gemeint ist.

Erst vor wenigen Jahren, 2013, hat sich ein Regisseur an

den heiklen, eigentlich unverfilmbaren Stoff herangetraut und ihn mit Jean-Marc Barr in der Titelrolle auf die Leinwand gebracht. Und die Musiker Jay Farrar und Ben Gibbard haben sich von Kerouacs zentraler Aussage »*One fast move, or I'm gone*« wie von einem Leitmotiv inspirieren lassen. Sie haben ein Big-Sur-Album erstellt, das sich an Textpassagen von Jacks Roman orientiert. Zugleich stellt es das Songbook für einen gleichnamigen Dokumentarfilm dar. Und was wohl prangt mitten auf dem blütenweißen, fast leeren Cover als kleines rot-weißes Ornament? Nichts anderes als eine stilisierte Bixby Creek Bridge mit ihren charakteristischen Bögen und Verstrebungen – und unter ihr zwei symmetrische, ruhig auseinanderstrebende Linien. Das könnte eine Anspielung auf die Felswände des Canyons sein. Auf zwei Wogen, die unterhalb am Gestade den ewigen Meeresrhythmus vorgeben. Auf zwei sanft ansteigende Bergflanken, auf denen Jack und seine Freunde den Nachmittag verbracht haben. Die untere Hälfte des Ornaments könnte hingegen auch als Stilisierung des Venushügels verstanden werden. »*One fast move*«, das lässt sich dem rasanten ersten Lebensdrittel Kerouacs als Überschrift zuordnen. Und »*or I'm gone*«, das beinahe wie eine Drohung klingt, das sich nach emotionaler Erpressung anhört, seinen zahllosen kleinen und großen Fluchten. Im Oktober 1969 wird Jack, gerade einmal siebenundvierzig und in St. Petersburg an der Golfküste Floridas gestrandet, endgültig »weggehen« und sich von dieser Welt verabschieden.

Das Erlebnis Big Sur ist Kerouac mächtig an die Nieren gegangen. Ständig haben seine Nerven dort blankgelegen. Es hat seine Persönlichkeit aufs Wesentliche reduziert, seine Seele in den Zustand der Nacktheit versetzt und seinem

Nihilismus das Angebot, an etwas Konkretes und Göttliches zu glauben, entgegengesetzt – auch wenn er diese Offerte nur schweren Herzens anzunehmen bereit ist. Nichtsdestoweniger hat er in den wenigen Wochen, von Mien-Mo niedergedrückt und beinahe zermalmt, dort die Muße gefunden, so etwas wie sein poetologisches Testament zu hinterlassen: In seinem Langgedicht *Sea*, das seinem Roman als Epilog angehängt ist, horcht er, so der Untertitel, den vielfältigen *sounds of the Pacific Ocean at Big Sur* nach und deutet diese Geräuschkulisse in Dutzenden von Strophen, in die er auch bretonische und französische Sprachsplitter eingestreut hat, als Dichter. Damit hat Jack, in seinen Jugendjahren Autor eines frühen Romans, der *The Sea Is My Brother* heißt, schon seinen zweiten, ausschließlich dem Meer gewidmeten großen Text vorgelegt.

Ganz umsonst ist sein Verweilen in Ferlinghettis Hütte also nicht gewesen, erlaubt es ihm doch, einen Schlussstrich zu ziehen und auch wieder ein wenig hoffnungsvoller in die Zukunft zu blicken: Der kleine Junge – so die letzten Zeilen von *Big Sur*, bevor das gewaltige Meeresgedicht anhebt – werde wachsen und zu einem großen Mann heranreifen. Es werde Abschiedsszenen voller Lächeln geben. Seine Mutter, weiß Kerouac, werde bereits auf ihn warten und froh sein über seine Heimkehr. Dann malt er sich das Grabmal seiner geliebten Katze aus. Etwas Gutes, so prophezeit Jack, werde von jetzt an das Resultat aller Dinge und Entwicklungen sein. »Goldfarben, für die Ewigkeit, einfach so.« Und er beschließt seinen epischen, gewissermaßen direkt in den Ozean weiterfließenden Text mit der lapidaren Feststellung: »Für ein weiteres Wort besteht keine Notwendigkeit mehr.«

Oola oder Das Verschwinden

So wie Jack Kerouac sich von Big Sur zurückgezogen und in Florida endgültig aufgelöst hat, so neigen auch frisch Verliebte dazu, sich von der Welt zurückzuziehen und ganz für sich ihre neu entdeckte, als beglückend empfundene Zweisamkeit zu leben. Um sich dann von ihrer früheren Einsamkeit loszusagen. Ihnen steht der Sinn danach, sich zu zweit in einen Ausnahmezustand hineinzuträumen und einem Rausch zu frönen. Sie planen nicht allzu weit – aber sie nehmen sich vor, sich möglichst bald einen Freiraum zu schaffen, zu dem nur sie beide Zugang haben. Verbergen möchten sie sich, eine Decke über den Kopf ziehen und unsichtbar werden. Sie übertrumpfen sich gegenseitig mit ausgefallenen Kosenamen, sie wollen alles über ihr Gegenüber in Erfahrung bringen. Sie reden einer Utopie das Wort, von der sie anfangs noch nicht wissen können, wie rasch deren Verfallsdatum naht. Zeugen oder Zuschauerinnen dulden sie höchst ungern; Urteile von Dritten sind unerwünscht. Die Außenwelt blenden sie bewusst aus und verrennen sich in ihre Vernarrtheit. Egoisten ihrer Zuneigung sind sie. Eifersüchtig wachen sie darüber, dass ihnen nichts und niemand dazwischenfunkt. Ihre Emotionen möchten sie exklusiv auskosten und sind auf wechselseitigen, maximalen Lustgewinn fixiert.

Frisch Verliebte stört man deshalb besser nicht. Man

lässt sie gewähren, man lässt sie in Frieden. Man gesteht ihnen zu, dass sie es sich in ihrem Liebesnest, ihrem idiotischen kleinen Paradies für eine Weile gemütlich machen.

Frisch Verliebte glauben außerdem ernsthaft, die Liebe als Allererste auf dieser Erde zu entdecken, zu durchleben und ausgiebig zu genießen. Sie können und wollen sich nicht vorstellen, dass das Schwärmen und Anhimmeln, dass Faszination, Leidenschaft, Verschmelzung und Besitzergreifen durchaus universelle Erfahrungen sind.

Leif und Oola sind genau so ein Paar. Sie sind – auf den ersten Blick allemal – sogar der Prototyp eines solchen Paares: ständig schwankend zwischen Naivität und Ekstase, zwischen Unbedarftheit und Hochstimmung, zwischen kindischen Spielchen und aufregenden körperlichen Vereinigungen. Brittany Newell schickt die beiden in einem erstaunlich sprachwitzigen, temporeichen und überaus zynischen Debütroman aus dem Jahre 2017 einmal um die Welt und schaut ihnen dabei zu, wie sie sich, in westlichen Wohlstandsoasen, immer weiter und schneller von der Realität entfernen, wie sie sich einigeln und abkapseln, wie sie nicht voneinander lassen können und wie schließlich eine ungesunde Obsession die Oberhand gewinnt und Sex oder Zärtlichkeit in den Hintergrund treten lässt.

Leif, Mitte zwanzig, ein ziemlich fauler Möchtegernautor und hedonistischer Nichtstuer, kommt dabei die Erzählerrolle zu, wohingegen die jüngere, aparte und ziemlich schräge Oola, die er einzigartig, geheimnisvoll und wunderschön findet, zum Objekt seiner Begierde wird. Nach ihrem ausgefallenen Namen ist der Roman auch benannt: In *Oola* dreht sich, zu Beginn zumindest, wirklich alles um Oola. Eine eigenwillige Biegung ihrer Schultern, eine »Kur-

ve«, die er so noch nie zuvor gesehen hat, hat es Leif besonders angetan. Auf einer Party eines alten Freundes in London lernen die beiden Youngsters sich kennen, setzen sofort
an zu einem originellen, nicht enden wollenden Dialog voller Gags, an dem sie im Laufe ihrer Beziehung mit Hingabe feilen werden und bei dem sie sich mit Bonmots, coolen
Sprüchen und Wortschöpfungen ständig zu übertreffen suchen, fragen sich gegenseitig Löcher in den Bauch und fallen
in den Folgemonaten förmlich übereinander her. Widmen
sich Tag und Nacht, so als wäre alles andere völlig unwich-
tig geworden, ihren intensiven Gefühlen füreinander.

Binnen weniger Tage werden Kurzzeitnomaden aus ihnen, mit langen sesshaften Phasen. Anstatt zu schreiben,
seine Ausbildung fortzusetzen oder sich zu einem ernsthaf-
ten Autor zu mausern, zieht Leif nämlich schon seit einer
ganzen Weile mit Vorliebe wochen- oder gar jahrelang von
einem teuren, leer stehenden Domizil zum nächsten – er
hat sich das wenig aufwendige, aber höchst bequeme House-
sitting auf gleich mehreren Kontinenten zum Zeitvertreib
auserkoren, dann umstandslos eine Hauptbeschäftigung
daraus gemacht und überredet nun die von ihm angebetete
Oola, ihn bei seinem Streifzug durch leere Designervillen
zu begleiten. Das kostet wenig und ermöglicht ein unbe-
schwertes In-den-Tag-hinein-Leben, noch dazu in Saus und
Braus. Es sind die wohlhabenden Freunde seiner Eltern, die
er oft nicht mal dem Namen nach kennt und deren Villen,
Landhäuser, Lofts, von Stararchitekten entworfene Strand-
wohnungen und aufs Feinste eingerichtete Penthouses in
illustren Vierteln und schicken *neighbourhoods* dringend
bewacht oder sauber gehalten werden müssen. Leif, hoch-
gebildet und lethargisch, latent bisexueller Erotomane und

von Beruf Zeittotschläger, und seine neue, einzigartige Gefährtin Oola tun jedoch nichts dergleichen, kümmern sich nicht wirklich um die schicken Vorzeige-Wohnsitze dieser betuchten Fremden, sondern kultivieren ihr Phlegma, indem sie sich nach Lust und Laune in den kostbaren Hideaways ausbreiten.

Herumgammeln wird ihnen zum Lebenszweck. Als dickfellige, parasitäre Party Kids. So lange, bis der Glanz ihrer jeweiligen geliehenen Wohnstätte verblasst und Verwahrlosung einsetzt. Sie plündern die üppigen Getränkevorräte, fläzen sich auf eleganten Sofas, schlafen bis in die Puppen und probieren, wenn sie gar zu übermütig werden, auch die Klamotten ihrer ahnungslosen abwesenden Gastgeber an. Spiele mit Geschlechterrollen inbegriffen. Mehr als einmal wird, entsprechend kostümiert, auf diese Weise Leif zu Oola und Oola zu Leif oder werden beide zu den Alter Egos ihrer Landlords. Dragqueens für ein Viertelstündchen, Gender Swap für einen Nachmittag. Überall bedienen sie sich und halten sich schadlos am Eigentum ihrer Opfer. Wann immer sie, ihres derzeitigen Wohnortes überdrüssig, wieder ab- und weiterreisen, lassen sie eine Spur der Verwüstung zurück – durchwühlte Schubladen, geöffnete Keller und nicht ausgetrunkene Flaschen mit Spitzenweinen, Chaos in den Salons und Schlafzimmern, überall Häufchen von Designerjeans, maßgeschneiderten Anzügen, ausgesuchten Dessous und Schmuck achtlos auf dem Boden verstreut. Man möchte meinen, anstelle von Housesittern hätten Einbrecher hier gehaust.

Seiner Intelligenz zum Trotz kneift das junge Glück stets vor den Konsequenzen seiner sinnentleerten Gelage und zieht einfach zum nächsten Schauplatz, zum nächsten goldenen Käfig weiter. Von London in ein Strandhaus in Florida, von einer Einöde in Arizona schließlich in eine vergleichsweise spartanische, hüttenartige Unterkunft in Big Sur. Erst hier richten sie sich dauerhaft ein und beschließen, eher unausgesprochen, zu bleiben und dem Wesen ihres merkwürdigen Verhältnisses auf den Grund zu gehen. Zwei, deren Lebensentwurf vage und undefinierbar geblieben ist; zwei, die sich urplötzlich nach Stille sehnen.

Ihr neues Versteck in Big Sur, wo ihnen ein schier endloser, perfekter Sommer die Zweisamkeit zunächst noch versüßt, wird zum Höhepunkt, zur Bewährungsprobe und zugleich zur Endstation für die beiden geradezu manisch ineinander Verliebten. Nunmehr sind die beiden Schöngeister, die allerdings nicht zu echten Bohemiens taugen, vollends isoliert. Nur noch ganz selten reißen sie aus ihrem selbst geschaffenen Gefängnis aus – zu belanglosen Festen in den Städten nördlich ihrer bescheidenen Unterkunft im No Man's Land, Feiern, bei denen sie sich bald zu langweilen beginnen. Zu enervierenden Zahnarztterminen in der San Francisco Bay, zu Einkäufen in einem wenige Meilen entfernten General Store oder zu Stippvisiten an einem Nudistenstrand gleich um die Ecke. Sie gewöhnen sich an ihre neue Anspruchslosigkeit, geben sich mit immer weniger zufrieden, entwickeln sich zu Asketen.

Oola ist es, die ihre einfache Behausung allmählich gar nicht mehr verlässt und sich in ein Dasein der Apathie schickt – so als machten ihr die Ereignislosigkeit und Eintönigkeit nichts aus, so als merkte sie kaum, wie ihre Liebe zu Leif von Tag zu Tag ein wenig mehr schwindet. Was Leif angeht, so hält er mit ausgedehnten Joggingtouren hinunter zum Highway und an die Küste die Fassade eines geregelten

Alltags und eines halbwegs gesunden Lebenswandels noch eine Weile aufrecht. Dann aber verschieben sich die Konstellationen, weicht die ursprüngliche Ausgelassenheit einer beklemmenden und zusehends gefährlichen Stimmung, wird ihre Zuneigung füreinander auf die Probe gestellt: Er bedrängt seine Geliebte mit immer neuen, so bohrenden wie quälenden Fragen, er will alles von ihr erfahren und erzählt bekommen – auch ihr Vorleben, auch seine Vorgänger. Auslassungen und Beschönigungen duldet er nicht. Er hakt nach, protokolliert, legt Listen an. Leif, ein auf einmal erschreckend fordernder Liebhaber, schnüffelt in ihrem Tagebuch herum, kontrolliert Oola von Tag zu Tag ein wenig mehr. Er sammelt, als Archivar seiner Leidenschaft für sie, ihre Zigarettenkippen und abgeschnittenen Fußnägel, ihre Essensreste, ihre in der Duschkabine vorgefundenen Haare und verbirgt sie vor ihr in einem Schrein. Und er behauptet, angefangen zu haben, ein Buch über die Anbetungswürdige zu schreiben. Ein Buch, von dessen Manuskript sie niemals auch nur eine Seite zu sehen bekommt und zu dessen Niederschrift er vor lauter obsessiver Beschäftigung mit Oola-Details gar keine Zeit findet.

Langsam wird ihr unbehaglich zumute. Schon früher mokierte Oola sich über Leifs Tick, die begehrlichen Blicke anderer Männer auf sie missbilligend zu kommentieren und auszuwerten. Nun spürt sie, dass er selbst sie minutiös studiert und unverwandt anstarrt, als handelte es sich bei ihr um ein Phänomen, eine seltene Pflanze oder Trouvaille. Weit mehr als eine fixe Idee – ein unheilvolles Projekt nimmt Gestalt an. Mittlerweile bekommt seine Tag und Nacht andauernde Beschäftigung mit ihr etwas Bedrohliches, treibt sie in die Enge, trägt zu ihrer existenziellen Auslöschung und ihrem physischen Verschwinden bei. Klaustrophobie breitet sich aus. Sein Verlangen nach ihr ist grenzenlos; seine klinischen Beobachtungen nehmen überhand.

Je stärker ihr der unersättliche Leif zu Leibe rückt und jedes Detail von ihr mitbekommen, notieren, beherrschen und sich aneignen möchte, desto weniger bleibt von Oola, die sich wie er zuletzt ausschließlich von Junkfood ernährt hat, übrig. Je mehr ihr Freund vor Lebenskraft und Energie nur so strotzt, desto mehr von ihrer früheren Substanz wird vernichtet und zerstört. Sie isst nur noch unregelmäßig, magert ab und kränkelt, wird vor seinen unruhigen, ihr großen Schmerz zufügenden Augen schwach und schwächer. Ein Schatten ihrer selbst. Schon sieht sie sich von Aliens bedrängt, kleinen Monstern, die ihr überall aufzulauern scheinen, verträgt das plötzlich stark salzhaltige Leitungswasser nicht mehr, leidet an einem unerträglichen Juckreiz, zieht sich in ein Schneckenhaus zurück. Panisch reagiert sie indessen nicht. Eher tritt sie aus sich selbst heraus. Ihr Bild von sich wird unscharf, franst an den Rändern aus. Sie verkümmert zu einer Silhouette, während sein Persönlichkeitsumfang, angereichert mit zahllosen Oola-Facetten, stündlich zunimmt. Sie verlässt kaum noch das Bett.

In aller Seelenruhe hat Leif – sein Vorname ist nicht umsonst das Anagramm von *life*, also Leben – die Landkarte ihres Körpers, ihrer Psyche und ihrer Seele angefertigt. Oola wird von ihm gründlich vermessen, bis er sich bestens in ihr und auf ihr auskennt. In jeder ihrer Hautfalten, auf jedem ihrer Leberflecke ist er zu Hause. Unter ihren Achselhöhlen und in ihren Kniekehlen nistet er sich ein. Er prägt sich ihre Bewegungen und Gesten ein, übernimmt ihre Manierismen, hört sich ihre Sprech- und Ausdrucksweise ab, äfft sie nach.

Zu guter Letzt, als Oola, degeneriert zu einer nutzlosen, leeren Hülle, eines Tages die Flucht ergreift und Leif verlässt, beherrscht er ihr gesamtes Repertoire. Seine Anverwandlung ist perfekt. Er stolziert in ihren Schuhen umher, trägt ihre Kleider, Shorts und T-Shirts, legt ihr Parfum auf, schminkt sich genau wie sie. Bis er Oola *ist*. Nur scheinbar wie zuvor, als sie den Geschlechtertausch und die Travestie bloß spielten und sich über die komischen Effekte lustig machten. Jetzt ist es ihm ernst damit.

Leif hat sich vom Geliebten zum Vampir, vom Imitator zum Doppelgänger gewandelt, inzwischen ist er zu einer täuschend ähnlichen, zweiten Oola geworden. Er riecht und atmet, hustet und lächelt, schläft, denkt und schreibt wie seine einstige Traumfrau. Er spricht und antwortet, so wie sie sich äußern und reagieren würde – nur dass niemand mehr da ist, mit dem er sich austauschen und vor dem er seine Oola-Show glaubhaft abziehen könnte. Ihm ist indessen gar nicht mehr an Kommunikation mit Dritten gelegen; ihm genügt es vollauf, in die Haut seines Gegenübers geschlüpft zu sein. Er glaubt an die vollzogene Wandlung, ist von seinem neuen Ich überzeugt. Dass die echte Oola ihn verlassen hat, nachdem er ihr jegliche Lebendigkeit ausgetrieben hatte, ist nicht von Belang – Leif ist, mit der erfolgten und auch geglückten Transformation, am Ziel seiner Wünsche angelangt.

Wie der Roman ausgeht, soll hier nicht verraten werden. Wichtiger als das Ende ist ohnehin der schleichende Auflösungsprozess. Denn als Leser oder Leserin überkommt einen schon im ersten Buchdrittel ein ungutes Gefühl, wenn man zum ersten Mal merkt, dass Leif sich unaufhaltsam in seinen Wahn hineinsteigert und Intimitätsgrenzen überschreitet. Dass ihm – bei aller Liebe für Oola – der Respekt für ihre körperliche Individualität und für die Intaktheit ihrer Persönlichkeit verloren geht. Dass er vor Angriffen auf ihre Unversehrtheit nicht zurückschreckt. Dass er die Nähe zwischen ihnen zu weit treibt. Erste Anzeichen für diese krankhafte Anfälligkeit lassen sich schon früh beobachten – nur dass man noch nicht deren volles Ausmaß erkennt. Nur dass man nicht ahnen kann, in welche bedenkliche Richtung Leifs Wahn zielt, dessen einzelne Schritte im betont ruhigen, unbekümmerten Berichtston von ihm abgespult und rekapituliert werden. Nur dass man sich gar nicht ausmalen mag, wie schnell Oola vor die Hunde geht.

Das hätte vielleicht überall geschehen können. Aber für Leif hat es der extremen Abgeschiedenheit von Big Sur bedurft, um seine fortschreitende Vereinnahmung von Oola auf die Spitze zu treiben. Erst hier, in der totalen Einsamkeit ihrer *cabin* am Pazifik, unbeobachtet und jeglicher Kontrolle enthoben, wird das verstörende Ineinandergleiten zweier Seelen ermöglicht, kann er die so zerstörerische wie faszinierende Aneignung »seiner« Frau in vollem Umfang vornehmen. Erst in Big Sur führt eine übertriebene Form von Liebe, ein Zustand, den man als kreative Paranoia, aber nicht als Fusion bezeichnen könnte, zum beiderseitigen Ichverlust. Erst in Gegenwart des Ozeans, der stürmischen Winde und des weiten Himmels, unbehelligt von Außenstehenden oder Menschen, die im letzten Moment womöglich noch rettend eingreifen würden, funktioniert das makabre, tödliche Experiment: Alles Leben weicht aus Oola, nur um Leif, nunmehr in femininer Ausprägung, wieder neues Leben einzuhauchen.

Gänzlich verschwunden ist der männliche Part – um den Preis der Selbstaufgabe der »ursprünglichen« Geliebten. Gänzlich verschwunden sind jedoch auch Liebe und Harmonie als gemeinsame Willensäußerung und emotionale Bekundung zweier gleichwertiger Menschen, als vierhändiger Akt, als Ergänzung zweier Seelen, als stabiler Glückszustand. Übrig geblieben ist ein gleichsam künstliches Individuum, das einem früheren Individuum aufs Haar gleicht und dennoch paradoxerweise aus einer radikalen, doppelten Tilgung hervorgegangen ist. Ohne die fatale Big-Sur-Erfahrung wäre die neue Oola nie in so glaubhafter Form entstanden.

Liz oder Die Verklärung

L etztlich war es nur eine Frage der Zeit, bis neben der Literatur auch die Filmindustrie den famosen Landstrich für sich entdeckte. Bis das Kino begann, Big Sur zu vereinnahmen und regelmäßig heimzusuchen, und bis Hollywood sich die Reize dieser so besonderen Region zunutze machte. Bis sich Regisseure, Drehbuchautorinnen, Filmkomponisten und Kameramänner auf die malerische Natur, auf Aussichtspunkte und hinreißende Panoramen stürzten, bis sie die unverhoffte Präsenz einer spektakulären Steilküste, die sich in keinem Studio der Welt in solcher Vollendung nachahmen lassen würde, endlich auch als ästhetische Steilvorlage wahrnahmen.

Clint Eastwood, Haudegen und Frauenschwarm, tastete sich 1971 mit seinem in Carmel gedrehten Psychothriller *Play Misty for Me* (in Deutschland *Sadistico* betitelt), der zugleich sein Regiedebüt darstellte und in dem es von Naturaufnahmen nur so wimmelt, lediglich an die Nordgrenze von Big Sur heran. Altmeister Alfred Hitchcock hatte immerhin schon 1941 in *Suspicion* (dt. *Verdacht*), ebenfalls einem Thriller, die *rocky coastline* selbst, als Ideal einer dramatischen Szenerie, zur Veranschaulichung psychologischer Konflikte herangezogen, wobei er allzu eindeutige Hinweise – etwa auf die Bixby Creek Bridge – tunlichst vermied: sollte sich die Handlung doch in England und nicht in Kalifornien zutragen. Untermalt von Franz Waxmans aufwühlenden Orchesterklängen, steuert der rätselhafte, gehetzt wirkende Cary Grant alias John seinen Wagen und somit auch seine schöne Beifahrerin auf der kurvigen Strecke in immer größerem Tempo beängstigend nah an die Abgründe heran. Seine elegante, aber misstrauische Gefährtin Joan Fontaine alias Lina, der ihre glaubhaft vermittelten Todesfurcht-Szenen den Oscar eintrugen, erblickt in diesem gewagten Manöver auf dem schmalen Highway einen gezielten Mordversuch und hält es einen Moment lang ernsthaft für möglich, dass ihr geliebter Mann, der urplötzlich, bei voller Fahrt und in schwindelerregender Höhe, zu ihr herübergreift und die Autotür aufstößt, sich ihrer entledigen will, indem er sie von der Klippe ins Meer befördert. Erst nachdem Lina, auf dem Schleudersitz zur Linken den sicheren Tod vor Augen, in Panik verfällt und von ihrem Begleiter, der sie mit seinem riskanten Fahrstil in diese existenzielle Situation gebracht hat, nach einer Vollbremsung zur Rede gestellt und angeherrscht wird, erkennt sie, dass sie schon seit langer Zeit einem Wahn erlegen ist und sich in John getäuscht hat – beide rennen aus dem Auto und sprechen sich hoch über der Küste aus: Auch er ist, wie sich bei der Unterredung herausstellt, seit Monaten verunsichert und, von ihr unbemerkt, sogar selbstmordgefährdet gewesen. Die völlig unbegründete Furcht, die er ihr durch sein sprunghaftes Verhalten eingeflößt hat, verflüchtigt sich allmählich, und erst jetzt stellt sich ein harmonisches Vertrauen zwischen nervösem Mann und hadernder Frau ein, löst sich die Spannung, bricht sich beiderseits Erleichterung Bahn. Die vermeintliche »Todesfahrt« entlang der Big-Sur-Haarnadelkurven hat zur Versöhnung geführt.

Aufmerksame Kinogänger, die genauer hinschauten, konnten bemerken, dass das Filmmusical *Doctor Dolittle* von 1967 mit Rex Harrison auf der Doud Ranch beim Garrapata State Park gedreht wurde, dass Jack Nicholson und Boris Karloff im Low-Budget-Horrorstreifen *The Terror* von 1963, bei dem zwischenzeitlich auch Francis Ford Coppola Regie führte, in Big Sur mit Hexerei konfrontiert werden oder dass Terence Stamp und Peter Fonda – genuine Big-Sur-Darsteller also auch sie – im durchgestylten Steven-Soderbergh-Krimi *The Limey* von 1999 im Umfeld der Lucia Lodge sowie auf dem Highway One ihr Unwesen treiben.

Richtig in den cineastischen Fokus geriet Big Sur dann jedoch befremdlicherweise durch einen Western. Am heute kaum noch bekannten Film *One-Eyed Jacks* aus dem Jahre 1961, dem man im Deutschen den nichtssagenden Verleihtitel *Der Besessene* verpasst hatte, war, neben der extremen Länge, so einiges ungewöhnlich: Marlon Brando, der darin die Hauptrolle des wortkargen Rio übernommen hatte, legte damit seine einzige Regiearbeit vor, Stanley Kubricks Mitarbeit am Projekt war, angeblich nach längerem Zwist mit dem Star, irgendwann nicht länger gefragt, große Teile des von Sam Peckinpah verfassten Drehbuchs wurden verworfen oder anderen Skriptwritern gutgeschrieben, und ausgerechnet Karl Malden, später der stets liebenswürdige, knollennasige Cop an der Seite von Michael Douglas in der Fernsehserie *Die Straßen von San Francisco*, verkörpert hier Brandos Gegenpart – seinen Mentor »Dad«, einen ausgemachten Bösewicht. Noch merkwürdiger: Viele Szenen in diesem ausufernden Western, von den Produzenten zurechtgestutzt und über eine Stunde gekürzt, spielen sich am Meer, direkt am Strand ab.

Die recht wirre, hochdramatische Handlung, in der Duelle, Schießereien, Verfolgungsjagden und etwas rührselige Episoden über verletzte männliche Eitelkeit nicht zu kurz kommen, kreist um zwei Desperados. Dad, der Schurke, und Rio, der Sympathieträger, beides Banditen und Spezialisten für bewaffnete Raubüberfälle, die auch vor Gewalt und Mord nicht zurückschrecken und durch eine schon lange zurückliegende, reichlich ungesunde Vater-Sohn-Beziehung aufeinander fixiert sind, haben noch eine Rechnung offen. Insbesondere Rio möchte mit seinem früheren Förderer unbedingt ein Hühnchen rupfen, weil er von dem Älteren nach einem gemeinsamen, missglückten Bankraub auf schmähliche Weise im Stich gelassen, ja verraten worden ist. Durch eine Finte Dads wurde nur er bestraft und musste eine langjährige Haftstrafe antreten, während sich sein einstiger Partner, der ihn, ohne mit der Wimper zu zucken, ans Messer geliefert und ausgebootet hatte, mit dem erbeuteten Gold aus dem Staub machte und mittlerweile eine angepasste, bürgerliche und sorgenfreie Existenz an der kalifornischen Küste führt. Sogar zum ehrenwerten Sheriff und zum liebevollen Familienvater hat es der ehemalige Verbrecher, der sein Vorleben geschickt vertuscht hat, gebracht.

Jahre später kommt ihm sein »Sohn«, endlich aus dem Gefängnis entlassen, freilich auf die Schliche, macht seinen Aufenthaltsort ausfindig und will, vor der herrlichen Kulisse von Big Sur, Rache an ihm nehmen. Zunächst lässt Rio, der Verstärkung mitgebracht hat, seinen Rivalen über seine wahre Absicht im Unklaren, besucht den »Gesetzeshüter« in dessen traumhaft am Meer gelegenen Haus und macht sich, um ihn zu demütigen, an dessen Stieftochter heran, um sie umgehend zu schwängern. Bei einem Zwischenfall im Saloon erschießt Rio in Notwehr einen Angetrunkenen, wird daraufhin von seinem »Partner«, als »Arm des Gesetzes«, öffentlich gezüchtigt und sieht sich, mit zerschmetterter Hand und zu monatelanger Untätigkeit verdammt, gezwungen, einstweilen abzuwarten. Erst bei einem weiteren Banküberfall, bei dem ausgiebig herumgeballert wird, und einer weiteren Inhaftierung ergibt sich, dank des Eingreifens der schwangeren jungen Frau vor der Zelle, die nun auch vom Zuschauer lang ersehnte abschließende Konfrontation: zwischen dem schwermütigen, auf Rache sinnenden Brando, zum Tod durch den Strang verurteilt, und dem eiskalten, so emotionslos wie berechnend agierenden Malden. Doch nicht Dad gelingt es, seinen Quälgeist, wie erhofft, mittels der willkürlichen Strafaktion ein für alle Mal loszuwerden – es ist Rio, der sich aus der erneuten Haft befreien kann und dem es bei einem spannenden Showdown glückt, den maliziösen Alten endlich mit einem gezielten Schuss aus dem Weg zu räumen.

Für weitere Liebesspiele hat Rio nach der geglückten Vergeltungsaktion keinerlei Muße – als überall gesuchter Mörder hat er, von Kaliforniern und Mexikanern steckbrieflich gesucht, vor, sich nach Oregon abzusetzen, wo er erst einmal Gras über die Sache wachsen lassen will. Die Mutter seines ungeborenen Kindes, die dabei zusehen musste, wie ihr Stiefvater durch die Kugel ihres Lovers starb, hat sich einstweilen in Geduld zu üben.

Heimliche vierte Hauptfigur ist neben den beiden Desperados und der verzweifelten Geliebten indessen eindeutig Big Sur: An den weiten Stränden mit ihren meterhohen Wellen leckt Rio seine Wunden und absolviert, von einer asiatischen Wirtsfamilie in einer Hütte beherbergt, unablässig seine Schießübungen, bis er wieder vollständig geheilt ist; im Gebüsch an den Klippen wird einer seiner Vertrauten auf hinterhältige Weise von anderen Bandenmitgliedern umgebracht; und in der Schlusssequenz an den Dünen trennen sich die Wege des (in diesem Film stets schweißüberströmten, leicht aufgedunsenen) Brando und der zarten, doch energisch auftretenden Sheriffstochter Louisa, die von der mexikanischen Schauspielerin Pina Pellicer dargestellt wird. Erwähnenswert ist noch die Mitwirkung der feurigen Katy Jurado, einer Landsmännin Pellicers: Jurado, mit Brando zeitweise eng befreundet, mimt hier Maldens mexikanischstämmige Gattin und war seit ihrer Darstellung der Helen in *Zwölf Uhr mittags (High Noon)* einem großen Filmpublikum bekannt.

Dreizehn Jahre nach Brando und Malden kam es erneut zu einem Kino-Duell der Giganten und vor allem der Emotionen in Big Sur, als mit Liv Ullmann und Gene Hackman zwei grundverschiedene Charaktere aufeinandertrafen. Und auch zwei konträre Konzeptionen von Schauspielkunst. *Zandy's Bride*, 1974 entstanden, war die Verfilmung des archetypischen Big-Sur-Romans *The Stranger*. Ein Buch über die Pionierzeit der Region, das schon Henry Miller verschlungen hatte, das den womöglich größten literarischen Einfluss auf alle hier lebenden Autoren ausübte, das noch heute zur Pflichtlektüre jedes Küstenbesuchers zählt und das außerdem eine Romantrilogie eröffnet, in der die krude, unbarmherzige Vorgeschichte dieses Landstrichs und seiner *homesteader families* ausgiebig entfaltet wird. Man wird wohl kaum jemanden unter den Big-Sur-Bürgerinnen und -Bürgern zwischen Monterey und San Luis Obispo antreffen, der dieses parabelhafte, 1942 erschienene Buch nicht gelesen hat und der über seine beiden Protagonisten, Zande Allan und Hannah Lund, nicht bestens Bescheid weiß. Über seine Verfasserin, Lillian Bos Ross, weiß man hingegen herzlich wenig. Nur, dass sie sehr lange am Ort des Geschehens lebte, zu dem sie 1924 als Wanderin gepilgert war, dass sie auf der Partington Ridge Land erwarb und die Region bald wie ihre Westentasche kannte, dass sie um 1960 verstarb und dass ihr Witwer, der Bildhauer Harry Dick Ross, später als künstlerischer Berater für die Filmcrew zur Verfügung stand.

Schon im Romantitel bleibt offen, wer hier der oder die wirklich Fremde ist – der einsilbige, mürrische und zu Gewaltausbrüchen neigende Farmer Zandy, auf der Suche nach einer belastbaren Gefährtin, anspruchslosen Magd und künftigen Mutter seiner Söhne, oder die schwedischstämmige Katalogbraut Hannah aus Minneapolis, eine alte Jungfer Anfang dreißig, die in dieser Zweckheirat in rauen Gefilden ihre letzte Chance sieht, noch »unter die Haube« zu kommen. Und die dafür Schwerstarbeit verrichten muss. Von Interesse füreinander, von Zärtlichkeit oder gar von Liebe kann keine Rede sein. Zwei Menschen aus völlig verschiedenen Kulturkreisen, die auf ein Zusammenleben in tiefster Einsamkeit nicht im Geringsten vorbereitet sind, müssen sich gegen die Erwartungen und Übergriffe ihres Gegenübers zur Wehr setzen und, ob sie wollen oder nicht, miteinander auskommen. Müssen das Überleben in Angriff nehmen und immer wieder üben, müssen unter großen Mühen an einem Strang ziehen, müssen sich über kurz oder lang zusammenraufen. Hackman, soeben mit einem Oscar für seine Mitwirkung in *French Connection* ausgezeichnet, und Ullmann, sensible und hochbegabte Muse Ingmar Bergmans, die mit *Szenen einer Ehe* weltweit Triumphe feierte, befanden sich Mitte der 1970er auf dem Höhepunkt ihres Ruhms. Für den ebenfalls schwedischen Regisseur Jan Troell, dem zuvor zwei große, schwelgerische Film-Epen über die Auswanderung von Skandinaviern in die Vereinigten Staaten geglückt waren, und seinen visionären Kameramann Jordan Cronenweth war Bos Ross' Romanvorlage mit ihren detaillierten Landschaftsbeschreibungen und Schilderungen des harschen Alltags ein gefundenes Fressen: *Zandy's Bride*, dialogarm, atmosphärisch dicht und an Stimmungsschwankungen reich, ist über weite Strecken ein Naturfilm. Um nicht zu sagen, eine Studie über die Schönheit von Big Sur. (Und auch, mit der Verknüpfung von Natur und Emotionen, von überwältigender Landschaft und unterdrückter Erotik, ein indirekter Vorläufer von Jane Campions *The Piano* und Ang Lees *Brokeback Mountain*.)

Wir erleben mit, wenn der hartherzige Zandy – so sein Filmname – seine künftige Braut (viel älter, viel aufmüpfiger und leider auch viel empfindsamer, als er sie sich »bestellt« hat) an der einsamen Postkutschenstation abholt und mit ihr tagelang über Wiesen auf abschüssigen Hängen und, unten am Strand, durch die Brandungswellen reitet, um sie zu ihrem gemeinsamen, armseligen Heim zu transportieren. Wir werden Zeugen seines Kampfes mit einem Bären, bei dem er in Lebensgefahr gerät und schwer verletzt wird. Wir wohnen dem Wechsel der Jahreszeiten bei; wir sehen dabei zu, wie sich die beiden jahraus, jahrein abrackern auf ihrer trostlosen Parzelle und unentwegt miteinander kämpfen: um Würde und Respekt, um Verständnis für die jeweiligen Bedürfnisse. Und um Anerkennung. Ein wenig

Abwechslung verschaffen dem ungleichen Paar einzig Besuche bei Zandys ebenso maulfauler und abweisender Familie oder der Trip zum alljährlichen Barbecue an der Küste, wo Hannah und ihr Mann den anderen Farmersfamilien begegnen, für eine Nacht tanzen und feiern dürfen, um danach, an Ort und Stelle, auf die Ankunft eines Schoners zu warten, der schwere Güter übers Meer für sie herbeischafft – sperrige Ware, technische Ausrüstung und Nahrungsmittel, die nicht auf dem Landweg befördert werden können und hernach in mehreren Etappen einzeln auf dem Pferde- oder Eselsrücken zu den abgelegenen Hütten im Hinterland gebracht werden.

Weder die blassblonde, feinsinnige Hannah noch der ruppige, ungebildete Zandy wachsen dem Publikum wirklich ans Herz, weder bei ihrer lieblosen »Hochzeit« zu Beginn ihres Abenteuers noch während ihrer ebenso freudlosen, von Handgreiflichkeiten und Zwist bestimmten »Ehe«. Der grobschlächtige Farmer verscherzt es sich mit der Gunst der Kinogänger gleich zu Beginn, als er aus der ersten »Liebesnacht« mit seiner Frau fast eine Vergewaltigung macht und sie fortan wie eine Leibeigene behandelt. Er wird ihnen auch nicht sympathischer, wenn er Hannah – die unter dem Schock einer Fehlgeburt leidet – fortwährend anbrüllt, ihre Kochkunst heruntermacht, ihr sorgfältig angelegtes Gemüsebeet in einem Anfall von Niedertracht zertrampeln lässt und sie, sobald sie sich einmal hübsch für ihn zurechtmacht, als Hure beschimpft und von ihr verlangt, sich wieder umzuziehen und sich züchtig zu kleiden. Zumal Zandy selbst kein Kind von Traurigkeit ist – er findet nichts dabei, beim Barbecue mit der verführerischen Vagabundin Maria herumzuturteln. Hackman, gar nicht so unattraktiv, wie es dem Klischee entspräche, gibt den bornierten Zandy drehbuchgetreu als sturen Bock und als tumben, in Liebesbelangen ungeschickten Egoisten. Als unbelehrbaren Macho, der nicht mit Widerspruch und Intelligenz eines weiblichen Wesens gerechnet hat und in seiner – ihm in Bildungsfragen und emotionalen Nuancen weit überlegenen – Gattin alles andere als eine ebenbürtige Partnerin sieht. Doch auch Hannah, die in Ullmanns souveräner Darstellung ein bisschen zu urban, zu weltläufig und zu belesen wirkt, versetzt sich kaum je einmal in die missliche Lage ihres Mannes, der von Kindesbeinen an weder Liebe noch Zuwendung erfahren hat und dadurch keinerlei soziale Kompetenzen erwerben konnte. Sie hat eben keinen Gentleman vor sich, sondern einen einfachen *homesteader*, der hart arbeitet und auf seine Weise versucht, irgendwie ein anständiges Leben zu führen. Der sich im Übrigen in der Pflicht sieht, sie zu beschützen und zu versorgen – und der ihr auf den Leim gegangen ist. Was ihn über die Maßen ärgert: Aus seiner Sicht hat sie ihm etwas vorgemacht und unter Vorspiegelung falscher Tatsachen ihre Heiratsanzeige aufgegeben. Ihre Altersangabe hat sie frisiert, eine »echte Amerikanerin« ist sie auch nicht, und den Deal, für Nachwuchs zu sorgen, erfüllt sie einfach nicht. Er dagegen hat nichts beschönigt. Und sie hat das Ausmaß der physischen wie psychischen Zumutungen, die in Big Sur ihrer harrten, gründlich unterschätzt. Mit den Konsequenzen müssen beide klarkommen – für Zandy, der sich in seinem Stolz verletzt sieht, sind sie von nun an quitt. Hannah ignoriert auch seine schweren Schuldgefühle, die er, voller Angst, seine anspruchsvolle Frau auch weiterhin zu enttäuschen, wortlos in sich hineinfrisst. Also sind beide mit dem Zwang zur Anpassung völlig überfordert. Und zugleich einander auf Gedeih und Verderb ausgeliefert.

Früher oder später, man ahnt es bereits nach den Eingangsszenen, kommt es, allen Kontroversen zum Trotz, dann doch noch zur Annäherung in diesem Romantik-Western. Bäurischer Dickkopf und gleichfalls dickköpfige *mail order bride* wandeln sich, finden zu guter Letzt zueinander – wohl auch, weil sie einander im Kern gar nicht so unähnlich sind. Eine Geschäftsreise nach San Francisco, zu der nur Zandy allein aufbricht und von der er gut gekleidet und entspannt in die *cabin* zurückkehrt, hilft, die Wogen zu glätten. Für Hannah hat er ein paar Geschenke mitgebracht; sein unbeholfener Versuch, ihr eine Freude zu machen, rührt sie. Ohne dass sie es sofort zeigen mag: Sie gibt sich ausgesprochen barsch, lässt ihn wissen, dass sie während seiner Abwesenheit gut zurechtgekommen sei und es ihr eigentlich an nichts mangele. (Eine vorübergehende Pose, um Zandy ein wenig zu kränken und sich nicht anmerken zu lassen, wie anziehend sie seine unverstellte Virilität mittlerweile findet.) Und Hannah hat, jetzt wieder die anschmiegsame Frau, ihrerseits eine gewaltige Überraschung für ihn parat – in der Zwischenzeit hat sie, ganz ohne seine Unterstützung, Zwillinge auf die Welt gebracht, die er nun mit väterlichem Stolz tätscheln und bewundern darf. Symbolischer und zugleich ganz handfester Lohn für die jahrelangen Entbehrungen und Frustrationen, den sie sich beim täglichen *survival training* in Big Sur redlich verdient haben.

Ende gut, alles gut? Regisseur Troell übersetzt den fast dokumentarischen Realismus von Ross' Buchvorlage – schnörkellose Literatur aus rauen, kurzen Sätzen voll simpler Eindringlichkeit – in behutsame, einfühlsame Beobachtungen all der monotonen Verrichtungen im Stall und auf der Weide, im Hütteninnern und in der weiten, menschenleeren Landschaft. Sie vermitteln einen nachhaltigen Eindruck, wie schwer solchen Paaren die Bewältigung jedes einzelnen Tages hier gefallen sein muss. Sommers wie winters. Gemeinsam und jede(r) für sich. *For Better, for Worse,* so lautete der alternative Filmtitel von *Zandy's Bride* bei Fernsehausstrahlungen – in guten wie in schlechten Zeiten. So wird eine einfache Geschichte neu erzählt, die eigentlich keine Romanze sein will und schließlich doch zu einer wird: das Gegenprogramm zum sentimentalen Liebesroman.

Wenn es tatsächlich so etwas wie den ultimativen Big-Sur-Film geben sollte, dann muss die Wahl allerdings unweigerlich auf *The Sandpiper* fallen. Eine herrliche Edelschnulze! Die Protagonisten dieses 1965 auf die Kinoleinwände gelangten Melodrams, die unabhängige, unbezähmbare Künstlerin Laura Reynolds und der gütige, verständnisvolle Pfarrer Dr. Edward Hewitt, Rektor eines von Episkopalisten geführten Internats an der Küste, trennten – als selbstbewusste moderne Menschen im ausgehenden zweiten Drittel des 20. Jahrhunderts – Welten von den trivialen Sorgen der fast mittellosen *homesteaders.* Zumal sie von den größten Filmstars jener glorreichen Epoche Hollywoods, von der glutäugigen Elizabeth Taylor (der »schönsten Frau der Welt«) und vom charmanten Richard Burton (dem Inbegriff zeitgenössischer Männlichkeit), gespielt wurden. Welcher Handlung Taylor und Burton damals auch immer ihre Stimmen, Gesten und Körper liehen, sie setzten im Grunde nur das Auf und Ab ihrer eigenen, spannungsgeladenen Liebesgeschichte fort, die sich im »richtigen Leben« vollzog und die Reporter von Klatschgazetten der gesamten westlichen Welt unaufhörlich beschäftigte. Welche Rollen sie auch immer übernahmen, welche Standpunkte ihre Filmfiguren auch vertreten mochten, jede Einzelheit, jede Sympathieverschiebung und jeder Stimmungsumschwung wurde als Hinweis auf ihr jetziges Befinden als reales Traumpaar gedeutet, zum Gerücht umgemünzt und in die Schlagzeilen gebracht. Die Öffentlichkeit lechzte quasi ununterbrochen nach gezielten Indiskretionen aus dem Liebesleben von »Liz« und »Dick« und konnte sich an den Annäherungen und Trauungen, Scheidungen und Wiederverheiratungen, an der Hingabe füreinander und der erbarmungslosen, oft nach außen getragenen Selbstzerfleischung dieser beiden prominenten Schauspieler einfach nicht sattsehen. Noch sollte ein weiteres Jahr vergehen, bis sie in ihrem doppelbödigen Kammerspiel *Wer hat Angst vor Virginia Woolf?* von 1966 Wirklichkeit und Fiktion, Einvernehmen und Nervenkrieg, Privatleben und »gespielte« Ehestreitigkeiten nahezu zur Deckungsgleichheit brachten – auf phänomenale Weise. Aber bereits *The Sandpiper*, mit seiner Ehebruchsthematik und seinen pikanten Anspielungen auf den ausgesprochen erotischen, sorglosen Zeitgeist der Sixties, mit seinen Attacken auf überkommene Moralvorstellungen und seiner Zurschaustellung eines neuzeitlichen Hedonismus, besaß genug Anhaltspunkte für Rückschlüsse auf das momentane Befinden des Taylor-Burton-Gespanns. In den Kinosälen rund um den Erdball konnte man es förmlich knistern hören.

»*An adult love story*«, eine Liebesgeschichte für Erwachsene, versprach denn auch die Plakatwerbung, vollmundig prahlend. Da klang das Wort *adultery* schon gleich mit an, das Überschreiten roter Linien, die Infragestellung von Treue innerhalb des Eherahmens und die Brüchigkeit moralischer Maßstäbe, mithin eine recht delikate Thematik, wie sie John Updike bald in seinen Romanen genauestens unter die Lupe nehmen würde. Und natürlich auch der Begriff *adult movie* – Pornofilm. Obgleich *The Sandpiper* bei aller verklärten Sinnlichkeit von Landschaft und Hauptdarstellern nichts eindeutig Pornografisches anhaftet … Vincente Minnelli, Ehemann und Vater von zwei weltberühmten Sängerinnen und Showstars, Judy Garland und Liza Minnelli, zeichnete, seinerzeit sehr *en vogue*, für die Regie verantwortlich, und er verstand es wie kein Zweiter, aus einer packenden, sinnlichen Drehbuchvorlage – die noch dazu von dem mutigen, aber lange Zeit geschmähten Skriptwriter Dalton Trumbo stammte – einen erstklassigen Schmachtfetzen zu machen. Zu Hilfe kam ihm dabei die prachtvolle Filmmusik von Johnny Mandel mitsamt lasziven Trompeten-Soli und dem sehnsuchtsvollen Titelsong *The Shadow of Your Smile*, der längst zu einem Jazzstandard avanciert ist. Völlig zu Recht sowohl mit einem Oscar als auch mit einem Grammy ausgezeichnet.

Titelstiftend für den Film ist dagegen ein kleiner Strandläufer, wie er die Big-Sur-Küste zu Tausenden bevölkert, der sich einen Flügel gebrochen hat und von Laura so lange aufopferungsvoll gepflegt wird, bis sie ihn durch vorsichtiges Anbringen einer Schiene wieder in die Lage versetzt, in die Lüfte zu steigen. Ein schönes Bild für Freiheit und das Abstreifen von Fesseln. (Was sich der deutsche Verleih, anstatt einfach den Vogelnamen zu übersetzen, mit dem absurden, biblisch anmutenden Titel ... *die alles begehren* gedacht haben mag, steht indessen in den Sternen.) Auch an Land geschwemmtes Treibholz spielt bereits zu Beginn eine wichtige symbolische Rolle – schon die Großbuchstaben in Vor- und Abspann sind aus stilisierten Treibholzstücken zusammengesetzt, und ein mit Laura befreundeter Hippie-Bildhauer, ausgerechnet von dem späteren Schwerenöter und Darsteller brutaler Action-Helden Charles Bronson gespielt, fertigt eine Skulptur aus demselben Material an, für die ihm unzweifelhaft eine nackte, üppig-sinnliche Laura Modell gestanden haben muss.

Für diese Rolle war ursprünglich übrigens eine der von »Hitch« bevorzugten Blondinen vorgesehen, Kim Novak, die 1958 mit seinem Meisterwerk *Vertigo* zu frühem Weltruhm gelangt war. Novak gab Hollywood indessen schon Anfang der 1960er-Jahre den Laufpass und zog sich nach Big Sur zurück, wo sie sich auf Malerei und Pferdezucht konzentrierte und dem Filmbusiness die kalte Schulter zeigte – höchst ungewöhnlich für einen gefragten weiblichen Star. »Ich brach nach Big Sur auf«, ließ Novak sich bei einem Interview im hohen Alter vernehmen, das für sie »der schönste Ort auf der Welt« war. Letzten Endes sei ja jeder Ort irgendwie schöner als die Traumfabrik in Los Angeles. »Ich lebte direkt am Ozean«, fuhr sie fort, »und direkt vor meinem Haus vergnügten sich die Wale.« Starruhm, so Kim, sei nichts weiter als glitzernder Strass, Popularität sei vergänglich und verschaffe lediglich branchenübliche Illusionen, die auf Sand gebaut seien. Wohingegen sich ihr Leben in der selbst gewählten kalifornischen Einsamkeit um »Mondschein und echte, in der Wirklichkeit funkelnde Sterne« drehe. Mit dem künstlichen Glanz, den Scheinwerfer und

Blitzlichter erzeugten, überhaupt nicht zu vergleichen. Novak entschied sich fürs Wegträumen. Für Authentizität und für »wahre Liebe« – sie blieb.

Nach Kim Novaks Absage gewann man Elizabeth Taylor für die weibliche Hauptrolle, für die sie sogar noch eine höhere Gage einstrich als Burton, der als bislang prinzipientreuer Pfarrer Edward Hewitt im Zentrum des recht banalen Geschehens um begehrenswerte, verwirklichte oder gescheiterte Lebensentwürfe, um uramerikanische Tabus und enttäuschtes Vertrauen steht. Er wird auf die alleinerziehende Laura aufmerksam, als ihr unehelicher Sohn Danny, den sie nicht auf die Schule schickt, sondern in Eigenverantwortung unterrichtet, bei einigen harmlosen Delikten erwischt wird. Der darauffolgenden richterlichen Entscheidung, den jugendlichen Straftäter fortan in Hewitts Internat unterzubringen, folgt Lauras übereilter und auch kindischer Entschluss, mit Danny aus der Küstenregion zu fliehen. Er wird vereitelt. Danny muss die verhasste Schulbank drücken, und Edward sieht sich mit der zornigen, auf Anordnungen, Institutionen oder Autoritätspersonen mit Wutausbrüchen reagierenden Laura konfrontiert. Wider Willen und auch wider alle Vernunft verlieben sich die beiden ineinander, obwohl die anarchisch ihr Leben führende und direkt am Strand ihrer künstlerischen Tätigkeit nachgehende Laura, die mit der »Welt der Männer« längst abgeschlossen hat, anfangs absolut nichts mit Edward zu tun haben möchte und in ihm lediglich eine Verkörperung starren Obrigkeitsdenkens erblicken kann – und Edward, glücklich mit Claire verheiratet und ihr seit Langem in Treue verbunden, auch nur den Gedanken an einen Seitensprung in Abrede stellt. Je öfter sich die unkonventionelle Laura und der steife Edward jedoch gegenüberstehen, desto mehr sind sie voneinander fasziniert, und sie »vergessen sich«, beginnen eine stürmische Affäre.

Der Pfarrer ist hin- und hergerissen zwischen Pflichterfüllung und neuer, ungeahnter Leidenschaft. Durch eine gezielte Indiskretion eines verschmähten Lovers von Laura kommt ihr Verhältnis ans Licht. Edward, der aus seiner Untreue keinen Hehl macht, wird von Claire zur Rede gestellt, doch anstelle von Vorwürfen, Bitterkeit und Rosenkrieg macht sich bei ihrer Aussprache eine grundsätzliche Traurigkeit breit, als die Eheleute erkennen müssen, im Laufe der Jahre in der Privatschule ihren eigenen hohen ethischen Ansprüchen nicht gerecht geworden zu sein. Claire und Edward haben sich, aus Bequemlichkeit und aufgrund schnöder materieller Vorteile, längst auf ein bigottes und ansatzweise auch korruptes Dasein eingelassen, öffentlich Wasser gepredigt und heimlich Wein getrunken. Ihre alten Ideale haben sie verraten und stumpfsinnige Routine zugelassen. Aufs Schärfste kontrastiert ihre bürgerlich-biedere Sphäre, oberhalb der Küste und nun als verlogen entlarvt, mit dem libertinären Lifestyle der flippigen Künstler, die ihre Ungebundenheit und ihre Lebensfreude in ausgelassenen Partys unten am Strand feiern. Sie lassen sich, wie der gerettete und wieder flugtauglich gewordene Strandläufer, eben keine Fesseln anlegen, erheben keine Besitzansprüche und haben ein ungezwungenes, natürliches Verhältnis zu Sexualität.

Folgerichtig ist Laura brüskiert und entsetzt, als Edward ihr eröffnen muss, dass er ihre Affäre gebeichtet hat – denn in ihren Augen war ihre Beziehung etwas Heiliges und keine bloße Romanze; ihre kostbare Intimität, die sie beide so sehr beglückte, ist für sie damit unwiderruflich beschmutzt und zerstört. Fassungslos wendet sie sich von ihrem Geliebten, der sich noch einen Ringkampf mit Charles Bronson im Sand liefert, ab. Hewitt muss seinerseits erkennen, dass Laura weit couragierter und konsequenter ist als er selbst, der lediglich von christlicher Liebe gefaselt hat, irdischen Emotionen und Anfechtungen »des Fleisches« aber nicht gewachsen ist. Sein Kampf währt nicht lange, das Ringen mit sich selbst führt nicht zu einem mutigen Schritt nach vorn. Das Fiasko lässt sich nicht ungeschehen machen. Der Not gehorchend, reißt er sich zusammen, akzeptiert die (vielleicht nur vorübergehende) Trennung von seiner Angebeteten und zugleich von seiner erstaunlich verständnisvollen Ehepartnerin, in der er fast nur noch die Wegbegleiterin und Kollegin erblicken mag. In einer feierlichen Abschiedsrede im Internat zieht er den einzig möglichen Schluss – sich selbst und beiden Frauen eine Auszeit zu gönnen, die Schulleitung abzugeben und für längere Zeit auf Reisen zu gehen, um Abstand zu allem zu gewinnen.

Das einstige Sorgenkind Danny hat sich unterdessen prächtig in Edwards Schule entwickelt, ihm ist die neue Strenge gut bekommen. Laura und ihrem Jungen steht es im Prinzip nun frei, am Ende des Schuljahres Big Sur zu verlassen, doch die beiden haben, nicht zuletzt durch die Verwicklungen der letzten Monate, Wurzeln geschlagen und Zugang zu einer neuen Identität gefunden. Edward hat das Nachsehen. Moral: Die Anarchisten und Hippies, von »echten« Überzeugungen geleitet, dürfen am Traumort bleiben und sich dort frei entfalten, die Engstirnigen, Charakterlosen und Doppelzüngigen müssen den Rückzug antreten und das Feld räumen. Das neue Denken ersetzt die alten

Phrasen, Authentizität tritt an die Stelle von sinnentleerter »Lehre«. Der Verzicht auf einen veralteten, unglaubwürdigen Sittenkodex erscheint realistischer, menschengerechter und setzt sich daher – in Form spontanen, der Lustentfaltung förderlichen Handelns – auch durch.

Mit den ständigen Schwenks von oben nach unten und wieder zurück, von den Bergen, Klippen und Hügeln abwärts an die Küste, vom Highway zum Strand, hinauf zum gebieterisch auftretenden Pfarrer, der wie ein einsamer, verlassener Leuchtturm (nicht länger bedrohlich oder tonangebend) seinen Blick erst zur Geliebten und dann über das Meer zum Horizont schweifen lässt, hinunter zur am Wellensaum ihre Staffelei aufbauenden, nach ihrer Palette greifenden und ihre Pinsel schwingenden Künstlerin (nun nicht länger naiv oder unterlegen), werden etablierte Hierarchien aufgebrochen, Denkmuster außer Kraft gesetzt, Gegensatzpaare – zuungunsten der früheren Ordnung – betont. Edward bleibt am Ende nichts als Resignation. Ihm bleibt die Einsicht, dass sein Weltbild eingestürzt und sein Gott machtlos ist, dass er sich selbst und den Menschen, die er zu lieben glaubte, viel zu lange etwas vorgegaukelt hat. Und, um wenigstens dürftige Erinnerungen an sein nur kurz aufflackerndes Glück mit Laura zu bewahren, muss er sich, wie es Mandels sehnsüchtig-larmoyanter Titelsong immer aufs Neue suggeriert, mit dem bloßen Gedanken an den »Schatten des Lächelns« seiner Geliebten zufriedengeben. Fortan steht sie auf der Sonnenseite des Lebens, und das jazzige Arrangement des Soundtracks vertreibt rasch etwaige Anflüge von Wehmut oder allzu dick aufgetragenes Selbstmitleid.

Was diese elegische Kino-»Ballade vom Strandläufer«

von einer durchschnittlichen Schmonzette abhebt, ist nicht allein ihre Stellung als Zeitdokument – das Umkippen von einer geregelten, aber viel zu starren Gesellschaftsordnung und Sexualmoral in ihr Gegenteil, mit all seinen problematischen Konsequenzen –, sondern ihre visuell umwerfenden Anfangs- und Schlusssequenzen. Kameramann Milton Krasner, wohl vom Hubschrauber oder vom Kleinflugzeug aus filmend, bahnt sich auf seinen ausgedehnten Panoramafahrten oberhalb des Highways mit virtuoser Verführungskunst und einem hemmungslosen Bekenntnis zur Opulenz minutenlang einen Weg durch Nebelschwaden und Wolkenbänke, bis die Region in ihrer ganzen Pracht vor uns liegt. Mehrmals zoomt er aus der Ferne an die Küste heran, folgt spielerisch einem über Wiesen davonspringenden, Haken schlagenden und sich im Gebüsch verbergenden Hasen, gleitet dicht über die Wellenkämme hinweg, nimmt Hügelketten im Morgenlicht, möwenumtanzte Strandabschnitte im Abendlicht und verwaiste Buchten im Gegenlicht in den Blick, bis er Big Sur in seiner ganzen Herrlichkeit erfasst, definiert, verklärt und ausgiebig vorgeführt hat.

Krasner huldigt dieser Gegend und feiert sie. Er surft über das Meer und zeigt uns, kommentiert allein von der Jazztrompete der Anfangs- und dem Summchor der Schlussminuten, eine Region, in der Menschen weder einen Platz haben noch eine Funktion oder Existenzberechtigung, in der die dazwischenliegende Handlung zur Nebensache erklärt wird, die der ewigen Gegenwart der Felsen, Berge und Brandungswellen nichts anhaben kann; Krasner erschafft, mit gottgleicher Geste, ein unschuldiges und zugleich monumentales Big Sur. Die Betrachter lernen, als wären sie selbst an der Schöpfung dieser Landschaft beteiligt, ihren Ursprung kennen; sie werden in die Lage versetzt zu ermessen, ob alle bisherigen Eingriffe und Veränderungsversuche von Gewicht waren oder unbedeutend gewesen sind.

So sind wir, mitten im Abspann, erstmals am Nullpunkt der Geschichte angekommen. Von dem aus jede einzelne Begebenheit, die sich in Big Sur zugetragen hat oder noch zutragen wird, neu gedacht und neu erzählt werden muss. Es sei denn, man überlässt diese Küste eine kleine Ewigkeit wieder sich selbst und bringt ihre illustren Kronzeugen fürs Erste zum Schweigen. Damit sie ihrer Abnutzung entgegenwirken, damit sie sich wieder ihrer selbst vergewissern kann. Und damit ein neuer, unverbrauchter Song für sie erfunden wird.

SCHLUSSSTEIN –
VOM NACHDENKEN UND ZUHÖREN

– Wie geht's in Big Sur? In San Francisco ist es schrecklich.
– Prima! Komm doch runter zu mir. Ich habe überhaupt
  nichts an, und ich hab grade einen Wal gesehen. Hier
  ist jede Menge Platz. Bring was zu trinken mit. Whiskey!
– Natürlich würde ich gern nach Big Sur runterkommen.
  Ich bin noch nie da gewesen.

– Genau was ich gesagt hab: nichts an und ein gottverdamm-
  ter Wal. Riechst Du denn nicht die liebliche Salbeiluft
  von Big Sur? Habt Ihr denn gar keine Gefühle, mein Herr?
  Muss ich Dich denn mit der Nase draufstoßen? Schieß
  doch dieses Weib auf den Mond und komm hierher und
  bring den Whiskey mit, und wir fangen Abalonen
  und pinkeln von einem Kliff.

– Was soll ich denn tun? Ich bin völlig zerschmettert.
– Kopf hoch, Du Schmerzensmann! Du hast immer noch
  den alten Lee Mellon und eine Hütte, die hier unten in
  Big Sur auf Dich wartet. Eine prima Hütte. Sie hat einen
  Ofen und drei Glaswände. Du kannst am Morgen vom
  Bett aus zuschauen, wie's die Seeotter miteinander treiben.
  Das bildet ungemein.

– Ich frage mich, was das bedeutet.
– Es ist der tollste Ort auf der Welt.

Richard Brautigan, *Ein konföderierter General aus Big Sur*

Ich oder Das Dharma

Als ich zum ersten Mal hierhergelangte, Mitte der 1990er, im Hochsommer und von Norden kommend, ging es mir wie wohl jedem Erstbesucher – ich fuhr durch, ohne etwas Bestimmtes zu erwarten, arbeitete mich der Länge nach vor, war überrascht, verringerte das Tempo, hielt von Zeit zu Zeit an, stieß in praktisch jeder Kurve Entzückensschreie aus, fand das Zentrum nicht, weil es keins gab, und war einfach baff. Kaum konnte ich fassen, was mir hier geboten wurde. Was ich sah, war mehr als allein der großartige geografische Schlussstrich eines ebenso überwältigenden Kontinents – jeder Aussichtspunkt, an dem ich stoppte, erschien mir wie ein Sprungbrett in ein pazifikblaues Nichts. Was ich wahrnahm, war die Abwesenheit von Lieblichkeit. Ich spürte, wie sich eine andere Dimension auftat. Und ich merkte, wie ich eine – bei aller Schroffheit – sanfte neue Welt betrat, von der mich die Kunde zuvor noch nicht erreicht hatte.

Instinktiv fand ich großes Gefallen an einer Gegend, an der es nichts zu mäkeln gab und die mir unbescholten vorkam. Eine unbestimmte Ahnung sagte mir, dass sich hier seit Menschengedenken verblüffend wenig verändert hatte und dass es hier wahrscheinlich nie überlaufen sein, dass man wohl nie mit Ansammlungen anderer Reisender zu tun haben würde. Mir wurde bewusst, dass ich ein mir un-

bekanntes Refugium, als handelte es sich um eine zuge-
wachsene Villa, durch die Hintertür betrat und mich erst
dann, um im Bild zu bleiben, aus dem Pflanzendickicht
befreite, allmählich ins Foyer gelangte, das Wohnzimmer
durchquerte und auf die Terrasse treten durfte. Eine Terrasse, die sich Himmel und Meer darbot. Wo man mich mit
unvergleichlichen Panoramen und fulminanten Glücks-
momenten belohnte. »Amazing« war alles, was mir als At-
tribut wieder und wieder über die Lippen kam. Ich suchte
nach einem weiteren passenden Wort aus meinem Gastland
und fand es auch: »breathtaking«. Und kapierte im selben
Moment, wie unzulänglich es war. Also genoss ich den so
besonderen Augenblick und hielt sprachlos inne. Ich fühlte
mich privilegiert und beschenkt. Ich war an der Endstation
Sehnsucht angelangt.

Bei der Fahrt nach Süden, etwa auf der Hälfte der Strecke,
von deren Ausdehnung ich noch nichts Genaues wissen
konnte, entlud sich ein heftiges Gewitter, was mich erneut
zum Anhalten zwang. Durch die Windschutzscheibe nach
draußen lugend, erlebte ich eine spektakuläre Zweiteilung
des Himmels: gleißendes Licht, sobald ich nach Norden
blickte, gespenstische Dunkelheit im Süden. Sie währte
mehrere Minuten. Ein Regenbogen war nirgends auszumachen. Es war ein Augusttag, der schon den Herbst in sich trug.
Ein heißer Wind schlug mir entgegen, als ich am Nepenthe-
Restaurant meinen Wagen abstellte, doch 20 Meilen weiter
südlich flatterte mir bereits welkes Laub um die Ohren, als
ich, wieder zu Fuß unterwegs, nach kleinen Buchten Aus-
schau hielt und nicht auf Anhieb herausfand, wie man dort
hinunterklettern konnte. Ich entschloss mich schließlich
zum Weiterfahren. Aber ich hatte Blut geleckt.

Das nächste Mal, noch vor der Jahrtausendwende, reiste ich von Los Angeles aus an. Ich näherte mich also von unten. Mehrere Tage hatte ich im mediterran anmutenden Santa Barbara verbracht, mich am Anblick des monolithischen Riesenfelsens von Morro Bay begeistert und beim Besuch des Hearst Castle, einer architektonischen Kopfgeburt von zweifelhaftem Geschmack, der etwas Übergeschnapptes anhaftet, amüsiert den Kopf geschüttelt. Ich hatte, von Pismo und San Simeon kommend, den Robben und See-Elefanten von Piedras Blancas bei ihrer Strand-Siesta zugewunken und näherte mich nun meiner Bestimmung. Denn diesmal war Big Sur in meiner Planung keine Wegstrecke mehr, die man zurückzulegen hat, sondern ein Ziel. Diesmal hatte ich auch viel mehr Zeit mitgebracht. Ich hatte verstanden, dass ich einer Region auf der Spur war, die kein präziser Punkt auf der Landkarte markieren konnte. Einem ortlosen Ort, der eher einem geistig-seelischen Zustand entsprach.

Und ich hatte, um vorbereitet zu sein, mir eifrig Beschreibungen und Definitionen einverleibt. Die von Robert Louis Stevenson etwa, reichlich schwärmerisch: »Big Sur ist da, wo sich Berge und Ozean zu einem romantischen Rendezvous treffen. Das ist die schönste Begegnung von Land und See, die es auf Erden gibt.« Oder die von Hunter S. Thompson, ziemlich zynisch: »Wenn nur die Hälfte der Geschichten über Big Sur wahr wären, würden die durch Orgien ausgelösten Erschütterungen die gesamte Santa Lucia Range zum Einsturz bringen. Was aber unwahrscheinlich ist, denn nahezu alles, was einem über Big Sur zu Ohren kommt, ist entweder ein Gerücht, eine Legende oder eine handfeste Lüge.« Thompson sprach von Big Sur als einem Paradies für

Mythen-Erfinder, so ausgedehnt, vielgestaltig und schön, »dass jeder Besucher schnell der Versuchung erliegt, seiner Fantasie freien Lauf zu lassen, sobald er es erblickt«. Und irgendein alternder Künstler, der hier sein Zuhause hatte, soll einmal steif und fest behauptet haben, lediglich Vertreter ganz bestimmter Sternzeichen wären dazu auserkoren, hier ihr Glück zu finden.

Recht hatten sie wohl alle drei und für ihre unterschiedlichen Standpunkte ausgesprochen treffende Formulierungen gefunden. Am eindrücklichsten fand ich allerdings schon damals eine poetische Beschreibung, die ich in einem alten *GEO*-Heft abgedruckt sah. Es war mir gleich beim Erscheinen 1979, in Teenager-Zeiten, in die Hände gefallen, und nun blätterte ich mehrere Jahrzehnte später wieder darin und las in der sehr anschaulichen Reportage über den Mittelteil Kaliforniens: »Große und kleine Nebelschwaden, weißdriftend wie Wolken, machen der grünblauen« Küstenlandschaft »beinahe täglich ein neues Makeup«. Darum, so die wortgewandte Journalistin Paula Almqvist, könne man sich nie an ihr sattsehen, sie nie überbekommen. Der Nebel trete meist zeitgleich mit der Sonne auf. »Schnell und heftig« erwärme die pazifische Sonne dieses »trügerisch grüne Land mit hartem Felsenherzen unter dem nur hauchdünnen Firnis von Vegetation«. Sie fuhr fort: »Eine Alaska-Strömung zieht hier vorüber und wehrt den Sonnenglast ab mit kühlem Wasserdampf, den die Winde spielerisch in Stücke rupfen und über Klippen und Berge verstreuen.« Das gefiel mir und entsprach einer genauen Lektüre der Naturphänomene. Das flößte den Elementen Leben ein, das ließ sich mit meinen eigenen Empfindungen und Beobachtungen in Einklang bringen. Das ging über eine Bewertung hinaus. Auf einmal bekam ich große Lust, jetzt aus persönlichem Antrieb mehr über Big Sur herauszufinden. Was nur funktionieren würde, wenn ich blieb. Für mehrere Tage und natürlich über Nacht.

Und genau das tat ich auch. Bei jedem Besuch ein wenig länger. Auf ausgedehnten Wanderungen durch die State Parks, beim Stöbern in der Henry Miller Memorial Library, bei Visiten in Galerien und Künstlerateliers, bei Übernachtungen in simplen Camp-Lagern oder in rustikalen Unterkünften, bei Gesprächen mit Einheimischen oder Besessenen in einer der Spelunken am Highway. Ohne mein Zutun wurden aus Kontaktaufnahme und Small Talk stundenlange Diskussionen und richtige Interviews, bekam ich sehr persönliche Erfahrungen zu hören, wurden ganze Lebensläufe vor mir ausgebreitet. Mit dem, was mir da zu Ohren kam, hätte ich ganze Kladden füllen können. Mir fiel auf, wie viele hier Ansässige ein extremes Mitteilungsbedürfnis hatten. An echtem Austausch waren nur die wenigsten interessiert. Alle hatten sie stattdessen etwas auf dem Herzen.

Bei diesen vielen Unterredungen im Laufe der Jahre traf ich, neben notorischen Schwindlern und eingebildeten Aufschneidern, auf pessimistische, eingeschüchterte und furchtsame Leute »von hier«, die das Schwinden der Agrarflächen und den Zuwachs der Highway-Nutzer beklagten, sich darüber Sorgen machten, dass ein wild wuchernder Tourismus auf dem Vormarsch sei, dass ein ökologischer Kollaps bevorstehe und dass Big Sur, als Opfer seiner Berühmtheit, in der amerikanischen Öffentlichkeit bald als *paradise lost* stigmatisiert werde. Leute, die anonym bleiben wollten und Angst davor hatten, eines Tages als »kalifornisiert« zu gelten und damit dem eigenen hohen moralischen Anspruch nicht mehr zu genügen. Und anderntags stieß ich dann wieder auf das genaue Gegenteil – auf unverbesserliche Optimisten, draufgängerische Typen, vorwitzige Originale, die davon überzeugt waren, dass sich Big Sur niemals entzaubern lassen oder einem wirtschaftsliberal geprägten Bauboom anheimfallen werde. Männer, die versonnen in sich hineinlächelten, wenn sie »von früher« sprachen, und dennoch nichts Verwerfliches an Entwicklungen in jüngster Zeit finden konnten, die den Zustand ihrer Heimat sogar als einwandfrei einstuften. Frauen, die eine genuine »Wollust der Sprache« rühmten, wenn die Rede auf all die berühmten Wortakrobaten und Dichter kam, die sich hier niedergelassen hatten und bald auch wieder niederlassen würden – eine Wollust, wie nur Big-Sur-Erkenntnisse sie bei Poeten und Romanciers hervorzurufen imstande seien. Zuversichtliche Menschen, die mich spontan mit ihrem Lastwagen zu einem besonders verwunschenen *coastal spot* mitnahmen, weil sie Lust hatten, ihn mir zu zeigen. Die mich in ihre *cabins* und Häuser einluden. Die, ohne groß zu fragen, eine kleine Mahlzeit zubereiteten oder Obst auf den Tisch stellten. Die mir ein Glas Wein anboten, mich zum Kaffee einluden oder mich mit in ihre Biogärten nahmen. Mir selbst gemalte Bilder und alte Fotos zeigten. Die sich bereitwillig Geheimnisse entlocken ließen. Die mir die originellste aller geografischen Festlegungen mitteilten: Der nördlichste Punkt von Big Sur befinde sich am Malpaso Creek, der südlichste am San Carpóforo Creek – eine Angabe, die ich in der Folgezeit immer öfter hören sollte, aber eigentlich nie zu überprüfen wünschte. Und die einfach nie aufhörten, sich zu erinnern und zu lachen, zu erzählen und zu schwärmen.

Irgendwann, bei einem langen Aufenthalt gegen Ende der Clinton-Ära in der Nähe des Andrew Molera State Park, ging mir dann bei einem Spaziergang auf, als ich gerade die »antike« Cooper Cabin und die gemächlich vor sich hin plätschernden Highbridge Falls besichtigen wollte und über einige Gesprächsfetzen aus meinen letzten Begegnungen nachsann, dass Big Sur noch am ehesten einem bunt schillernden Mosaik gleicht. Einem Konglomerat aus Storys, Lebensweisheiten, Ideen und Erfahrungen, das sich mit jeder neuen Erinnerung und jeder Chronik wieder verändert und das sich bestenfalls einkreisen lässt.

So kam es, dass meine eigene Sammeltätigkeit einsetzte und ich, Stück für Stück, die unterschiedlichsten Big-Sur-Lebensläufe zusammentrug. Prominente und weniger prominente, vielfarbige und monochrome. Ich beschäftigte mich etwa mit dem Schicksal des Künstlers Jean Varda, der über Izmir, London, Paris und New York nach Kalifornien gelangt war, den alle Welt nur »Uncle Yanco« nannte, über den seine berühmte Verwandte, die Regisseurin Agnès Varda, 1967 einen Dokumentarfilm drehte und der Henry Miller an den Pazifik lockte. Varda war ein Aussteiger *avant la lettre*, dessen bunte Werke voller geometrischer Formen und Fabelwesen ein wenig an das künstlerische Universum von Paul Klee gemahnen. Ich verschlang, mit einer Mischung aus ungetrübter Leselust, kurzzeitiger Belustigung und wachsendem Entsetzen, Richard Brautigans Satire *Ein konföderierter General aus Big Sur*, in deren makabrem Kapitel *Abschied von den Fröschen* sich die beiden gegensätzlichen Protagonisten, Lee Mellon und Jesse, einer Legion kleiner grüner und quakender Ungeheuer entledigen, indem sie zwei Alligatoren auf sie ansetzen. Worauf alle niedlichen Fröschchen, deren kakofone, ohrenbetäubende Geräusche die Helden zuvor stets zur Weißglut gebracht haben, mit einem Schlag aufgefressen werden und niemanden mehr mit ihrem Höllenlärm behelligen können. Danach versuchte ich mich in die Lage des beliebten *crooner* Bobby Darin zu versetzen, der im Juni 1968, als er die Ermordung des demokratischen Präsidentschaftskandidaten Robert Kennedy im Ambassador Hotel von Los Angeles »live« miterlebte und nahezu zeitgleich über die verstörenden Umstände seiner eigenen Herkunft aufgeklärt wurde, so sehr unter Schock stand, dass er sich nach Big Sur zurückzog und dort für fast ein Jahr in einem Wohnwagen hauste, zurückgezogen von der Öffentlichkeit.

Bobby Darin, bekannter Interpret von Kurt Weills *Mack the Knife*, von *Beyond the Sea*, der englischen Fassung von Charles Trenets *La Mer*, und vieler heiterer Countryballaden, machte aus der Not eine Tugend und nahm mit *Songs from Big Sur* eine Reihe von ansprechenden, bluesigen Liedern auf. Im Laufe der Monate fand ich dann heraus, dass auch die Beach Boys Big Sur ein musikalisches Denkmal gesetzt hatten – mit *The Beaks of Eagles* nach einem Jeffers-Text –, ebenso wie Vertreter unterschiedlichster musikalischer Stilrichtungen: die irische Gitarrenpopband The Thrills und – inspiriert von Kerouac – die amerikanische Indie-Rockband Death Cab for Cutie, der Singer-Songwriter Jack Johnson und die Red Hot Chili Peppers. Wobei die Peppers mit dem in goldene Farbtöne getauchten Video zu ihrem Song *Road Trippin'* 1999 romantische Big-Sur-Seligkeit verbreiteten und 2011, nahe der Miller Library, vor Ort sogar ein spontanes Livekonzert gaben: noch dazu gratis … Der Rock 'n' Roller Johnny Rivers sehnte sich schon 1969 zu den *good old times* in Mittelkalifornien zurück, als er in *Going Back to Big Sur* von Redwoods, *sunsets*, wilden Bächen sowie einer fernseh- und telefonlosen Region träumte. Eine Sehnsucht, die im psychedelischen *Big Sur*-Song der Magic Castles 2012 einen noch viel nostalgischeren Anstrich hat. 2017 evozierte der Italo-New Yorker Mauro Remiddi mit seinem Musikprojekt Porcelain Raft das Mikroklima von *Big Sur*, die Präsenz von Pferden, Möwen und salziger Luft und erwartete, nach zahllosen *Come on*-Rufen, ungeduldig die Antwort auf bohrende Fragen. Naturmetaphern, wohin man blickt. Gekoppelt an Erlösungsfantasien.

Selbst die Jazzer entwickelten ein Faible für Big Sur – der britische Kontrabassist Peter Ind, der es als einer der Ersten wagte, solistisch mit seinem Instrument aufzutreten, lebte hier Mitte der 1960er-Jahre. Knapp zwei Jahrzehnte später tat es ihm der französische Pianist Michel Petrucciani nach, der 1983, gerade mal zwanzig Jahre alt, beschwingte Briefe von der Partington Ridge nach Europa schrieb: »Das Wetter ist absolut fantastisch, es ist fast wie im Sommer hier, und seit wir angekommen sind, haben wir praktisch nicht aufgehört zu feiern.« Petrucciani, des Lobes voll, zählte in seinem Garten sieben Zitronen- und zwei Orangenbäume, war dort von Avocados und anderem Gemüse, von Weintrauben und Erdbeeren umgeben. »Na ja, irgendwie das Paradies«, resümierte er. Auf Petruccianis Album *Oracle's Destiny* von 1982 mit Solo-Klavierstücken prangt auf dem poppigen Cover denn auch neben Vögeln, einer Orange und einem Flügel ein halb geöffneter Briefumschlag mit der Big-Sur-Adresse des Musikers, und gleich das zweite Stück darauf, mit dem Titel *Big Sur / Big On*, entzückt mit seiner lässigen Coolness auch noch heutige Ohren.

Und sogar in die »klassische« Neue Musik hat Big Sur Eingang gefunden. Im Oktober 2003 kam in Downtown Los Angeles, in der soeben fertiggestellten und vom Stararchitekten Frank Gehry konzipierten Walt Disney Hall, ein neues Orchesterwerk des bedeutenden zeitgenössischen US-Komponisten John Adams zur Uraufführung, das mit einer höchst ungewöhnlichen Besetzung aufwarten konnte: Unter den Begleitinstrumenten waren zahlreiche Gongs und Glocken, einige Digitalsampler und vorproduzierte Tonbänder – zusätzlich zum siebzigköpfigen klassischen Ensemble –, der Solo-Part war für elektronische Violine verfasst. Der Titel des extrem langsamen und nahezu hypnotischen Konzertwerks: *The Dharma at Big Sur.*

Als Esa-Pekka Salonen, der Musikdirektor des Los Angeles Philharmonic Orchestra, Adams aufgefordert hatte, ein Stück zur Einweihung von Gehrys funkelndem Musiktempel zu komponieren, begann er sogleich damit, einen musikalischen Gegenpart zu diesem architektonischen Erlebnis für alle Sinne zu erschaffen. Er suchte nach prägnanten Klangbildern, mit denen er nicht etwa die Millionenmetropole am Pazifik oder die Traumfabrik Hollywood porträtieren wollte, sondern einen unwirtlichen, landschaftlich grandiosen Küstenabschnitt. Er tastete sich an die Eindrücke und Gefühle eines Wanderers heran, den es an die Pazifikküste zieht – so wie Adams selbst –, um damit eine präzise Stimmung zu schaffen, mit der er auch den Emotionen so vieler Immigrantinnen und Emigranten (im übertragenen Sinne) gerecht werden konnte, die ebenfalls eine Reise nach Big Sur *unter*nommen und *auf sich* genommen hatten. »Sowohl physisch als auch spirituell.« Sein Bemühen galt einer akustischen Überwältigung – es war seine

Intention, in seinem »Konzert nach Kerouac« genau jenen Moment in Klänge und Töne zu fassen, gewissermaßen den »Schock des Erkennens«, den man erlebe, wenn man hier das »Ende der kontinentalen Landmasse« erreiche. Gefolgt von »Empfindungen der Befreiung und Erregung«, von Ekstase und Melancholie sowie der Erkenntnis, wie sie in der ersten von Buddhas Vier Edlen Wahrheiten zum Ausdruck komme: »Alles Leben ist leidvoll.«

Von einem Dharma – ein zentraler buddhistischer und eben auch Jack-Kerouac-»typischer« Begriff –, von einer »Lehre« also, erzählt Adams' zweiteilige Komposition mit den Satzbezeichnungen *A New Day* und *Sri Moonshine*. Schildert uns die Prinzipien einer moralischen Verpflichtung, von einem philosophischen Ehrenkodex und von Gesetzmäßigkeiten, wie sie in vielen asiatischen Religionen und Weltanschauungen eine zentrale Rolle spielen. Stellt Fragen. Vermittelt eine Ahnung davon, was es heißen könnte, so etwas wie eine kalifornische Identität zu erlangen. Und um sie zu ringen. Adams hält mögliche, vorläufige Antworten bereit: Die Aufgabe von Gewissheiten. Das Verschwinden von Oben und Unten. Kontrollverlust, Aufgehen im Naturerlebnis. Unvermitteltes Abgeschnittensein. Relativierung. Und eben auch Erfüllung, Zufriedenheit, Gelassenheit. Sowie die unbedingte Notwendigkeit, einen Zustand des Einklangs mit sich selbst, dem Leben und der Welt zu erlangen.

Meine derzeitigen Favoriten unter den Platten mit ausgeprägtem Big-Sur-Bezug sind zum einen die neunzehnteilige gleichnamige Hommage des Jazzgitarristen Bill Frisell, die auf der Glen Deven Ranch einsetzt, erstaunlich rockig daherkommt und sich gekonnt »meditativen Klangwolken-

Gesäusels« enthält. Eine Wohltat für Seele und Geist. Und zum anderen die ebenso entspannten, doch durchgängig introvertierten *Notes from Big Sur* des Tenorsaxofonisten Charles Lloyd – ein Album zum Hinweggleiten in Sphären der Kontemplation und einer nur durch minimale, vorsichtige und unauffällige, dafür umso genauer ausgetüftelte Klangereignisse ausgestalteten Ruhe. Wie ein musikalisches Notizbuch: mit einzelnen Einträgen, wenigen vollgeschriebenen und vielen halb leeren Seiten. Man kann selbst dazu beitragen, das Fehlende aufzufüllen, und die melodischen Gedankengänge im Geiste weiterspinnen. Man ist aufgefordert, selbst etwas beizutragen und sich nicht nur künstlerisch »bedienen« zu lassen. Gerade Lloyds schwebende, fragmentarische und auf Andeutungen basierende Melancholie unterstreicht mit ihrem Mosaikcharakter, dass sich das »große Buch« von Big Sur, an dem schon so viele mitgeschrieben, mitgemalt und mitmusiziert haben, eigentlich nur sinnvoll erzählen lässt als mehrstimmige Geschichte eines kollektiven Traums. Jeder Einzelne von uns, so könnte Lloyds diskrete Botschaft gedeutet werden, ist auf ganz individuelle Weise ein Pionier, wenn er sich zu nähern versucht, für länger oder für immer bleibt. Jeder von uns bringt seine eigene Einsamkeit mit hierher.

Im September 2007 war ich wieder einmal zu Gast. Ich hatte zuvor eine sonnige und abwechslungsreiche Woche in der Bay Area verbracht und zwei Tage in Carmel und Monterey pausiert. Dann war ich endlich »daheim« in Big Sur. Diesmal gönnte ich mir eine etwas komfortablere Lodge und verbrachte die Woche mit längeren Wanderungen im Hinterland, in Canyons und Bergen.

Zu jener Zeit besaß ich eine eher primitive Digitalkamera der ersten Generation, mit der ich im Großen und Ganzen zufrieden war und die mir für alltägliche Knipsereien gute Dienste leistete – ein Apparat, der für anspruchslose Landschaftsaufnahmen und zum Dokumentieren des Tagesablaufs absolut ausreichend war. Aber die Plastikklappe zum Batteriefach, das sich an der Unterseite befand, ließ sich seit einigen Tagen nicht mehr richtig schließen, sodass ich improvisieren musste und das Fach jeden Morgen notdürftig mit ein paar Klebebandstreifen verschloss, damit der Akku nicht ständig herausfiel. An einer Klippe auf dem Weg zum Pfeiffer Park, als ich an einem windigen Spätnachmittag gerade den Auslöser betätigen wollte, hielt die provisorische Konstruktion wieder nicht, sodass das kostbare Objekt auf den sandigen Boden plumpste. Worauf ich Verwünschungen ausstieß und einen ziemlich entnervten Eindruck gemacht haben muss. Und sich direkt neben mir eine tiefe Männerstimme wie aus dem Nichts mit den Worten »I've got exactly what you need« vernehmen ließ: An meiner Seite stand ein Hüne im Overall, der mir mit einer Geste, die keinen Widerspruch zuließ, bedeutete, ihm zu folgen. Und zwar auf der Stelle. Der Sturmwind pfiff durchs Gebüsch, der Unbekannte marschierte landeinwärts und verließ dabei den markierten Pfad, und ich heftete mich wie willenlos an seine Fersen, ohne Fragen zu stellen oder Widerstand zu leisten. Weit und breit kein Mensch. Er hätte mich ausrauben oder umbringen können. Aber nichts dergleichen geschah: Wir langten, wie ich erleichtert feststellte, nach wenigen Minuten am Parkplatz an, dem Ausgangspunkt meines und seines Spaziergangs. Viel schneller als sonst, denn er hatte eine Abkürzung genommen.

Jetzt öffnete er den Kofferraum seines staubigen Pick-up-Trucks und wies mit einer theatralischen Gebärde auf dessen Inhalt: Kisten über Kisten, Schachteln über Schachteln stapelten sich dort. Wie sich herausstellte, war Joe, der mir jetzt seinen Namen sagte, die Hand schüttelte und mich angrinste, Vertreter für Einweckgläser. Und besaß natürlich auch die dazugehörigen Gummiringe. Mit einem kurzen Blick auf meinen Fotoapparat schätzte er den erforderlichen Durchmesser ab, fischte eine Handvoll Ringe aus einem Karton, wickelte einen davon gleich doppelt um meine Kamera, sodass die Klappe unten wieder fest verschlossen und dennoch der Zugang zu Display und Auslöser gewährleistet war. Auch den Rest schenkte er mir. Dann klopfte er mir auf die Schulter. »*There you are*«, beschied er mich, schlug die Heckklappe zu, und bevor ich noch zu einer Floskel ehrlichen Dankes ansetzen konnte, war mein gutmütiger, breitschultriger Helfer schon wieder in Richtung Strand vorausgelaufen. Ich holte ihn nicht ein und habe ihn danach auch nicht mehr wiedergesehen. Ich war so verdattert wie beeindruckt und wusste trotzdem einen Moment lang nicht, was ich mit diesem unglaublichen Zufall anfangen sollte. Das Schicksal hatte es gut mit mir gemeint, so viel war klar. Und es war ganz und gar nutzlos, herausfinden zu wollen, wie es dazu gekommen war. An Übersinnliches glaubte ich nicht, und abergläubisch war ich erst recht nicht. Daher ließ ich es dabei bewenden und akzeptierte die Begegnung als ein weiteres Kuriosum an diesem Landstrich, das man besser nicht hinterfragte.

Der Gummiverschluss hielt in der Tat bis zum Rest der Reise, ließ sich leicht abnehmen und wieder befestigen, und das Knipsen funktionierte einwandfrei. Doch an jenem Tag machte ich keine Aufnahmen mehr. Ich setzte mich in Bewegung, begab mich wieder auf meinen Weg zum Ozean und lief den Pfeiffer Beach entlang. Auf einem Felsen nahm ich Platz, blickte auf das Meer und wartete in aller Ruhe, bis die Sonne verschwunden war und die Dämmerung einsetzte. Bald, kurz vor Einbruch der Dunkelheit, würden Ranger die Küste auf und ab patrouillieren, mit ihren Taschenlampen Steine und Klippen absuchen und die letzten Besucher freundlich auffordern, den Heimweg anzutreten. Auch mich würden sie bitten, den Strand zu verlassen. Noch wartete ich ein wenig ab. Ich hatte es nicht eilig. Der Wind war abgeklungen, es wurde deutlich wärmer, und die ersten Sterne zeigten sich am Firmament.

Mir war, da ich für diesen Abend nichts Bestimmtes vorhatte und auch für die Folgetage keine konkreten Pläne schmieden wollte, als meditierte ich. Ich genoss die innere Ruhe. Und ich wurde das Gefühl nicht los, dass ich Big Sur an diesem frühen Abend wirklich erstmals in vollem Umfang verstanden hatte. Ich dachte an Romain Gary, das Chamäleon unter den französischen Schriftstellern des vorigen Jahrhunderts, der sich bei der Niederschrift seines Romans *Frühes Versprechen* gleich mehrfach genau hier, im amerikanischen Westen, niederließ, um seinem Text den gebührenden Rahmen zu verpassen und ihm die nötige Struktur zu verleihen. Ohne die Küste von Big Sur, die er ständig im Roman erwähnte, ohne Big Sur als Ausgangspunkt und Ziel hätte er sein literarisches Versprechen wohl nicht einlösen, sein Buch wohl nicht in Angriff nehmen und abschließen können. Da beschloss ich, einer Eingebung folgend, dieser Küstenlinie auch in Zukunft meine Aufwartung zu machen. Sooft es ging. Und, mit der gebotenen Bescheidenheit, meine Stimme zu erheben und mich in den Chor der hiesigen Geschichtenerzähler einzureihen.

So als würde man, wie es in vielen maritimen Gegenden dieser Welt Brauch ist, am Strand Kieselstein auf Kieselstein legen und damit ein Zeichen hinterlassen. Das von der Flut schnell wieder hinweggespült werden kann …

Ich erhob mich, ging den Rangers entgegen und ließ mich von den schwachen Lichtstrahlen, die wie in einer stummen Choreografie über den Sand glitten und in der Uferböschung tanzten, sicher zum gewundenen Highway lotsen. In mein neues altes Zuhause.

Das wär's. Ich werde die Küste bald verlassen müssen, wo ich
nun schon so lange im Sand liege und dem Meer lausche.
Heute Abend wird es etwas neblig sein über Big Sur,
und es wird kühl werden, und ich habe nie gelernt, ein Feuer
zu machen und mich selbst zu wärmen.

Ich werde versuchen, noch einen Moment zu verweilen
und zu lauschen, weil mir immer ist, als sei ich eben
im Begriff zu verstehen, was mir der Ozean sagt.
Ich schließe die Augen, ich lächle, ich lausche …

Ich bin immer noch schrecklich neugierig.
Je ausgestorbener die Küste ist, desto bevölkerter erscheint
sie mir. Die Seehunde auf der Klippe sind verstummt,
ich bleibe lächelnd, mit geschlossenen Augen, liegen
und stelle mir vor, dass einer von ihnen sich mir ganz leise
nähert und ich plötzlich eine zärtliche Schnauze an meiner
Wange oder in der Achselhöhle spüre …

Ich habe gelebt.

Romain Gary, *Frühes Versprechen*

ANHANG

AUSWAHLBIBLIOGRAFIE

Primärliteratur

Verschiedene Autorinnen und Autoren

Richard Brautigan, *Ein konföderierter General aus Big Sur*
  [*A Confederate General from Big Sur*, 1964]. Aus dem Amerikan.
  v. Ilse und Günter Ohnemus. Reinbek: Rowohlt 1990
Romain Gary, *Frühes Versprechen* [*La Promesse de l'aube*, 1960].
  Aus dem Franz. v. Giò Waeckerlin Induni. München: SchirmerGraf
  2008
Robinson Jeffers, *The Selected Poetry of Robinson Jeffers*. Hg. v.
  Tim Hunt. Stanford, California: Stanford University Press 2001
James Karman (Hg.), *Stones of the Sur. Poetry by Robinson Jeffers,
  Photographs by Morley Baer*. Stanford, California: Stanford Uni-
  versity Press 2001
Jack London, *The Road* [1907]. New York: Dover 2016
Brittany Newell, *Oola*. London: Borough 2017
Lillian Bos Ross, *The Stranger*. Big Sur Trilogy, Teil I. *America's Last
  Pioneer Family* [1942]. Carmel: Coast Publishing 2012
John Steinbeck, »Flucht« [»Flight«]. In: *Der rote Pony und andere
  Erzählungen* [*The Long Valley*, 1938]. Aus dem Amerikan. v. Rudolf
  Frank. München: dtv 2000
ders., *Die Straße der Ölsardinen* [*Cannery Row*, 1945]. Aus dem
  Amerikan. v. Rudolf Frank. Wien: Zsolnay 1992
Mark Thompson, *El Greco und ich* [*Dust*, 2016]. Aus dem Amerikan.
  v. Katja Scholtz. Hamburg: mare 2018

Von und zu Henry Miller und Anaïs Nin

Henry Miller, *Big Sur und die Orangen des Hieronymus Bosch*
  [*Big Sur and the Oranges of Hieronymus Bosch*, 1957]. Aus dem
  Amerikan. v. Kurt Wagenseil. Reinbek: Rowohlt 1993

ders., *Briefe an Anaïs Nin*. Aus dem Amerikan. v. Mark W. Rien.
Reinbek: Rowohlt 1968

ders., *Der klimatisierte Alptraum* [*The Air-Conditioned Nightmare*,
1945]. Aus dem Amerikan. v. Kurt Wagenseil. Reinbek: Rowohlt
1977

ders., *Mein Leben und meine Welt* [*My Life and Times*, 1971].
Aus d. Amerikan. v. Katja Behrens. Reinbek: Rowohlt 1983

Mary Dearborn, *Henry Miller. Eine Biographie* [*The Happiest Man
Alive. A Biography of Henry Miller*, 1991]. Aus dem Amerikan. v. Sabine Schulte. München: Knaus 1991

Maurice Girodias, *The Frog Prince. An Autobiography*. New York:
Crown 1980

Arthur Hoyle, *The Unknown Henry Miller. A Seeker in Big Sur*.
New York: Arcade 2014

Erica Jong, *Der Teufel in Person. Henry Miller und ich*. [*The Devil
at Large – Erica Jong on Henry Miller*, 1993]. Aus dem Amerikan.
v. Angelika Bardeleben. Hamburg: Hoffmann und Campe 1999

Linde Salber, *Tausendundeine Frau. Die Geschichte der Anaïs Nin*.
Reinbek: Wunderlich 1995

Von und zu Jack Kerouac

Jack Kerouac, »Allein auf einem Berggipfel« [»Alone on a Mountain-
top«]. In: *Lonesome Traveller. Momentaufnahmen* [*Lonesome
Traveler*, 1960]. Aus dem Amerikan. v. Hans Hermann. Reinbek:
Rowohlt 1981

ders., *Big Sur* [1962]. New York: Penguin 1992

ders., *Mein Bruder, die See* [*The Sea Is My Brother*, 1942]. Aus dem
Amerikan. v. Michael Mundhenk. Hamburg: Edel 2011

Jack Kerouac / Allen Ginsberg, *Ruhm tötet alles. Die Briefe*. Aus dem
Amerikan. v. Michael Keller. Berlin: Rogner und Bernhard 2012

Yves Buin, *Kerouac*. Paris: Gallimard 2006

Jimmy Fazzini, *World Beats. Beat Generation Writing and the
Worlding of U.S. Literature*. Hanover, New Hampshire: Dart-
mouth College Press 2016

Joyce Johnson, *The Voice Is All. The Lonely Victory of Jack Kerouac*.
New York: Viking 2012

dies., *Warten auf Kerouac. Ein Leben in der Beat-Generation* [*Minor
Characters*, 1983]. Aus dem Amerikan. v. Thomas Lindquist.
München: Kunstmann 1997

Anthony McCarten, *Jack* [*American Letters*, 2018]. Aus dem Amerikan. v. Manfred Allié und Gabriele Kempf-Allié. Zürich: Diogenes
2018

Gerald Nicosia, *Memory Babe. A Critical Biography of Jack Kerouac.*
New York: Grove 1983

John Rather, »Off the Road With Kerouac In Northport«. In: *The
New York Times*, 29. Juli 2001

Preston Whaley Jr., *Blows Like A Horn. Beat Writing, Jazz, Style,
and Markets in the Transformation of U. S. Culture.* Cambridge,
Massachusetts/London: Harvard University Press 2004

Von und zu Joan Baez

Joan Baez, *And A Voice to Sing With. A Memoir.* New York: Simon
and Schuster 1987

David Hajdu, *Positively 4th Street. The Lives and Times of Bob
Dylan, Joan Baez, Mimi Baez Fariña and Richard Fariña.* New
York: Farrar, Straus and Giroux 2001

Jens Rosteck, *Joan Baez. Porträt einer Unbeugsamen.* Hamburg:
Osburg 2017

*Sekundärliteratur zu Landschaft, Geschichte, Erschließung,
Spiritualität und Lifestyle*

Paula Almqvist, »Kalifornien. Die Küste der Aussteiger«. In: *GEO*,
9/1979, S. 64–92

Walter Truett Anderson, *The Upstart Spring. Esalen and the Human
Potential Movement. The First Twenty Years.* iUniverse 2004

Scott Bradfield, »Lit Trips. Cruise around Big Sur for these literary
adventures along the coast«. In: *Los Angeles Times*, 29. März 2019

Shelley Alden Brooks, *Big Sur. The Making of a Prized California
Landscape.* Oakland: University of California Press 2017

Michael Chatfield, »Big Sur Magic«. In: *Carmel Magazine*, 5. Mai
2014

Claudia Diemar, »Sukkulenten gucken«. In: *Die Zeit*, 8. Mai 2002

Amanda Fortini, »Mark Haddawy's True West«. In: *The New York
Times Style Magazine*, 27. März 2015

Philippe Garnier, »Big Sur, rude paradis«. In: *Libération*, 6. August
2004

Benjamin Halay, *Michel Petrucciani. Leben gegen die Zeit*. Aus dem Franz. v. Karl Lippegaus. Hamburg: Edel 2012

Peter Hockaday, »Hippies, nudity, and Don Draper – Inside Esalen Institute«. In: *SF Gate*, 18. Mai 2015

Annegret Horathscheck, *Erkenntnis und Realität. Sprachreflexion und Sprachexperiment in den Romanen von Richard Brautigan*. Mannheimer Beiträge zur Sprach- und Literaturwissenschaft, Bd. 15 [Diss., Universität Freiburg]. Tübingen: Gunter Narr 1989

Joanne Fenton Humphrey, *Emil White of Big Sur*. Mit einer Einleitung v. Lawrence Ferlinghetti. Chagrin Falls, Ohio: Windjammer Adventure Publishing 2008

Laura Sonrisa Jones, *Romancing the Sur. Reflections on Life in Big Sur*. Survision 2018

Jeffrey J. Kripal, *Esalen. America and the Religion of No Religion*. Chicago: University of Chicago Press 2007

David Landsel, »14 things you need to know before driving California's Big Sur«. In: *Huffington Post*, 15. April 2014

Joe Livernois, »Red Hot Chili Peppers go rustic in Big Sur«. https://voicesofmontereybay.org/2019/09/05/monterey-rocks-20/, 5. September 2019 [zuletzt abgerufen am 3. Januar 2020]

John Markoff, »Fear and loathing in Big Sur«. https://altaonline.com/fear-loathing-big-sur/, 22. Januar 2018 [zuletzt abgerufen am 13. November 2019]

Chris Martins, »Red Hot Chili Peppers Rock Big Sur«. https://www.spin.com/2011/07/red-hot-chili-peppers-rock-big-sur/, 28. Juli 2011 [zuletzt abgerufen am 4. Januar 2020]

Dennis Murphy, *The Sergeant*. New York: Viking 1958

Michael Murphy, *An End to Ordinary History. A Novel*. Boston: Tarcher 1982

ders., *The Future of the Body. Explorations into the Further Evolution of Human Nature*. New York: Tarcher/Putnam 1992

ders., *Golf in the Kingdom*. New York: Penguin 1971/1972

ders., *The Life We Are Given – a Long-Term Program for Realizing the Potential of Body, Mind, Heart, and Soul*. New York: Putnam 1995

N. N., »The Building of Highway One«. https://www.cambriahistoricalsociety.com/history_highway1.html [zuletzt abgerufen am 5. März 2020]

N. N., »Der Highway 1 ist wieder frei«. In: *Der Spiegel*, 20. Juli 2018

Jeff Norman / The Big Sur Historical Society, *Images of America.*
Big Sur. Charleston, South Carolina / Chicago: Arcadia Publishing
2004

Paul Perry, *Angst und Abscheu. Das sagenhafte Leben von Hunter
S. Thompson* [*Fear and Loathing – The Strange and Terrible Saga
of Hunter S. Thompson*, 1992]. Aus dem Amerikan. v. Norbert
Hofmann. Berlin: Tiamat 2005

Verena von Pfetten, »Naked in Big Sur«.
https://www.cntraveler.com/stories/2016-01-19/naked-in-big-sur,
19. Januar 2016 [zuletzt abgerufen am 15. November 2019]

Solvej Schou / Robin Wilkey, »Big Sur – a haven for writers,
musicians«. In: *Huffington Post*, 24. Juli 2011

Martin Schulze, *Geschichte der amerikanischen Literatur. Von den
Anfängen bis heute.* Berlin: Propyläen 1999

Rolf Thomas, »Der rockt, ganz zweifellos. ›Big Sur‹ von Bill Frisell«.
In: *Frankfurter Allgemeine Zeitung*, 13. Juni 2013

Hunter S. Thompson, »Big Sur – The Tropic of Henry Miller«.
In: *Rogue. Designed for Men*, Bd. 6, Nr. 10 / Oktober 1961, S. 33–50

ders., »It ain't hardly that way no more – razzle-dazzle and press
agentry threaten California's beautiful Big Sur country, a last
bastion of Bohemia«. In: *Pageant*, September 1965, S. 144–149

ders., *Die Odyssee eines Outlaw-Journalisten. »Es war ein brutales
Leben, und ich habe es geliebt.« Gonzo-Briefe, 1958–1976.*
Aus dem Amerikan. v. Wolfgang Farkas. Berlin: Tiamat 2015

Scott Timberg, »Following Robinson Jeffers' poetic path in Big Sur«.
In: *Los Angeles Times*, 6. September 2009

Édouard Waintrop, »L'infernale beauté de Big Sur – il y a deux façons
d'évoquer Big Sur«. In: *Libération*, 14. Dezember 1996

Paul Wilner, »Bugging out in Big Sur – Bobby Darin's missing years«.
https://voicesofmontereybay.org/2018/10/04/bugging-out-in-big-
sur/ [zuletzt abgerufen am 5. März 2020]

AUSGEWÄHLTE CDS, LPS UND MUSIKEMPFEHLUNGEN
(chronologisch)

Johnny Rivers, *Realization*. LP 1968. Imperial [*Going Back to Big Sur* ist der vorletzte Titel des Albums.]

Joan Baez, Blood, Sweat & Tears, Kris Kristofferson, Taj Mahal, Mickey Newbury u. a., *One Hand Clapping – Big Sur Festival*. LP 1972. Columbia [Mitschnitt etlicher Beiträge vom achten und letzten Festival, September 1971.]

The Beach Boys, *Holland*. LP 1973. Brother/Reprise [Die dreiteilige *California Saga*, Tracks 3–5 auf diesem Album, umfasst die Titel *Big Sur*, *The Beaks of Eagles* (nach der Robinson-Jeffers-Vorlage) und *California*.]

Michel Petrucciani, *Oracle's Destiny*. LP 1982. Owl/Universal [*Big Sur / Big On* ist der zweite Album-Track.]

Charles Lloyd, *Notes from Big Sur*. CD 1992. ECM

Red Hot Chili Peppers, *Californication*. CD 1999. Warner Brothers. [Ihr Titel *Road Trippin'* ist der Finaltrack des Albums.]

The Thrills, *So Much for the City*. CD 2003. Virgin [*Big Sur* ist der zweite Album-Track.]

Bobby Darin, *Songs from Big Sur*. CD 2004. Varese/Sarabande [Posthume Zusammenstellung von Folk-, Studio- und Live-Titeln.]

Jay Farrar (Songwriter / Son Volt) & Ben Gibbard (Sänger und Gitarrist / Death Cab for Cutie), *One Fast Move Or I'm Gone – Kerouac's Big Sur*. 2 CDs 2009. Atlantic

John Adams, *The Dharma at Big Sur*. BBC Symphony Orchestra, elektrische Violine: Tracy Silverman, Dirigent: John Adams. CD 2006. Nonesuch / Neuere Einspielung: Los Angeles Philharmonic, elektrische Violine: Leila Josefowicz, Dirigent: John Adams. Digital download: DG Concerts 2010

Jack Kerouac, *The Complete Collection*. 2 CDs 2011. Chrome Dreams [Enthält drei Alben mit Originalaufnahmen aus den 1950er-Jahren, Rezitationen, Poetry, Blues und Haikus, Lesungen, Interviews, Bonus-Tracks.]

Magic Castles, *Magic Castles*. CD 2012. »A« [*Big Sur* ist der neunte Album-Track.]

Alanis Morissette, *Havoc and Bright Lights*. CD 2012. Collective Sounds / Columbia / SevenOneMusic [Ihr Titel *Big Sur* ist als Bonus-Track ausschließlich auf der von Target Stores vertriebenen

Deluxe-Version dieses Albums enthalten. Das dazugehörige Video
findet man auf YouTube.]

Bill Frisell, *Big Sur*. CD 2013. OKeh

Solvej Schou, *Solvej Schou*. CD 2014. Solvej Schou [*Big Sur* ist der
fünfte Album-Track.]

Jack Johnson, *All the Light Above It Too*. CD 2017. Brushfire/
Republic [*Big Sur* ist der sechste Album-Track.]

Mauro Remiddi/Porcelain Raft, *Microclimate*. MP3-Album 2017
[*Big Sur* ist der dritte Album-Track.]

ZITATNACHWEISE

S. 5: Aus: Jack Kerouac, »Allein auf einem Berggipfel.« In: *Lonesome
Traveller. Momentaufnahmen.* © 1984 Rowohlt Verlag GmbH,
Hamburg

S. 30: Aus: Mark Thompson, *El Greco und ich.* © 2018 mareverlag,
Hamburg

S. 72: Aus: Henry Miller, *Big Sur und die Orangen des Hieronymus
Bosch.* © 1957 New Directions © 1993 Rowohlt Verlag GmbH,
Hamburg

S. 230: Aus: Richard Brautigan, *Ein konföderierter General aus Big
Sur.* Rowohlt Verlag GmbH, Reinbek bei Hamburg, 1990

S. 247: Aus: Romain Gary, *Frühes Versprechen.* S. Fischer Verlag,
Frankfurt am Main, 2010

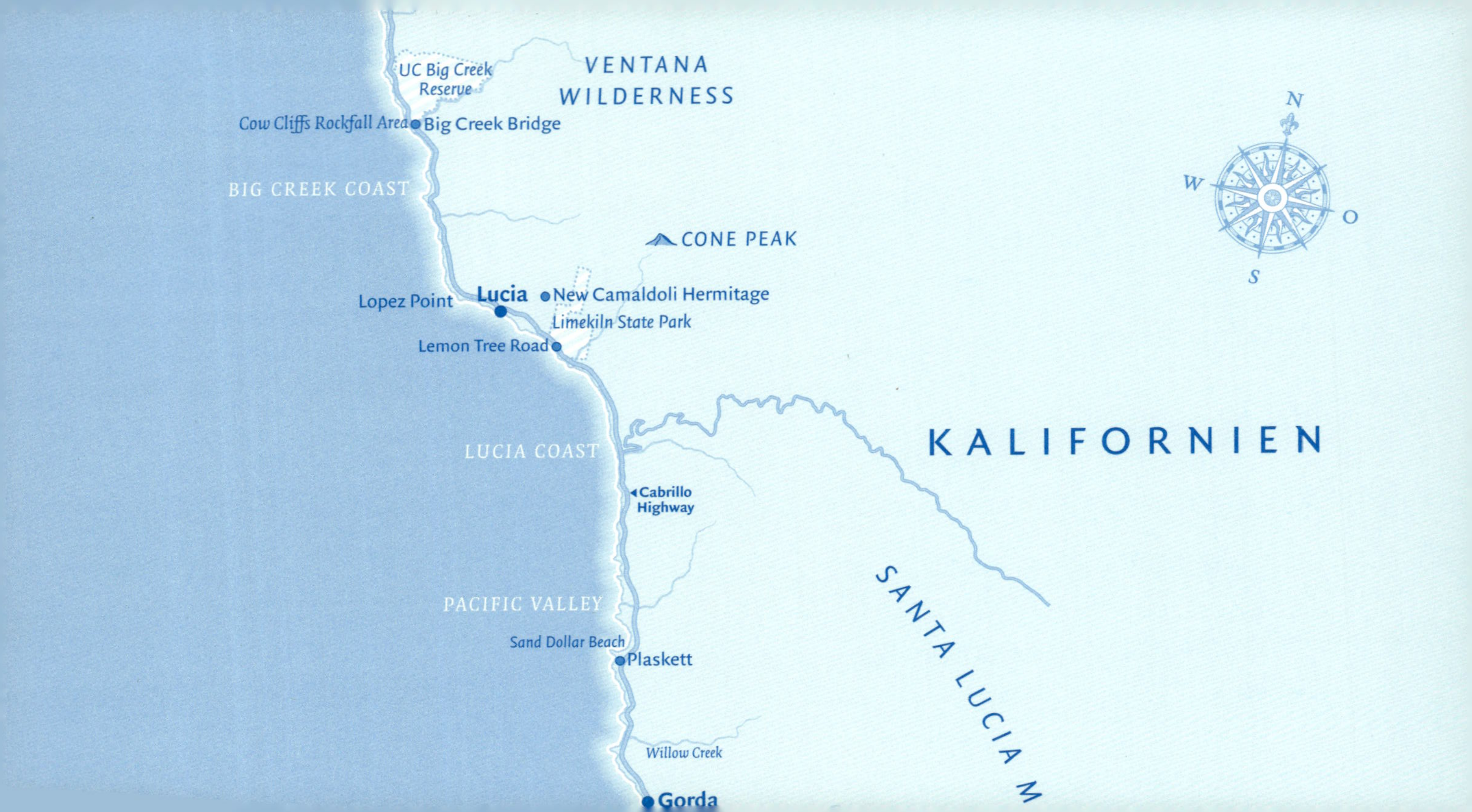
UC Big Creek Reserve
VENTANA WILDERNESS
Cow Cliffs Rockfall Area
Big Creek Bridge
BIG CREEK COAST
CONE PEAK
Lopez Point
Lucia
New Camaldoli Hermitage
Limekiln State Park
Lemon Tree Road
LUCIA COAST
KALIFORNIEN
Cabrillo Highway
PACIFIC VALLEY
Sand Dollar Beach
Plaskett
SANTA LUCIA M
Willow Creek
Gorda
N
W
O
S